广东省优秀社会科学家文库（系列四）

# 黄建华自选集

黄建华◎著

中山大学
出版社

·广州·

图书在版编目（CIP）数据

黄建华自选集／黄建华著．－－广州：中山大学出
版社，2024.11.－－（广东省优秀社会科学家文库）.
ISBN 978－7－306－08152－0

Ⅰ. H06－53

中国国家版本馆 CIP 数据核字第 2024A41C95 号

HUANG JIANHUA ZIXUANJI

出 版 人：王天琪
策划编辑：嵇春霞　廖丽玲　陈晓阳
责任编辑：陈晓阳
封面设计：曾　斌
责任校对：王凌丹
责任技编：靳晓虹
出版发行：中山大学出版社
电　　话：编辑部 020－84110283，84113349，84111997，84110779，84110776
　　　　　发行部 020－84111998，84111981，84111160
地　　址：广州市新港西路 135 号
邮　　编：510275　　　　　传　真：020－84036565
网　　址：http://www.zsup.com.cn　　E-mail：zdcbs@mail.sysu.edu.cn
印 刷 者：佛山市浩文彩色印刷有限公司
规　　格：787mm×1092mm　1/16　18 印张　304 千字
版次印次：2024 年 11 月第 1 版　　2024 年 11 月第 1 次印刷
定　　价：65.00 元

黄建华

　　黄建华，1936 年生于广州。1961 年毕业于中山大学外国语言文学系。毕业后留中山大学任教。1970 年调广州外语学院，历任讲师、副教授、教授、广东外语外贸大学首任校长等职。曾担任的主要社会兼职有：广州翻译协会会长、中国辞书学会副会长兼全国双语词典专业委员会主任、全国法国文学研究会副会长、《国际词典学杂志》（*International Journal of Lexicography*）编委、亚洲辞书学会（ASIALEX）首届会长。学术上的主攻方向是词典学，兼攻的方向是翻译。代表性著作有《词典论》《英俄德法西日语文词典研究》《双语词典学导论》等。历时 16 年主编出版了《汉法大词典》，该词典荣获第四届中国出版政府奖图书奖。曾主译《自然法典》《公有法典》《塞瓦兰人的历史》《论实证精神》等多部世界学术名著。曾获评为"全国优秀教师"，获法国政府授予的棕榈叶二级勋章，还获评为"南粤杰出教师""全国师德先进个人""南粤楷模""全国离退休干部先进个人"。2006 年获中国辞书学会授予的"辞书事业终身成就奖"。

# "广东省优秀社会科学家文库"（系列四）

## 出版说明

　　哲学社会科学是人们认识世界、改造世界的重要工具，是推动历史发展和社会进步的重要力量。党的十八大以来，以习近平同志为核心的党中央高度重视发展哲学社会科学，习近平总书记亲自主持召开哲学社会科学工作座谈会，就哲学社会科学工作发表一系列重要讲话，作出一系列重要论述和指示批示，对构建中国特色哲学社会科学作出总体部署，有力推动哲学社会科学事业繁荣发展。党的二十届三中全会进一步明确提出"构建中国哲学社会科学自主知识体系"，这是党中央立足完成新的文化使命和哲学社会科学发展规律作出的重大部署，也是新时代我国哲学社会科学发展的战略目标。

　　广东省委省政府深入学习贯彻习近平文化思想，认真落实习近平总书记关于哲学社会科学的重要论述，着力加强组织领导、政策保障、人才培育，扎实推动全省哲学社会科学事业高质量发展。全省广大哲学社会科学工作者自觉立时代之潮头、通古今之变化、发思想之先声，积极为党和人民述学立论、建言献策，涌现出了一大批方向明、主义真、学问高、德行正的优秀社科名家，在推进构建中国哲学社会科学自主知识体系进程中充分展现了岭南学人担当、演绎了广东学界精彩。广东省委宣传部、省社科联组织评出的"广东省优秀社会科学家"就是其中的杰出代表，他们以深厚的学识修养、高尚的人格魅力、

1

先进的学术思想、优秀的学术品格和严谨的治学方法，生动展现了岭南学人的使命担当和时代风采。

遵循自愿出版原则，"广东省优秀社会科学家文库"（系列四）收录了第四届广东省优秀社会科学家中9位学者的自选集，包括（以姓氏笔画为序）石佑启（广东外语外贸大学）、李凭（华南师范大学）、李萍（中山大学）、李新春（中山大学）、张卫国（华南理工大学）、张国雄（五邑大学）、胡钦太（广东工业大学）、黄国文（华南农业大学）、黄建华（广东外语外贸大学）。自选集编选的原则是：（1）尽量收集作者最具代表性的学术论文和调研报告，专著中的章节尽量少收。（2）书前有作者的"学术自传"，叙述学术经历，分享治学经验；书末附"作者主要著述目录"。（3）为尊重历史，所收文章原则上不做修改，尽量保持原貌。

这些优秀社会科学家有的年事已高，有的工作繁忙，但对编选工作都高度重视。他们亲自编选，亲自校对，并对全书做最后的审订。他们认真严谨、精益求精的精神和学风，令人肃然起敬，我们在此表示衷心的感谢和崇高的敬意！

我们由衷地希望，本文库能够让读者比较方便地进入这些当代岭南学术名家的思想世界，领略其学术精华，了解其治学方法，感受其思想魅力。希望全省广大哲学社会科学工作者自觉以优秀社会科学家为榜样，始终胸怀"国之大者"，肩负时代使命，勇于担当作为，不断为构建中国哲学社会科学自主知识体系，为广东在推进中国式现代化建设中走在前列作出新的更大贡献！

丛书编委会
2024 年 11 月

# 目录

1

# 学术自传

◎ 黄建华

　　本人黄建华，广东外语外贸大学文科基地词典学研究中心教授、《汉法大词典》主编，法语教授，博士研究生导师。1936 年生于广州，籍贯广东南海。1961 年毕业于中山大学外国语言文学系并留校任教。1970 年调至广州外国语学院，历任讲师，副教授，西语系副主任、主任，广州外国语学院副院长等职。1977 年末至 1981 年，考进联合国教科文组织任译审。回国后，1986 年晋升为教授。1993 年任博士研究生导师。1989 年起任广州外国语学院院长。1995 年广州外国语学院与广州对外贸易学院合并组建广东外语外贸大学，即任新大学校长。2000 年 6 月任期届满。曾担任的主要社会兼职有：中国辞书学会副会长兼全国双语词典专业委员会主任、亚洲辞书学会（ASIALEX）首任会长、《国际词典学杂志》（*International Journal of Lexicography*）编委。现为中国辞书学会顾问，全国双语词典专业委员会名誉主任。

　　本人在学术上主攻词典学研究。曾在《辞书研究》等刊物上发表有关词典学的论文多篇，不少文章的篇题被列入国内外出版的词汇学与词典学的书目之中。我的学术论著《词典论》（上海辞书出版社，1987）1989 年获广东优秀社科科研成果二等奖（一等奖空缺）。我规划并主持撰写的《英俄德法西日语文词典研究》（商务印书馆，1992）一书 1994 年获广东优秀社科科研成果二等奖。"七五"期间我与陈楚祥教授合作，共同承担国家教委的科研项目"双语词典学研究"，《双语词典学导论》（商务印书馆，1997）1999 年获广东优秀社科科研成果二等奖，该书不久被选为全国研究生教材。我还出版过几种关于词典学的专题文集：《双语词典学专集》（与陈楚祥合作，四川教育出版社，1998）、《词典学研究》（世界图书出版公司，2000）、《双语词典论专集》（与章宜华合作，北京出版社，2000）、《亚洲辞书论集》（与章宜华合作，北京出版社，2002）。此外，我还参与辞书编纂实践，曾主持并参加编订《新简明法汉词典》（商务印书馆，1983），

1

还主编了附有详尽英文索引的《圣经人物辞典》（花城出版社，1991），前者于 1983 年获广东优秀社科科研成果三等奖。近年来又合编（作为第一作者）出版《中法谚语对照手册（漫画版）》（商务印书馆，2015）、《汉语谚语名句法译辞典》（商务印书馆，2019），出版专著《词海泛舟亦编舟——黄建华词典学文集》（商务印书馆，2021）。

本人着重探索我国现代词典学理论，也是新一代大型汉法词典的设计者、编纂者。我主持编纂的《汉法大词典》（外语教学与研究出版社，2014）是国内迄今规模最大的汉法词典，填补了我国大型汉法词典独立研编的空白。该词典共 2272 页，累计 720 余万字，历经 16 年编纂而成，具有收词齐全、新词新义丰富、术语准确规范、例证鲜活实用、译文地道简明、编排合理细致、语言文化并举、附录新颖翔实等特色。该词典被视为"现代词典学理论的精湛实践"，"表明词典学研究和词典编纂水平已处于国际领先地位"。本人的《词典学理论探索和词典编纂实践创新》，2021 年在北美词典学会的会刊《词典：北美词典学会会刊》第 42 卷第 2 期作为首篇（第 1–40 页）发表，获得世界辞书学界好评。

本人还兼攻翻译，先后主译由商务印书馆规划的"世界学术名著"4 种：《自然法典》（1982）、《公有法典》（1982）、《塞瓦兰人的历史》（1986）、《论实证精神》（1996）；出版过多种社科译著：《此时此地》（商务印书馆，1982）、《社会学方法》（上海人民出版社，1987）、《个体文化与大众文化》（上海出版社，1987）、《中国社会史》（江苏人民出版社，2010）等。我还译过多种文学著作：《蒙田随笔》（与梁宗岱合作，湖南人民出版社，1987）、《夜之卡斯帕尔》（花城出版社，1842）、《爱经》（全本新译，百花文艺出版社，1998）等。

1986 年我获人事部"中青年有突出贡献专家"称号；1989 年获评"全国优秀教师"奖章；1991 年起享受国务院政府特殊津贴；1995 年获法国政府授予的棕榈叶军官级勋章（高于骑士勋章）；1999 年被评为"南粤杰出教师"；2001 年被评为"全国师德先进个人"；2006 年获中国辞书学会授予"辞书事业终身成就奖"；2006 年获中国翻译协会的"资深翻译家荣誉证书"；2015 年被授予"南粤楷模"称号。2018 年我主编的《汉法大词典》（外语教学与研究出版社，2014）获第四届中国出版政府奖图书奖。2019 年获评"全国离退休干部先进个人"；2021 年获评"广东省优秀社会科学家"；2023 年当选入列第四届世界广府"十大杰出人物"。

# 第一部分

# 关于词典学

# 词典学的回首与前瞻

## 一、简要回顾

可以说，我国的词典学是 20 世纪 70 年代末才真正起步的。20 年左右，这一新兴的学科，已奠定了自己的基础，取得了骄人的成绩。概括说来，大致有如下表现。

（1）引进了国外词典学的研究成果。例如，1981 年出版了《词典学论文选译》（商务印书馆，石肆壬），1983 年翻译出版了国际著名词典学家兹古斯塔的《词典学概论》（商务印书馆）。

（2）有了自己的专业刊物。《辞书研究》自 1979 年发刊以来，已经出至 112 期，所讨论或阐述的问题几乎涉及辞书理论和编纂实践的各个方面。此外，《词典研究丛刊》出版了 10 余期，多家外语刊物（如《外语与外语教学》《外语教学与研究》《现代外语》《外国语》《外语研究》等）都不时推出关于词典学的文章。词典学论文的发表势头有增无已。

（3）出版了本门学科的专著。此类专著涉及多个方面：有通论性的，如胡明扬等的《词典学概论》（中国人民出版社，1982）、黄建华的《词典论》（上海辞书出版社，1987）、陈炳迢的《辞书编纂学概论》（复旦大学出版社，1991）；有专论性的，如扬祖希、徐庆凯的《专科词典学》（四川辞书出版社，1991），黄建华、陈楚祥的《双语词典学导论》（商务印书馆，1997）；有关于辞书史的，如钱剑夫的《中国古代字典词典概论》（商务印书馆，1986）、林玉山的《中国辞书编纂史略》（中州古籍出版社，1992）。至于辞书学的论文集，更是多种多样。例如，汪耀楠的《词典学研究》（四川辞书出版社，1990），鲁桓编的《俄汉词典编纂学研究》（商务印书馆，1992），张柏然主编的《双语词典研究》（商务印书馆，1993），张后尘主编的《双语词典学研究》（高等教育出版社，1994），黄建华、陈楚祥主编的《双语词典学专集》（四川教育出版社，1998），上海辞书出版社汇编的《辞书编纂经验荟萃》（上海辞书出版社，1992），等等。在出版的专著中，还值得一提的有杨祖希、徐庆凯主编的

《辞书学辞典》（学林出版社，1992），黄建华主编的《英俄德法西日语文词典研究》（商务印书馆，1992）。因为以词典学为对象的专科辞典在国内是首创，多国语文词典的并行研究也是一项新的尝试。

（4）词典学作为一门课程进入了大学的课堂。李开编著的《现代词典学教程》（南京大学出版社，1990）就是这方面的教材之一。目前，南京大学、复旦大学、厦门大学、重庆大学、广东外语外贸大学等多所高等学府都招收了词典学方向的硕士研究生和博士研究生。近年来，这些高层次的专门人才正在陆续走上工作岗位，成为本门学科的教学、研究以及辞书编纂的新兴力量。

（5）成立了全国性、地区性学术团体，开展了多种多样的学术活动。中国辞书学会于1992年10月成立，下设语文词典、专科词典、双语词典等多个专业委员会，各专业委员会定期或不定期地召开全国性的学术会议。上海、福建、安徽等地也都先后成立了辞书学会，学术活动相当活跃。广州、大连、厦门、北京、重庆等地相继建立了双语词典研究中心。这些中心大都将学术研究与辞书编纂实践结合起来。

（6）与海外辞书学界建立了较为密切的联系。1997年3月，在香港成立了亚洲辞书学会（ASIALEX），黄建华当选为该会第一任会长（副会长为韩国的Sangsup Lee）。1997年1月14—16日在广州举行了亚洲辞书学会第一届年会，与会者80余人，提交的论文约50篇，除中国学者之外，还有日本、韩国、泰国、澳大利亚、英国、法国等国家的学者到会宣读论文或做专题报告。

（7）为学术研究初步奠定了坚实的资料基础。上海辞书学会和《辞书研究》编辑部编辑出版了《中国辞书学论文索引（1911—1989）》（上海辞书出版社，1990）；广东外语外贸大学双语词典研究中心建立了"双语词典学及国外词典学论文索引数据库"，并准备出版专集。

从以上的表现可知：我国的词典学正紧紧跟随世界词典学的前进步伐。我们怀着自豪感回顾已取得的成绩的同时，对未来的词典学又有什么新的展望呢？

## 二、约略展望

我认为，在即将来临的新世纪，我国辞书学界如能分工合作、各展所长，针对我们目前的弱处，在某些方面多下功夫，则有望取得卓著的成绩。

（1）我国是历史悠久的辞书大国，实践成果和理论成就在很多方面都不落后于世界上的先进国家，但由于语言上的障碍，国外对我们的研究现状知之甚少，如果这方面的沟通渠道能够畅通，则我国的词典学有望在21世纪中走向世界。

（2）中外辞书不仅是供人们应用的工具，而且还可能成为活生生的研究对象或研究素材。编纂实践的比较和基础理论的对比研究都是一个有待开发的领域，无论从语言、文化或编纂法的角度进行比较分析，都有望取得富于启发性的成果。

（3）真正的原始性的词典只能在巨大的语料库的基础上发展起来。世界上已不乏成功的例子，我国也正在着手这方面的建设。为此，亟须计算语言学的介入。如果我国能在处理汉语或双语（外汉或汉外）方面的实践和理论上取得新的突破，那么我们的成果就是对世界词典学的重大贡献。

（4）20世纪的语言学获得了长足的发展，可惜我国的辞书学界从总体上来说，较多地强调本门学科的独立性，而一定程度上忽视了吸收语言学的新成果。可以预期，21世纪的语言学会有更大的进步。如果我们能及时注意其新进展，从本门学科出发，重视吸收其合理部分，加以鉴别、改造、提升，为我所用，我国的词典学应该能够跃上一个新台阶。

（5）辞书是面向广大读者群的文化产品，因此，对这种特殊产品的功效的鉴别，还得从社会学的角度做周密的调查、研究、分析。过去我们在这方面所下的功夫不多，如果今后能按科学的要求花大力气去做，不但有助于编出符合广大读者要求的辞书，而且对于建设富有中国特色的词典学也会有巨大的作用。

词典学是一门应用性很强的学科。我国辞书编纂的丰富实践呼唤着词典学的总结，推动着词典学的发展，而词典学理论上的进步与成熟又反过来给编纂实践有力的指导，促进编纂工作的提高。希望辞书学界和语言学界的有识之士能加强沟通与合作，在各自的领域里发挥所长，共同去摘取21世纪更加丰硕的果实。

（原载《外语研究》1999年第3期）

# 法国词典学一瞥

我以"一瞥"为题，无非是想表明我看到的只是粗略的概貌，难免有挂一漏万之处，尽管做了一些调查，但纯属个人的观察，不无主观的成分。我只希望本文能作为今后逐步全面介绍法国词典学的引子。

## 一、回溯

法文中的"词典学"（lexicographie）一词最初出现于 1765 年狄德罗（Denis Didérob）所主编的《百科全书》（*Encyc Lopedie*）中，当时这个词的含义仅仅指词典编纂方法或编纂技巧。过了一个世纪，皮埃尔·拉鲁斯（Pierre Larousse，1817—1875）和他的同代人也还没有把 lexicologie（词汇学）和 lexicographie 严格区分开来。直到现代语言学兴起以后，lexicographie 一词才真正被赋予"词典学"的意义。法国编纂词典的历史，认真说来，是从文艺复兴时代开始的。"词典"（dictionnaire）一词于 1539 年第一次用于一部双语词典之中，那就是罗贝尔·艾斯蒂安（Robert Estienne）所编的《法语－拉丁语词典》。16 世纪以来，随着资本主义兴起、繁荣，由于国际通商和教育文化的需要，陆续出现了一大批双语、单语词典和百科词典。20 世纪以前，可以称得上是划时代巨著的有里什莱（P. Richelet）的《名与物词典》（*Dictionnaire des mots et des choses*），菲雷蒂埃（Furetière）的《万有词典》（*Dictionnaire universel*）、《法兰西学院词典》（*Dictionnaire de l'Académie française*），狄德罗的《百科全书》（*Diderot's Encyclopeia*，1751—1772）、《利特雷词典》（*Pictonnaiye de la Langue fyansaise*，1863—1872），皮埃尔·拉鲁斯的《十九世纪万有大词典》（*Grand Dictionnaire universel du* XIX$^e$ *siècle*，1866—1876）。至于其他中小词典，更是琳琅满目，盛极一时。然而，纵观这几个世纪，并无研究词典的专门著作，连谈论词典的文章也不太多。而且此类文章多为各种词典的前言，大多数写得比较简单，一般都达不到对词典编纂工作进行理论概括的高度，然而这在当时已经是非常难能可贵的了。

目前①，法国有些词典学家正把这些文章收集起来，加以诠释、阐发，对萌芽中的词典学进行系统的整理。这类文章之中，尤应值得一提的是《法兰西学院词典》第一版的"前言"和《利特雷词典》的"序言"。"前言"对词典的收词、释义及词典的功用等问题做了扼要表述。例如：提出《法兰西学院词典》作为当代法语词典，不收已完全不用的旧词，不收罕用的工艺、科学词汇，不收有碍廉耻的鄙俗词；对于释义，它指出，越是专门词越容易释义，给普通词下定义反而十分困难，比如释"望远镜"一词，一句话即可概括，而要释"看"一词，其多种意义，非一言半语能尽其内涵，语文词典正是要在这方面下功夫，才能收到最大的效用；谈到词典的功能，"前言"反驳了那种认为法兰西学院通过编词典对语言起裁决作用的谬见，而指出词典的职能只在于阐释词语，说明正或误的用法，对于词汇的取舍应持极为慎重的态度。这些观点放到今天来说，也还是有一定的参考价值的。

至于《利特雷词典》的"序言"，除了论述语音、语法、语言史等问题外，还特别强调词源学的作用。主张要对收进词典中的每个词追本溯源，并从各时代的著作中找到其用法的例证。只有这样，诠释词义才不致流于臆测，而按词义的演变顺序排列义项，就能把词的历史发展面貌呈现出来。利特雷的编纂实践受19世纪历史语言学的影响很深。的确，《利特雷词典》是法国词典史上第一部全面应用词源学的大型词典。其序言强调，释义要把词的现在用法和历史上的意义紧密地结合起来。利特雷用了一个生动的比喻："若只有前者而无后者就是一棵无根的树，只有后者而无前者，这棵树就无枝无叶，把二者结合起来，才是辞典的特色。"当然，我们今天对词汇的共时性和历时性问题已有较深入的认识，不会以利特雷的说法为满足。但"序言"仍不失为法国词典史上的宝贵文献。像"前言"和"序言"这样的文章自然还有许多，这里只是略举其要者而言。

## 二、现状

法国现代词典学是随着语文词典数量和质量上的大大发展，以及现代

---

① 本自选集中与时间相关的词语如"目前""现""今天""前几年"等均以文章最初发表的时间为参照点。——编者注

语言学的突飞猛进而兴起的。1950 年以前，法国市场上除了重印上一个世纪的《利特雷词典》之类的词典以外，没有一部名副其实的语文词典。词典的市场，几乎全为半百科性半语文性的《拉鲁斯词典》（*Larousse*）所垄断。20 世纪 50 年代以后陆续出版了三部大型语文词典：《大罗贝尔》（*Grahd Robert*）、《大拉鲁斯法语词典》、《法语宝库》（*Trésor de la langue française*，由法国全国科研中心编纂，已出七大卷，全书未完）。各种中小型的语文词典也差不多在这段时间先后出版，其中较重要的有《纪叶法语词典》（*Quillet*）、《小罗贝尔》（*Le Petit Rober*）、《现代法语词典》、《博尔达斯词典》（*Bordas*）、《来克西斯词典》（*Lexis*）、《微型罗贝尔》（*Le Micro Robert*）等。大量语文词典的涌现，推动词典学家对其进行对比分析、归纳总结，以这些词典为研究对象的专文不断出现。现代语言学的发展促使词汇学走向科学化，词典学便逐渐从词汇学中获得独立地位，成为应用语言学的分支。

现代语言学各流派对传统的词典编纂法起到了冲击的作用。

其一是社会语言学。按照此种观点，语词非但和时（历史年代）、地（所处地域）不可分，而且和使用它的社会环境息息相关。社会环境使它带上一定的感情色彩，突出它某一方面的词义。于是出现了从社会学的角度对词典释义问题的研究。

其二是心理语言学。这一学说强调言语是一种受外在或内在刺激的反应，而此种反应首先是有声的。于是有专家学者开始重视口语的研究，进行大量实地调查，利用录音、速记等手段，记录并总结语音变化、口语语法、用词频率等语言现象。一些语音词典和常用词词典就是借助这种手段编成的，而词典学也就非得探讨这个问题不可。

然而影响最大的还是结构语言学。这种学说认为，语言构成一个内在联系的网，单词在谈话、行文或在记忆中从来都不是单独存在的，它和句中其他词语联成一体。这样一来，就对语文词典的传统释义方法提出了挑战。据此种学说，今后词典的释义不应着重于孤立地分析词的含义，而应揭示单词在不同联系中的意义和用法。一个好的释义要标明词的界限，显示此一词和另一词在词义、修辞色彩和句中的用法等方面的差别，而对于词所代表的事物，解释得越少越好。这种学说甚至认为，只有多少反映语义关联的词典，才能称得上是现代化的语文词典。《博尔达斯词典》就朝这个方向迈进了一步，它的每一个义项都是以例句而不是以释义开头的。

语文词典编纂工作的大量实践和现代语言学研究的推动，使法国词典学近十年来有了迅速的发展。词典学者宛如群星涌现。法国的词典研究出现了一些值得我们注意的特点。

　　第一，词典学家大都是语文词典的编纂家，他们多数都有丰富的实践经验。这些词典家除了在大学授课外，主要围绕几家大的词典出版机构活动。例如，《现代法语词典》和《来克西斯词典》的主编杜布瓦兄弟（Robert Du Bois 和 Midrey Du Bois）属拉鲁斯出版社；《小罗贝尔》词典的编辑雷伊（A. Rey）、雷伊－德布伏（J. Rey-Debove）属新利特雷出版社；而《法语宝库》的主编伊姆斯（P. Imbs）则属国立科研中心。有些词典学家虽然不专在某一出版社工作，但常常承担编纂任务。如马托雷（G. Matore）为拉鲁斯出版社编了《基本词汇词典》，科恩（M. Cohen）为博尔达斯出版社主编了《博尔达斯词典》等。因此，法国词典学著作大都探讨语文词典编纂理论问题，词典学家对于"名"（或"词"）和"物"（即词所代表的事物）的概念一般都做明确的区分。有些学者甚至认为，专科词典、百科全书等要解决的是"物"的问题。如果这些工具书不是按和词典相类似的形式编排的，就根本不能算入词典之列，也就是说几乎不是词典学的研究对象（但也有个别反对此种见解的，如马托雷）。目前，法国为不同对象而编的百科全书不少，至于专科词典更是名目繁多：《电子学词典》《心理学词典》《社会学词典》等不消说，甚至还有《狗词典》《蘑菇词典》《奶酪词典》等，不一而足。

　　百科性和专科性词典这么发达，却很少见有什么词典学专著探讨这方面的问题，反之，研究语文词典的专文专书却随时可见，无法尽读。这一动态我们不可不注意。

　　第二，研究词典学问题的人几乎都是语言学家，他们大都受过现代语言学的熏陶。其中一些学者早就写了不少有关词汇学、语义学的著作。例如雷伊在出版他的词典学专著之前就已经编了《词汇学文集》（La lexicologie：lecture）一书。有一些人本身就是语言研究机构的负责人或成员，例如伊姆斯是法语宝库研究中心的主任。法国学者一般把词典学作为应用语言学的一个分支看待，他们关于词典学的文章多见于各种语言学杂志，尤其是词汇学的杂志。他们虽对词典学进行相对独立的研究，但都不把它看作可以游离于整个语言学之外的学科。伊姆斯甚至宣布说："搞不好词汇学也不能搞好词典学。"

第三，词典学家大都也是大学里的语言学教授。如瓦格纳（R. L. Wagner）是巴黎大学的教授；杜布瓦是巴黎第十大学的语言学教授；凯马达（B. Quemada）曾在贝桑松文学院专事法语词汇研究，现亦是巴黎大学教授；等等。法国的词典学进入了文科大学的讲坛。以中国留学生较多的格勒诺布尔大学为例，该校的语言学教程包含词源学、词典学、语义学和词汇学几大部分。而词典学部分又细分为如下四方面：①词典的不同类型；②语文词典（词汇量、释义、词义分析和安排、词例与引例）；③词典与文化标准；④研究多部词典。这样，校内教学与社会上的研究相通，词典学自然就有了强大的后备力量。

第四，法国词典学研究具有广泛的国际性。我们常常看到英、德、苏、西等国的词典学家在法国的刊物上发表文章。而各国词典学家一起聚会也是常有的事。参加 1957 年在斯特拉斯堡举行的词汇学与词典学圆桌会议的就有法国、德国、比利时、西班牙、英国、意大利、荷兰、波兰、瑞士等国的词典学家。法国一本名为《词汇学手册》（*Cahiers de lexicologie*）的杂志，其编委会就包括法国、德国、英国、意大利、西班牙、波兰、加拿大等国人士，故该刊物的副名为《词汇学与词典学国际杂志》。这份刊物发表了不少关于辞书研究的有价值的文章。加强国际交流无疑会收到取长补短、相互促进之效。

## 三、成果

有人统计，法国历年编辑的各种词典有近两万种，讨论词典的文章，也有好几千篇。然而和整个西方一样，法国词典学真正走上科学道路也只是近一二十年的事情。过去词典编纂全凭编者的经验，用的是手工业的方法。近年来开始以现代语言学为指导，在词汇收集、统计、编排、取例等方面，逐渐走上机械化和电子仪器化的道路。词典学就在这种背景下迅速发展起来，有力地推动了编纂工作的开展。法国词典学在下列三方面进展较为显著。

第一，词典史的研究。重点不是考察词典的年代、版本、著者等诸如《辞书研究》1979 年第一、第二辑上发表的《中国辞书史话》一文里所谈的问题。法国编辞典的历史不长，这方面没有太多的考据功夫可做。法国学者把词典作为一定时期的思想、科学、文化和语言发展状况的重要见证，透过历史上不同时期的词典，可以从语言的角度理出某方面的发展脉络来。词典学的发展得力于社会语言学的推动。这方面比较有代表性的著作有两部。

（1）马托雷的《法国词典史》（*Histoire des dictionnaires français*），1968年版，共270页，分三大部分："词典与社会""词典史""词典各成分"。第一部分的小标题是"词与词的科学""可以给词典下个定义吗""词典工作、社会的反映"。这部分的主旨是：论述语言现象的产生和消失离不开一定的社会条件，集语词之大成的词典，不可避免地从这方面或那方面反映某个时期的社会风貌，而词典编纂工作是受社会的发展水平和某个时期的社会思潮所制约的。书中举了大量的例子作为论点的佐证。第二部分占篇幅最大，是全书的核心。作者从社会学的角度，对中世纪前、中世纪，尤其是法国文艺复兴以来的各种词典一一做了分析。这种分析不是就词典论词典，而是力求把词典本身与产生此词典的社会环境之间的关系展现出来。第三部分讨论词典的规模、收词、释义、取例等一般编纂法的问题。

（2）凯马达的《1539—1863的近代法语词典》（*Les dictionnaires du français moderne* 1539—1863），1968年版，全书680多页，是研究1539—1863年这段历史时期的法国词典的学术巨著。它收集的材料十分丰富，参考历代词典数百种，被引述的词典编纂家、文学家等过千人。此书并不对此阶段的每部词典分别进行介绍阐述，而是从其总和中概括词典的发展历史、类型和编纂方法。全书分两大部分。第一部分题为"法国词典历史和类型"，下分三章。第一章是"单语词典与双语词典"，第二章是"语词词典与名物词典"，第三章是"详尽词典与有限词典"。各章又分若干节，对历史上出现的词典类型一一做了探讨，并列了多种表格以助阐释。第二部分题为"语文词典的问题和方法"，下分五章，其章题分别是"词汇量""词目安排""释义""词义的分析与安排""词例与引例"，各章的分节十分详细。可以说，此书是全面总结1863年以前法国词典编纂经验的一种创造性的尝试。这一总结不是抽象的条条框框的归纳，而是自始至终地和当时的社会发展状况、哲学思想、文化观念等结合起来。如果此书写得简明扼要一些，会更容易为广大读者服务，可惜引述太多，稍嫌烦琐。

第二，现代词典编纂法的系统研究。开始把语文词典作为独立范畴来考虑，尤其对词典中的语义问题进行了前所未有的深入探讨。这里扼要介绍三部较有代表性的著作。

（1）杜布瓦兄弟写的《词典学引论》（ *Introduction à la lexicographie* ： *le dictionnaire* ），1971 年版，共 13 章，200 多页。这 13 章的标题是"词典与词典学""词典的编制""词典与双语""编纂的行文：词典条目""词典的教育性用语""词典的词汇量""词目""同形与多义""定义：同义与释义""词典方面的语言描写：材料、词例、语言分析""文化标准""词典与历史""词典作为语言研究的源泉"。前 12 章对词典中各方面的问题做了理论上的阐述。最后一章包括 3 篇就某些词典的先后版本研究法语词汇变化动态的论文。全书文字比较浅显，例证相当充实，这是一部很有见地的著作。

（2）雷伊-德布伏的《对现代法语词典做语言学和符号学的研究》（ *Etude linguistique et sémiotique des dictionnaires français contemporains* ），1971 年版，共 300 多页。作者以法国较有影响的《纪叶法语词典》、《大罗贝尔》、《小拉鲁斯》（ *Petit-Larousse* ）、《小罗贝尔》、《现代法语词典》等几本词典为主要基础，对语言词典的编纂理论做了深入系统的阐述。除"引言"和"跋语"外，全书分三大部分：第一部分题为"语文词典"，分两章，第一章讨论词典类型，第二章论述词典的使用、编订和用语三方面的问题；第二部分题为"研究语文词典总结构"，又分两章，第一章探讨总结构的一般问题，第二章对总结构进行具体研究；第三部分题为"研究语文词典的词条结构"，分三章，第一章研究词条结构的一般特点，第二章论述定义，仅此章就写了近 80 页，至为详尽，第三章谈用例。此书是法国迄今为止研究语文词典编纂规律最完备的著作。全书结构严谨，层次分明，几乎论及编纂工作的所有问题，即如词典的插图也写了专门的小节加以探讨。

（3）雷伊的《词汇：形象与模式——从词典到词汇学》（ *Le lexique* ： *images et modèles. Du dictionnaire à la lexicologie* ），1977 年版，全书近 300 页，分三大部分。第一部分研究词典问题，第二、第三部分属词汇学。现在只简单介绍第一部分的章次，共分五章，其章名如次："语文词典""词典类型""词典的文字""无法下定义""目前法语的词典编纂法"。此书的特点是理论性强，作者具有深厚的词汇学底子，溯古论今，做了比较高度的抽象概括。作者曾在各种语言学杂志上发表过不少文章，此书是这些文章的结集，并经改写加工而成。

此外，不少语言学著作都包含词典学的篇章，至于散见于各种刊物的有关词典学的文章更是随处可见。常登这类文章的杂志除了上面已提到的《词汇学手册》之外，主要有如下几种：《法兰西语言》（*Langue française*）、《语言文学著述》（*Travaux de linguistique et de littérature*）、《言语》（*Langage*）、《语义学杂志》（*Sémiotica*）等。其中《言语》还出版了一期词典学专辑。一般日报也不时发表评论词典的文章。

第三，自动化方法的探讨。随着科技的进步，人类各部门的活动都面临采用自动化技术的问题，词典编纂也不例外。目前法国这方面的研究成果虽未见专书，但发表于各种刊物的著作已经不少，主要探讨的是语言资料的自动化搜集、存储、排列和检索等问题，并总结自动化手段所取得的成果。从刊物上已见的文章所反映的情况来看，下面几个单位的工作值得一提。

（1）拉鲁斯出版社。该出版社从 1956 年十月份就开始应用穿孔卡片机器系统。其后，拉鲁斯词典编辑部在《词汇学手册》上发表了《拉鲁斯大型百科词典机器分类法》一文，对于其所建立的卡片库系统做了详细介绍。1964 年开始应用电子计算机，现已拥有多台，操作员多达 40 多人。

（2）贝桑松法语词汇研究中心。该中心自 1958 年起使用穿孔卡片机。其后，好几个单位的实验室都是仿照它的样板建立的。该中心已发表了题为《词汇学研究机械化》的长文，详细介绍这方面的工作情况。

（3）圣克卢政治词汇研究中心。该中心的负责人图尼埃（M. Tournier）1967 年连续发表了两篇文章，一篇题为《政治词汇与机器词目表》，另一篇题为《法国政治文章词汇的详尽词目表之编制法》，对整个工作过程的介绍较为具体。

（4）《法语宝库》研究中心。该中心编制了几种录在磁带上的"机器词典"并利用电子计算机建立了各种类型的卡片，这在《法语宝库》的"前言"中以及其他人所写的文章中有所反映，但系统的总结文章尚未见到。此外，在法国刊物上也常常能读到其他国家的词典家所写的关于探讨编纂工作自动化的文章，例如德国的《现代德语词典中穿孔卡片的应用》、捷克的《关于词的逆序排列和关于所谓"逆序词典"》等。总之，在编纂工作中，新技术的采用，法国已有 20 年以上的历史。现在一般语言学家都认为，利特雷和罗贝尔那种完全依靠手工收集整理材料的时代已经过去了。今天，若编一部详尽的大词典，离开了新技术，该书在成书之日就会成为不能很好反映当前语言状况的"旧"词典。顺便提一下，笔者在法国看不到强调辞书稳定性的文章。反之，词典家强调的是：科技飞速发展，社会思潮瞬息万变，词汇的新陈代谢加速，因而词典（尤其是百科词典）要力争反映现实状况，反映最新成果，不然只能给读者提供过时的知识。马托雷就说，"即使一部可称为'杰作'的词典，也会很快过时"。当然，商业竞争也决定了出版商要不断翻新。因此，今天法国词典的修订周期正逐步缩短。例如，我们前几年引进的《现代法语词典》现在已彻底修订，新版即将印行；至于《小拉鲁斯》每年增删，更是众所周知的事。由于解决了增删后的自动拼版技术，因此，出修订本并非如我们所想象的那样繁难。随着汉字输入电子计算机与显示技术的解决和广泛应用，我们对于词典"稳定性"的观念会有新的变化。

## 四、问题

法国有位学者在一个世纪之前曾经预言，"查阅的东西比读的东西还要多"的时代将会到来。马托雷在《法国词典史》中也预言，会有一天，由于人类知识达到如此广博的程度，以致不得不改变教学的目的和方法。那时候主要的不再是传授某门知识，而是教会学生借助工具，以之作为猎取知识的手段。马托雷断言，这一天已经为期不远了。战后，各资本主义发达国家出版的词典数量激增，种类繁多，可以由此窥出一点端倪。与辞书编纂事业飞快发展的速度相比，法国词典学不能说已经走在前面了。不少法国学者对本国辞书研究状况并不十分满意，现把散见于各种著作中的关于这方面的看法进行扼要归纳。

（1）法国1968年以后才陆续出版完整的词典学著作，在此以前只有散见于各种刊物的文章。也就是说，在法国，作为科学的词典学研究历史很短，法国学者把这种与词典出版事业发展不相称的状况归咎于出版商的急功近利，不愿投资做一点有利于长远发展的研究工作。雷伊说了一句很有概括性的话："法国的资本主义经济重实施而不重评价……"

（2）法国有的学者抱怨目前的研究不少地方满足于推测和臆断，缺乏周密的调查研究。如从社会学角度进行词典学研究这一方面来说，像

"哪类读者拥有哪种词典""读者如何使用某种词典""读者对某种词典的看法如何"这类基本问题都缺乏细致的调查研究，听到的只是著者和出版商的意见。全民长时期共用一部词典的日子早已过去，今天的词典只能是为一时一地一定的读者而著的。词典的门类日益增多，但对需求状况缺乏周密的社会学分析，不可能很好地为读者服务。

（3）法国双语（或多语）词典出得不算少，但这方面的研究较为落后。关于双语词典的书目不久前才由贝桑松法语词汇研究中心编制出来。法国专论双语词典的文章不易见到，在辞书学的专著中列有相关双语词典的章次也只是聊备一格。反之，我们却在法国刊物中读到苏联、加拿大等国专论双语词典的文章，苏联词典学家对本国在双语词典的理论实践方面的传统，尤为津津乐道。法国词典家也认识到这点，有的把这种现象归因于传统或多语词典所涉及的繁杂问题。但这些说法似乎都不足以令人信服。究竟真正的原因在哪里，尚待研究。

我这拍远景式的"一瞥"到此结束。不敢说已概括全貌，只希望重要的部分没有留在画面之外。至于要对某些细节进行深入的观察，还得拍出中景、近景甚至特写的镜头来，笔者暂时身居其境，愿意有机会为此再做努力。

（原载《辞书研究》1980 年第 2 期）

# 拉鲁斯出版社漫笔

　　在巴黎塞纳河南岸第六区的拉斯帕伊大道与蒙帕纳斯街之间有一幢占地很广的七层楼的古老建筑，那就是拉鲁斯出版社的所在地。楼房临拉斯帕伊大道的底层设有店铺，铺面的正上方赫然地挂着醒目的大字："拉鲁斯"（Larousse）。店中各式新书层叠，琳琅满目，吸引我常常在其间流连。要是你想走访拉鲁斯编辑部，可从蒙帕纳斯街 17 号通过传达室进去；如果你是熟悉的客人，径直穿过书店入内亦可。我在这一年曾数访拉鲁斯出版社，初去时如走迷宫那般，现在我已晓得进出之门了。

　　登上一层楼梯，绕过曲折的走廊，便来到宽敞的编辑部工作大厅。四壁书架齐天花板直立，把整个大厅团团围住，厅里稍做间隔，但各部分相通，编辑人员在书籍资料的海洋中安静而紧张地工作着，如果你从他们身旁经过，有时他们也会抬起头来，向你示以友好的微笑。我素闻拉鲁斯出版社是个庞大的机构，我以为一定会领略那种大机关所常有的官僚式的工作气派，相反我却享受到宁静的家庭式的愉悦气氛。据说现在全社约有750 人，社外有千余名合作者（主要是百科词典条目的编辑）。以营业额而论，拉鲁斯出版社在法国所有出版社中居第二位，仅次于阿歇特（Hachette）出版社；就辞书业而言，它居全法国之首。它跟其他出版社有一个显著不同之点，那就是几乎包揽了一本书出版过程的所有工序：编写、改稿、排版、插图、发行等。1974 年以前甚至包揽了印刷。这就使它的机构十分庞大复杂。据说，一本词典从白纸到销售要经过 50 道工序，可惜我是个外行，无法在此复述。至于它的组织机构，倒可以略为介绍。

　　名从主人，我沿用他们的说法，把出版社分作"静机构"和"动机构"两部分。"静机构"包括秘书处、总务处（购置及维修器材、管理房舍等）、会计处、人事处、纸张与装订处、信息机械处（管理电子计算机等）；"动机构"则包括编辑、出版、宣传、销售四大部门。每个部门又分若干科室。例如，出版分研究、计划、印刷等，销售分门售、经销、出口等；至于在资本主义经营中占有举足轻重地位的宣传广告，则按广播、新闻广告、电影等各种宣传手段做了细致的分工。不过我对这些一窍不通，没有记住多少。我较感兴趣的是词典编写工作，宁愿在编辑部多留一会儿。

接待我的是拉鲁斯《现代法语词典》和《来克西斯词典》的主编让·杜布瓦（Jean Dubois）先生。他看上去五十开外，已半头银发，遇问即答，侃侃而谈，令我如坐春风之中。

原来，编辑部包罗甚广，属它主管的有资料室（存有各种古籍，约五十万张黑白照片、十万张彩色照片资料，以及其他大量文献资料）、绘图、修图、照相制版、摄影（设有照相间，并有二十名左右的流动摄影师）、肖像绘制、地图绘制等科室。校对员不消说由编辑部管辖，而别具特色的是，编辑部还设有一个复校员小组，这个小组全部是女性，专门负责复查词典稿的专名、地名、日期、数字等，她们和文字的校对员有明确的分工。为什么要设两种校对员？我们可从拉鲁斯出版社总编辑克洛德·杜布瓦（Claude Dubois，让·杜布瓦之弟）的寥寥数语中得到答案，"百科全书的编纂者要致力于向一切疏忽和偏见做斗争"，"编者最难过的是欺骗了信赖自己的读者"。因此，每一篇文字、每一点依据，在编纂过程的每一个阶段都经多人校对，例如《拉鲁斯大百科全书》就连出五次清样进行核对。

编辑部的工作如此繁杂，出版的词典那么多，究竟真正从事编辑工作的有多少人呢？让·杜布瓦先生微笑着答复我的问题："不到五十人，而且有些人还不是全部时间都在这儿工作，我就是其中一个，每星期我到巴黎第十大学兼三节课。"

"那么，就拿《现代法语词典》为例，有多少人编？用了多少时间？"

"四至五人，不到三年。"

"《来克西斯词典》呢？"

"五至六人，三年半完成。"

"包括出版时间吗？"

"不包括，一般这样的中型词典半年，顶多不超过一年便可出完，有些我们边编边印的，编完也就差不多出完了。现在语文词典全部由本社的编辑承担，百科性词典才依靠社外编者。我认为编辑班子要精悍，人员要固定，时间安排要紧凑，不能拖。时间一长，各部分要照应首尾，保持连贯，很难做到。"

杜布瓦先生随即把他的助手介绍给我，只有四五个人，大都是女性，年龄多在三四十岁。我不禁暗暗起了个疑团：他们年纪都那么轻，能把语文词典编好？这时杜布瓦指着他身旁的一位女助手向我说："她已搞了八九年，她的语法我看比大学教授的语法还要熟练。"

我看着助手们满案的文稿，听着他们关于如何处理某个词的娓娓动听的解释，望着壁上的进度表，翻着他们的编订计划，对于他们秩序井然的高效率工作，不由暗自赞叹不已。我随便问杜布瓦先生一句："你主编了那么多词典，没有写点什么文章介绍你的工作或你的生平吗？""没有。关于我自己没有什么可说的。对于一个词典编者，主要是看他的成品。不过，很多词典虽然写的是我主编，其实是靠大伙儿做的。我认为词典是集体从事的事业，哪一本词典能不依靠前人或旁人的词典凭空编成呢？"此时此地能听到这么一番实在的话，真是难得！

我看这"漫笔"可能漫得太远了，还是赶快收住，扼要介绍一下在拉鲁斯出版社一本词典从计划到成书的步骤。一般来说，要编什么词典首先向社长室提出计划。社长室随即进行研究，确定未来成品的规模以及编制的条件（包括研究市场需求）。然后制订预算，社长室据此决定是否出版。接下去是定出文字和插图的比例以及文字各部分的篇幅，例如《二十世纪拉鲁斯》中的人物拿破仑预计用100至150行，马克思用60至80行，艾森豪威尔用30至40行等。再接下去是试行预编，然后才开始正式编纂，至于是否约请社外编辑，视情况而定。计划科则根据各部分情况，定出详细的工作日程表。这牵涉绘图、肖像绘制、排版和校对等科室。计划科要协调和监督每阶段各部分工作的进度。再下去是印刷、装订、贮存、宣传和发行等。各环节紧扣，保证出书效率。接待我的主人把编辑部各人的工作进度表耐心地解释给我听。我顺便问一句："你对他们的工作满意吗？"他笑了笑说："当头头的对手下人的工作完全满意那是不多的，不过说实在话他们已经干得很不错了。"

根据1979年的书目，拉鲁斯出版社出版了近九十种辞书：大型的如二十卷本的《拉鲁斯大百科全书》、七卷本的《大拉鲁斯法语词典》；小型的如《小拉鲁斯》、《袖珍拉鲁斯》（*Larousse depoche*）；介乎大小之间、为不同对象不同水平的人而编的，又有多种；专科词典、双语词典更是种类繁多。此外，还出版了大量的教科书和知识性读物。总之，除了不出文艺作品之外，其他书籍几乎都出版，而所出的词典之齐全，在法国找不到第二家，甚至在世界上也是名列前茅的。尤其是中小型的拉鲁斯词典，早已行销海外，誉满全球。这些词典的成功诀窍在哪里？我们不可不看看它们的编写特点。据马托雷（由拉鲁斯出版社出版的《基本词汇词典》的主编）的归纳，大体有如下几条。

（1）实用性。这些词典不避俗词俗语，尽管有些词语为讲究语言"纯洁"的词典（例如《法兰西学院词典》）所不收，但拉鲁斯词典只以实用为标准。但是它不收古词古义（《古典拉鲁斯》除外，《来克西斯》收了之后则以专栏标示），这是因为它立足于当代语言。

（2）容纳大量专门词汇。为了适应今天读者多方面的需要，尤其是为了反映当代日新月异的科技发展情况，拉鲁斯词典收录了大量科技词语（一些普及性的语文词典除外）。因此，这些拉鲁斯词典的词汇量一般较大，例如《小拉鲁斯》词汇量就不下七万。

（3）释义简明，词例简短。义项的排列不从词源的角度考虑，而从今天最常用的义项开始。词例不从文学著作摘引，而从日常读物中引取或由编者自己编写。

（4）包含大量的百科性资料（纯语言词典除外）。拉鲁斯词典是以半语言半百科性为传统的，这方面可说是它的最大特色。《小拉鲁斯》就分两部分（中间另附一小部分，是拉丁文和外文短语）：上半部是普通词汇词典，下半部是地理、历史、人物等专名词典。

（5）丰富而多样化的插图。图片资料涉及多方面，有动物、植物、建筑、美术、肖像、地图，等等。图文并茂，色彩缤纷，错落相间，琳琅满目。打开拉鲁斯词典可以说是一种美的享受。

当然，从严格的词典学角度出发，你也会在拉鲁斯词典中找到这样或那样的不足之处，例如，为了追求简短，释义方面过多地使用同义词和同族词，就是其中的一点。然而，拉鲁斯词典最大的成功之处，就在于它的普及性。在法国历史上，拉鲁斯词典问世以前，词典只供少数社会上层人物、富豪之家享用。拉鲁斯第一次把词典送到了收入较低的普通公务员、小学教师、小店主等普通人家里。尔后，随着社会经济文化的发展，拉鲁斯词典传播范围更广，法国人家里现在没有拉鲁斯词典的已经找不到几个了。《小拉鲁斯》更是罕有的畅销词典，每年销售七十万部以上，历久不衰。它的影响是如此之广，以致有些人竟以为"拉鲁斯"就是"词典"的同义词，而不知道原来是一位编者的名字。这位编者叫皮埃尔·拉鲁斯（Pierre Larousse）！

拉鲁斯（1817—1875）出身于普通的铁匠家庭，自幼生活艰苦，受当时的空想社会主义思想影响很深。他曾经当过小学教师，后来从事教科书的编写工作，自幼立志献身于文化传播事业，与蒙昧主义做斗争。在主编大词典之前，他著有大量关于语法、修辞和历史的书，以及多种中小型词典。他是 19 世纪法国著述最多的人，比巴尔扎克、雨果所写的数量还要多。巴黎公社时期，他以词典家的客观态度，谴责资产阶级的血腥镇压。他所编的《十九世纪万有大词典》，对同时代民众的影响不低于 18 世纪法国狄德罗（Diderot）的《百科全书》（*Ency dopedia*）。为了出版词典，拉鲁斯于 1852 年和好友布瓦耶（A. Boyer）在困难的条件下合办了拉鲁斯出版社（1865 年两人分开），此社一直相沿至今，已有 128 年的历史。这位民主思想的鼓动家、伟大的文化普及工作者，他所编写的辞书传遍世界每个角落，他的事业被不断发扬光大，他的名字与业绩已融成一体。

拉鲁斯逝世已有一个多世纪。在这一百多年中，拉鲁斯出版社已由家庭式的小作坊变成了大型出版企业。目前，该出版社在世界许多地方设立了子公司，出口营业额占全部营业额的 25%。着眼现代化，追求革新，这是拉鲁斯出版社的一贯传统。今天，这一优良传统尤其表现在采用当代先进技术组织编纂出版方面。据介绍，拉鲁斯出版社这方面走在全国私营企业的前头。1956 年，开始使用穿孔卡片机。1958 年，在布鲁塞尔博览会上，展出了"电子拉鲁斯"，把信息储存于机器内让其自动回答读者的问题。其后不久，自动排出《纵横填字字谜词典》。1964 年以后，拉鲁斯出版社购置了多台电子计算机，成立了信息机械的专门科室，现有四十余人负责管理和操作。在印刷方面，1960 年拉鲁斯出版社成为法国第一家使用能同时印正反两面的轮转印刷机的出版社，1964 年开始筹备照相排版，1970 年正式实行。此外，先进技术还应用于经营管理和广告宣传方面，可惜我对技术十分陌生，只好在此一笔带过。

接待的主人善于安排，做了一番介绍之后便把我们领到了电影放映室。这也许就是招揽生意的广告影片吧，可是我看了之后仍然感到像上了一堂生动的科普教育课。主人为我们放了两部短片，一部题为《词典与百科全书》，另一部题为《人手一本词典》（副题为《各种语文词典》）。影片以生活中常常碰到的问题开始："肯尼迪是什么时候去世的？""利马是哪个国家的首都？""Dix 中的 x 要发音吗？""打篮球有什么规则？"

"雷达是什么东西？""'garde-malade'一词的复数怎么写？"，等等。一步一步引导你查阅拉鲁斯出版社所出的各类百科词典以及为不同年龄不同身份的人而编的各种语文词典。影片色彩鲜明，解说生动，既令你对拉鲁斯出版社所出的各类词典有一个全貌的了解，也增长了你查阅不同类型词典的知识。看了之后，即使你从未用过词典，不禁也想根据自己的情况去买一部拉鲁斯！

离开电影室，快向主人告辞了。我抓紧时间，再向主人请教一两个问题：

"你们要不断搜集新的语言材料，这项工作是依靠什么人去做的？"

"还得由编者自己来。我们曾经另外请人去做，可是效率太低。哪些是新出现的词，哪些词的词义有所改变，他们心中无数，还得一一查对原词典。编者做起来较快，他们有'词典在脑'，可一边阅读一边把材料勾出，记不清楚的地方，才需要去查原典。"

"你对法国的辞书编纂事业有什么评价？"

"噢，这怎么说好呢？"

"例如，和西方各国比起来怎么样？"

"各有不同的特色，英国的传统较好，但近年来我们已走在他们前面；德、意的百科全书较强，其他一般；北欧国家，如丹麦、挪威出了一些好词典，但多属个人的作品；美国的传统不如我们，但近年来发展较快；苏联的双语词典较强，但其他不是很突出。总之，一句话：我们并不落后。"

时间差不多了，当我向主人道谢并告别的时候，盛情的主人还补充了一句："欢迎你随时再来，我们可以毫不拘束地畅谈，我们这一行没有什么职业秘密。"

离开拉鲁斯出版社，穿过蒙帕纳斯街，踏上蒙帕纳斯大道。那是巴黎繁华的街道之一，新楼高耸，汽车穿梭，商店林立。记得历史书上说过，列宁流亡国外的时候，常常在这一带会友和活动。十月革命胜利以后，列宁写过一封信给他的助手，信上是这样说的："任务：编一部简明的（以《小拉鲁斯》为样本）俄语词典（从普希金到高尔基）。标准的现代俄语词典。采用新的正字法。"（见《列宁全集》第35卷第492页）无产阶级导师关于拉鲁斯词典的话，我在归途中反复咀嚼，愈觉回味无穷。

（原载《辞书研究》1980年第2期）

# 再议拉鲁斯

编辑部约稿，要我写一篇关于法国出版社拉鲁斯书店（Librairie Larousse，又习称"拉鲁斯出版社"）成立 150 周年的文章。从因特网上的资料来看，这次纪念活动在法国搞得颇为热闹。在巴黎的发现宫（Palais de la découverte）举办了为时两个多月的专门展览，至 2002 年 11 月 24 日才宣告闭幕。我对拉鲁斯书店并不陌生，22 年前，我曾经多次到过这里，还为《辞书研究》写了《拉鲁斯出版社漫笔》一文。尔后，还在我主编并撰写的《英俄德法西日语文词典研究》一书中，对拉鲁斯书店推出的好几种词典，做了介绍和评价。按理，打开记忆的"旧匣子"，写一篇纪念性的文字，不算是件难事。然而，我还是想等有了新的材料再动笔。虽然暂时无法重访拉鲁斯书店，但我还是委托在巴黎的亲友代我去做了。收到新材料后才动笔，因此稍迟了一点。这是要请编者和读者鉴谅的。

遗体刚被法国人送进先贤祠的著名作家大仲马说过，好的书架上应有三种著作：一是福音书，二是拉封丹的寓言诗，三是拉鲁斯词典。［转引自法国《世界报》（le Monde），2002 年 11 月 13 日］列宁在一封写给他助手的信中这样说："任务：编一部简明的（以《小拉鲁斯》为样本）俄语词典（从普希金到高尔基）。"（见《列宁全集》第 35 卷第 492 页）这两位名人，一是法国本土的，二是外国的，都在一个世纪左右之前对拉鲁斯词典做了充分的肯定，可以说他们是高度评价拉鲁斯事业的代表者。一个半世纪过去了，拉鲁斯书店的出版活动历久而不衰，它的成功之道很值得我们借鉴。

## 一、熔铸先进的文化精神

拉鲁斯事业熔铸了一种文化精神，这种精神以事业的创始人皮埃尔·拉鲁斯为代表。22 年前，我在《拉鲁斯出版社漫笔》中曾经简单地介绍过这位文化人的生平，这里扼要转述一下：

拉鲁斯（1817—1875），出身于普通的铁匠家庭，自幼生活艰苦。他曾经当过小学教师，后来从事教科书的编写工作，从小立志献身于文化传播事业，与蒙昧主义做斗争。在主编大辞典之前，他著有大量关于语法、修辞和历史方面的书以及多种中小型词典。他是19世纪法国著述最多的人，比巴尔扎克、雨果所写的数量还要多。他曾以词典家的客观态度，谴责反动派对巴黎公社的血腥镇压。他所编的《19世纪通用大辞典》，对同时代民众的影响不低于18世纪狄德罗的《百科全书》。为了出版词典，拉鲁斯于1852年和好友布瓦耶（A. Boyer）在困难的条件下合办了拉鲁斯书店（1865年两人分开），此社一直相沿至今，已有128年的历史。这位民主思想的鼓动家、伟大的文化普及工作者所编的辞书传遍世界每个角落，他的事业被不断发扬光大，他的名字与业绩已融为一体。

拉鲁斯的可贵之处，在于以当时先进的意识形态作为文化传播的指导，他不是一个没有灵魂的文化掮客。当时有两位享有盛誉的进步文化人士，在拉鲁斯的《19世纪通用大辞典》分册问世之后，曾给他写了热情洋溢的信：一位是抨击法兰西第二帝国的浪漫主义诗人雨果（Victor Hugo），另一位是空想社会主义思想家蒲鲁东（Pierre-Joseph Proudhon）。雨果的信，有部分译文见于2002年10月14日的《参考消息》，但其中有的地方翻译稍欠妥帖，现将全信重新译出：

先生：

我接到了大作的前面四个分册。您的计划宏伟，目标崇高。我看过的一些部分，非常出色。这是您在19世纪建立的一座真正的丰碑。把19世纪的人类知识浓缩在一部书中，这是一个美妙的、伟大的想法。多少次失败的试验，多少回蹩脚的拟稿，多少次脱离不了落后思想印记的汇编。经过了这些之后，终于推出一部堪与卓越的狄德罗《百科全书》相媲美的姊妹作，而且更全面，更宏伟。这部著作一旦完成，对出版家来说是财富，对作者来说是荣耀。请进一步不断吸收新的思想，请远离残存的陈旧的东西。在这样的著述中，要完全摆脱陈旧的羁绊是不容易的。毫无疑问，先生会赢得这份财富，获得这份荣誉。目前，几乎所有书志辞书、百科辞典都是在一种与时代精神相悖的思想指导下编成的，因此都不大成功，它们将来会受到鄙弃。而您，您愿意服务于进步，您想取得成就，您是肯定会成功的。您与时代结合得越紧密，您的成就就越大。鼓起勇气吧！

    我将以浓厚的兴趣关注您的事业。谨向您表达真挚的祝愿和赞赏。请相信我的衷心支持。

维克多·雨果

4月20日

    雨果是当时法国进步青年景仰的大师。请注意，他主要是从思想的角度赞扬拉鲁斯的著作。

    蒲鲁东的来信比雨果的要长，这里只能从中摘译一些句子："我不可能对你们出版的成功表示更多的祝愿；我赞赏拉鲁斯先生的勇气和对科学的忠诚，他在这样庞大的事业面前没有退缩过……我十分高兴地得知，你们辞典的分册销路不错。这又一次向我表明，我们的民族还有希望：一个读书的、表现出对科学热衷的民族，一个追求科学而不拘其形式的民族并没有放弃自己的努力。"接着蒲鲁东就拉鲁斯请他阅读的"abstention"（弃权）和"anarchie"（无政府状态）两个条目发表自己的看法。他还对拉鲁斯说，编纂到"Dieu"（上帝）和"propriété"（财富）这两个条目时，别忘了通知他。蒲鲁东也是首先从思想的高度去关注拉鲁斯的事业。

    上面两位文化巨匠之所以赞赏拉鲁斯，正是因为他的《19世纪通用大辞典》有两个鲜明的特点：一是它所持的反君主制的立场，二是它所表露的反拿破仑三世的鲜明倾向。文化巨匠的言行似乎表明：辞书事业也如其他文化事业一样，不能只注意一时的功利，而缺乏内在的深刻的灵魂。

二、全面的传播理念

    拉鲁斯说："开始时，我教授词汇，这似乎只以词语为对象，最后我教起自然常识来。最初我只求教导孩子，其后我尝试向大家传授各种知识。"（转引自法国《世界报》，2002年11月13日）"面向所有人，传播一切知识"，后来成了拉鲁斯书店的宗旨。目下拉鲁斯书店已发展成为一个国际企业集团。在辞书方面，可以说，几乎无所不出。语言方面有大、中、小的语文词典，高级、中级、低级的教学词典，面向本国人、外国人、儿童、学生等不同层次的词典；百科方面也是大、中、小并存，面向不同对象的版本争妍斗丽，从大百科全书、青年百科全书到少年百科全书，应有尽有，美不胜收。至于涉及的学科，更近乎无所不包：农业、医药、天文、植物、动物、海洋、园艺、烹调、狩猎、音乐、电影、绘画、摄影、钓鱼、汽车和工艺，等等。名目繁多，令人目不暇接。拉鲁斯书店连失明人士也考虑到了，专为他们出版了盲文版的词典。

时至今日，凡是专业的辞书出版社，都会推出各种门类的专科辞书。拉鲁斯书店的做法，似乎不足为奇。但稍加考察，便知道它有其独到之处。一是它很早就把自己的事业推上"传播一切知识"的道路：1912年出版第一版《拉鲁斯医药辞典》，1921年印行第一版《拉鲁斯农业辞典》，1926年先后推出《拉鲁斯家政辞典》《拉鲁斯家居修理辞典》，等等。二是它不但出得早，而且不断修订更新，涉及的学科门类也不断增加，像滚雪球似的愈滚愈大。它是真正将我们今天常提的"与时俱进"的观念付诸实践。

随着新技术的发展，拉鲁斯的出版物愈加多样化，现在已经出了多种CD-ROM、DVD-ROM版的《拉鲁斯辞典》和《拉鲁斯百科全书》。可以预见，随着多媒体技术的应用，拉鲁斯出版业将跃上一个新台阶，传播的范围也会更广。

拉鲁斯的事业远非局限于本土，也非局限于法语国家，而是面向全世界的。它所涉及的外语已达40多种。它和许多国家的出版社都有合作关系。它那富有象征意味的"播种姑娘"几乎传遍世界各地，这个标志问世以来已经六度更新（参见附图）。

## 三、新意迭出，勇为天下先

在一个半世纪的历程中，拉鲁斯书店不断以其创意赢得声誉和事业上的发展。这里列举几个属于它"首创"的例子。

在法国历史上，它第一次把词典送到了低收入的普通公务员、小学教师、小店主等普通人家里。而在此之前，词典是个"奢侈品"，只有少数的达官贵人、富豪之家才能享用。换言之，它凭借《小拉鲁斯》，在普及方面迈出了重大的一步，从此使词典到达千家万户。

它率先在《小拉鲁斯》中推出一书两式，将普通词汇词典与有关历史、地理和人物等的专名辞典分前后两部分合编在一起，中间插进收录拉丁短语和外国短语的粉红色的"玫瑰之页"。这样，读者一书在手，便可以应付不同的需要。这种做法，也为其他语种的词典所仿效。例如，荷兰语词典也分两部分，中间插页的颜色改变了一下，印成了"绿色之页"。

在法国，它是第一家把丰富的插图引进各类词典的出版社，从单线图的时代一直延续到今天，而且越来越多样化。我在《英俄德法西日语文词典研究》一书中，曾对《小拉鲁斯》的插图做过这样的介绍。

图片资料涉及多方面，有动物、植物、建筑、美术、肖像、地图，等等。插图形式也多种多样，有识别图、综合图、对比图和分类图等。插图格式也多具变化，有全图、部分图和剖视图等。插图的编排方式也不尽相同，有正文插图、页边插图和插页插图等。插图的数量总计6000幅左右。

拉鲁斯书店的词典家认为：配备插图就等于运用两种语言去"解释"词义。一种是法语；而另一种是"图画语"。而后者更为直接，几乎人人皆懂。拉鲁斯所出的词典，有一些插图的丰富程度实在惊人，无一页无图，甚至几乎无一栏无图。出版社拥有庞大的图片资料库，而且不断充实更新。这次趁纪念建社150周年之际，拉鲁斯的同仁还根据100多年前收藏的图片材料，出了一本200多页的展示1000余幅旧图的辞典《奇妙拉鲁斯》（*Larousse insolite*）。编辑这部词典，也可以说是一个创新，它引领读者重游前辈走过的历程，观赏一个多世纪插图的演变，领略令人惊叹的怀旧的愉悦享受。

拉鲁斯书店率先把《小拉鲁斯》推上了吐故纳新、年年更新的轨道。修订之勤，我们至今尚未见国内有哪一部词典能够做到。而尤为难得的是：每次修订都大体维持原篇幅不变，而不是越修越厚，令读者的负担越来越大。这样一来，历年积累下来的各版《小拉鲁斯》便成了100多年来连续反映法兰西语言演变的镜子。于是有些语言学家便把它作为研究语言变化的素材。其他出版社的词典，当然也有新旧各版，但像《小拉鲁斯》那样连续不断的，却不多见。

拉鲁斯的品牌和积累的出版物已经成为法兰西文化遗产的一部分。拉鲁斯书店纪念其建社150周年，不纯然是商业性的宣传，还包含捍卫和发扬民族文化遗产的意义。

## 附图

1876 年的第一个标志。图为蒲公英花向四处飘散。图中文字是"我随风播种"。

1897 年在广告和早期《插图新拉鲁斯》中使用的标志。

1890 年加上了"播种姑娘"向蒲公英吹气,从而表达了"主动传播"的含义。"L"字母代表拉鲁斯。

1953 年至 1957 年使用的标志。

从 1890 年至 1952 年更多地用这个简化了的标志。停了一段时间,1970 年又再度起用。

1955 年对标志做了重大的改动。"播种姑娘"没有表现出来,且姑娘的头发取火焰的形式。此标志用到 1970 后。后又回到旧标志。

从 1993 年开始,标志中的"播种姑娘"换作单线条图,取消了"我随风播种"的字样,把"拉鲁斯"全词写出。

(原载《辞书研究》2004 年第 1 期)

# 再论"词典是词的一份单子"

丹麦著名语言学家叶姆斯列夫（L. Hjelmslev）曾经说过："语言学家以研究名与物之间的关系为己任，首先要避免将此二者混淆起来。"[①] 这句话对于词典编者或从事辞书研究的人，或许也不无参考价值，虽然他们不一定以语言学家自居，但都是整天和词语打交道的人。

## 一

在拙著《词典论》中，谈及"名""物"的关系时，我写过这么一句话："词目是作为符号而存在的，词典是词的一份单子，或词的汇集。"[②] 这一通俗说法近年来受到一些同行质疑，似乎有必要澄清一下。

且举一种驳难之说："词典决不是词的单子。即使是语文词典，收录的也不仅仅是词，而专科辞典、百科全书等收录的，则更不只是词了。退一步说，词典收录的是词目，词的单子是指词目单，但是词典也不只由词目单组成的，它还牵涉到释文、编排等一系列问题。"[③]

人与人之间的沟通有时颇不容易，日常生活如此，专业领域看来也不例外。对"词典是词的一份单子"的说法产生一些误解，可能是因为没有吃透"词目作为符号而存在"这个基本立论。下面我想展开来说一说。

当代语言学认为：语言是一套复杂的符号体系。自然语言约定俗成。一个群体的一套语言符号既是群体众人的交流工具，同时又反映群体所认识的客观世界。可以说，每一套自然语言符号都构成一个真实世界投影的、为某一群体所认可的虚拟世界。语言符号所表现的任意性，使人们有可能将语言符号和它所代表的事物区分开来。天上同一个太阳，反映在不同语言中形式各异：法语的"太阳"为阳性；阿拉伯语的为阴性；俄语

---

① 《语言和言语》，载 *Essais Ling*，第 8 页。
② 黄建华：《词典论》，上海辞书出版社 1987 年版，第 4 页。
③ 《辞书研究》1991 年第 1 期，第 64 页。

的为中性；汉语语法形式无性数之分，但中国人一般视太阳为阳性之物。对语言符号从不同角度、不同侧面（形、音、义、语法、词汇、修辞、生成、流变、分布、习得、缺失、干扰、语用、语篇、文体……）进行研究便形成当今诸多的语言学科。

语言中的词，集中反映了符号的特征。它的音（或形）是符号的形式，即语言学术语"能指"；而它所代表的事物或概念是符号的内容，就是它的"所指"。符号的形式和内容是紧密地联结在一起的。听到或看到其"名"便联想到其所指之"物"，要说到某"物"就不能不提其"名"。但为了研究方便，非把"名"与"物"严格分开不可。且拿数学来做个近似的比拟。数学的具体应用总是和实际事物联系在一起的。但其中许多原理的建立却是人类抽象思维积累的成果。几何学上完全不占空间的点、线、面，世界上其实并不存在，却丝毫不妨碍人们这样去理解和运算。倘若今天的成人仍像儿童时期那样"一个苹果，两个苹果，三个苹果……"地数数目或者依然摆脱不了掰手指的计算方法，那么当代数学就不可能发展到如此严格精密的程度。科学的抽象性就是先把"苹果"或"手指"搁置一旁，以便更好地回到"苹果"或"手指"上去。

我所说的"词典是词的一份单子"，情形与此类似，绝非无视"物"的存在，而是试图将"名"与"物"区分开来，为的是更深入地认识二者之间的关系。从字面上批驳这句话的人并没有体会作者的本意，这是令人十分遗憾的事。词典收录的自然不仅仅是语法学所讲的"词"，这是不言而喻的，不然，我在《词典论》后面的章节中就不会借用外国词典家的话以"处理单位"称之。① 这个"词"字不消说是就其广义而言的，它的外延乃是一切可立为词目的语言单位，甚至连句子也包括在内。因为在词典中，一个词条的词目是被作为这个词条的主语来看待的。其实我在《词典论》中已有所交代，这里不妨再强调一下：不论收为词目的语言单位是词、词缀、成语或句子；也不论所收的词在语法上属何种词类（如副词、形容词、动词），在词典上一律可以"名词"视之。② 我曾举《新华词典》中的一个词条为例：

———————————

① 黄建华：《词典论》，上海辞书出版社 1987 年版，第 53 页。
② 黄建华：《词典论》，上海辞书出版社 1987 年版，第 53 页。

【红彤彤】形容红的颜色非常鲜艳夺目。

虽然汉语词典迄今一般不给词目标词性，但这"红彤彤"显然是个形容词，而它在词条中却成了一个句子的主语，我们不妨读作"'红彤彤'一词形容红的颜色非常鲜艳夺目"。不难看出，这里的"红彤彤"已经名词化了。在实际运用中，"红彤彤"总得带上个"的"字，如"红彤彤的太阳""红彤彤的朝霞"，而在词目中却把"的"这一语法标志给去掉了。我们说它是个经过处理的"抽象词"，道理就在于此。

这里再从另外两本词典中各抽一例：

真人所作，故多真声。
意思是：真诚的人创作的东西，必然充满了真情实感。

——《警语名句词典》

【号角在哭泣】青勃著。星群出版公司 1947 年 10 月出版。是作者出版的第一部诗集。收入诗 14 首。

——《诗歌辞典》

两个词条的词目（"真人所作，故多真声""号角在哭泣"）从语言形式来看都是句子。而在词条中均可以被看作一个长句的主语。我把这两个词条改写一下便清楚地显示出来：

"真人所作，故多真声"意思是真诚的人创作的东西，必然充满了真情实感。
《号角在哭泣》是星群出版公司 1947 年 10 月出版收诗 14 首的青勃所著的第一部诗集。

于是我们便不妨把句中的主语视为"名词"化了的词汇单位。因此，"词典是词的一份单子"的提法，不应光从字面上去理解。

二

为什么会产生上述误解呢？我想是未习惯将符号与实体严格区分

黄建华自选集｜HUANG JIANHUA ZIXUANJI

之故。

其实，凡符号都有着双重含义。法国词典学家雷伊·德布伏曾以猫的照片为例，我这里借用一下。我们对一张猫的照片可以做两种理解：

> 这是一张猫照片。（符号）
> 这是一只上了照片的猫。（所指实体）①

但无论做何种理解，照片仍然是照片，不可能变成实物（猫）。文字符号亦有这样的双重含义，或是表示语言符号本身，或是代表所指之物。此二者之分，便形成语文词典与百科辞典之别。不过，无论语文词典还是百科辞典，其词目（例如：猫）只能是符号本身，而不会成为实物（猫）。我说"词典是词的一份单子"的道理就在于此。说到这里可能有人提出质疑：为了登记"物"，不能不用词来表示，我所说的"物的单子"其实并不存在，又何来"词的单子"与"物的单子"之分？

还是再借用"猫照片"来说明一下。

"这是一只上了照片的猫"又可从两个角度来看待：①这是一只"抽象的"猫，代表相同属性的猫这一类；②这是一只特定的猫，白猫、黑猫、波斯猫、张家的猫或李家的猫，等等。前者所形成的"单子"便是"词的单子"，后者形成的则是"物的单子"（"物的单子"加上引号无非表明这是一种通俗化的说法，当然也不应单纯从字面去理解）。不消说，词典中的"猫"只能是前者，而不可能是后者。因此"家具清单""展品清单"不管它按何种方式编排，也不管它在项目下提供什么样的详尽信息或知识（例如：【书桌】杉木制品，咖啡色，长××厘米，宽××厘米，三抽屉，附摇板，带滚轮……），也不能算作词典，因为它是"物的单子"。通俗地说，"凡是从词出发的，便是词典；凡是从物出发的，便不是词典"②。"词的单子"的形成有赖于逻辑思维的抽象化。

我的这种粗浅划分，无非是想从词目的角度界定"词典"的外延。我心目中的词典，不只是无"物"的，而且是无"我的"（请不要拘泥于

---

① Josette Rey-Debove. *Étude Linguistique et sémiotique des dictionnaires français contemporains.* The Hague by Mouton，1974，p. 24.

② 黄建华：《词典论》，上海辞书出版社1987年版，第5页。

字面去理解）。在《词典论》中我曾举一些西方的"词典"为例，当时为了节省篇幅，没有译出具体词条，这里就从其中一本当代"词典"抽译几条来看看。

【吻】男人使唠叨女人住嘴的唯一方法。
【爱】未必带来幸福的感情。
【勇气】鲁莽而获得成功的称谓。
【小说家】用动人的谎言来装饰现实的作者。
【动物园】大人领孩子给动物看的公园。[1]

我们单凭自己的感觉就可知道：这不是真正词典的词条，而是个人见解的汇集，是创作。可是上述"词目"与一般词典词目无异，编排亦按字母顺序排列，释文形式与普通词典的完全相同，而且还堂而皇之冠以"词典"之名。那么从理论上来说，它又在哪点上与真正的词典相区别呢？且以"吻"一词为例予以说明。

"吻"在一般词典中的释义大体为"用嘴唇接触借以表示喜爱的动作"。这一释义所表达的"吻"，是经过语言抽象作用反映事物属性的"吻"，这个抽象的"吻"适用于所有"吻"的动作。而"男人使唠叨女人住嘴的唯一方法"的"吻"是"我"所理解的"吻"，特定的"吻"，其外延并不等于普通词典中立为词目的"吻"。总之，真正的词目是从"词"出发的，凡从"物"从"我"出发的便不是本来意义的词目。

上述那种"词典"，法国18世纪已见成书，直至今天仍然在陆续推出，我国虽未见书，但已有人仿效这种"编"法。例如：

【癌】在医学上是人们谈虎色变的一种不治或难治之病症，而在社会生活和文艺作品中则往往是先进人物不可缺少的内在因素和先决条件。

——《新编现代语辞条》[2]

---

[1] 参见 Noctuel 编著的 *Dictionnaires Français-Rosse*。
[2] 参见《讽刺与幽默》1986 年第 11 期。

我运用"词的单子"的说法，目的是试图将形似词典的书籍、清单或目录之类的出版物与名副其实的词典区别开来。我所使用的"词典"一词与英语的 dictionary 和法语的 dictionnaire 相通，其涵盖面比传统所理解的"词典"宽广得多，不然我不会在"词典是什么"一节中将诗韵词典与逆序词典都列在其内。遗憾的是，有人不解这点，把我的看法视为"把词典局限于'词的单子'的狭窄胡同之内，并说'……词的单子'这一类概念，在新形势面前显得有点过时"①。我的这种强调"名""物"之分的观念，究竟是"有点新意"抑或是"陈旧过时"，就请读者去鉴别吧。

### 三

评论过程突出了一个纠缠不清的问题，即词典是"汇集词语"抑或是"汇集知识"的不同提法。作为词典的定义，我不赞成后者，有人便以为我轻视词典的"知识性"，甚至不惜笔墨为"知识性"大加辩护一番。鉴于沟通如此困难，我这里也就只好用一些文字加以说明了。

按照现代语言学观点，言语可有两种功用：一是"谈论"世界事物；一是"谈论"语言本身。拿"刀"字为例：

> 他用刀杀人。
> 刀与叨发音一样、同为阴平。

"谈论"世界事物的语言符号就是我们平常所说的语言（language），"谈论"语言符号本身的称为元语言（metalanguage）。像上面第二句中"发音""阴平"二词都是描述"刀"字符号的语词，它们都属于典型的元语言。第一句中的"刀"代表"所指之物"（不可能用"符号"杀人），第二句中的"刀"纯粹是语言符号。"刀"成为词典的词条后，可能以如下样式出现：

> 【刀】用来切、割、削、砍、铡、斩的工具。

---

① 《辞书研究》1991 年第 1 期，第 64 页。

这时作为词目的"刀"可能有两种理解：①以"刀"为主语，加上"意谓""指"或"表示"之类的谓语，将词目与释文联结起来，则"刀"字纯然是符号（因为刀本身不可能意谓什么）；②加上"是"字，"刀"是"所指之物"（因为"符号"不可能成为切割的"工具"）。这是语文词典与百科辞典交错的地方。① 对"刀"字的字形、发音、用法等多加描述，便成为语文词典的词条。在释义后面详尽地交代刀的制造工艺、种类、历史沿革等知识便成为百科辞典的条目。当"刀"字按前一种方式理解时，它从属于元语言；当"刀"字按后一种方式理解时，它归进语言之列。但"刀"无论按哪一种方式理解，都只能作为符号而存在。换言之，一个语言符号可能同时存在两种"潜质"：一是符号与实物相连，"名"表其所指之"实"（如犊就是小牛——小牛本身）；一是符号不直接指实，而是停留在"名"的层次上（如犊意谓小牛——其名）。简言之，言语中或词典中的语词均可以作"符（名）"或"符（实）"理解。理论上说，语文词典的词目为"符（名）"的语词，百科或专科辞典的词目为"符（实）"的语词，综合词典则兼而有之。

至于所谓知识，按照狭义的理解，是指人们对世界事物的认识和经验。这些认识和经验可以通过语言加以描述和反映。也就是说，知识的表述是语言层面的事；而对语言符号的描述则属于元语言层面的工作。后者在拙著《词典论》中不以"知识"称之，而是用"信息"一词将前后二者概括在内。因此，我才发出这样的反问："如果说同时'汇集词语和知识'才能成为词典，那么一本逆序词典或一本韵母词典的知识部分又在哪儿呢？"② 有些论者不细审拙著按照当代语言学观点将语言与元语言所描述的内容分开的原意，便对我的观点进行反驳，例如，"……这类词典的编排本身，正是提供了读者所需要的语音知识和作诗填词所必需的诗韵知识，如果不能提供这类知识，那么谁都不会去翻它了。"③ 显然，这是把元语言层面与语言层面的内容混为一谈了，这样的"反驳"自然要落空。

所谓"汇集词语和知识"才算词典的说法，也是因为将两个层面的

---

① 详见黄建华《词典论》，上海辞书出版社 1987 年版，第 44－46 页，此处从略。

② 黄建华：《词典论》，上海辞书出版社 1987 年版，第 5 页。

③ 《辞书研究》1990 年第 2 期，第 68 页。

内容混在一起。我所指的"知识"就是兹古斯塔所说的"语言以外的物质世界或非物质世界的信息"①。请留意"语言以外"（extra-linguistic）一词。兹古斯塔也是把"语言内外"明确区分开来的。不论语文词典还是百科辞典，其词目都只能是语词（或语言符号），只有词目所提供的信息才有两个层面之别。我所提出的词典"汇集词语，提供信息"（自然也包括知识）的定义②正是为了避免词目层次的"名""物"相混，而且是要达到把词目下两个层面的词条内容概括起来的目的。说这就是忽视词典的"知识性"，完全是由误解而致。

也许仍然有人会提出这样的疑问：说语文词典"汇集词语"倒还可以，但对于专科辞典或百科辞典就不够，后者不是以提供知识为主的吗？不错，但提供知识是通过对词目的"解说"完成的，和词目不在同一个层面上。为了强调"知识性"而非要写成"汇集词语和知识"不可，那是有点"眉毛胡子一把抓"了。杨祖希、徐庆凯两位先生对专科辞典素有研究，而且都是对知识性十分重视的辞书学者。请看看他们是怎样对专科辞典下定义的吧：

> 专科辞典是语言符号辞典（即通常所说的辞典）的一种，是以专科词语（包括各学科专门术语和专有名词）为收录单位，按照不同的要求逐一提供必要的信息，并按一定方式编排的工具书。③

难道我们可以因为杨、徐二君只说"提供必要的信息"，不提"汇集知识"，就说他们忽视"知识性"吗？

一个语言体系是一个庞大而复杂的整体，其间存在各种语言区域。这里借用加拿大学者隆多（G. Rondeau）表示普通语言与专业语言之间关系的图式（见图1）：

---

① 参见兹古斯塔《词典学概论》第273页，原译"情报"一词，查原著为 information，改译作"信息"较妥。

② 黄建华：《词典论》，上海辞书出版社1987年版，第2页。

③ 杨祖希、徐庆凯：《专科辞典学》，四川辞书出版社1991年版，第8页。

某种语言的全部词汇

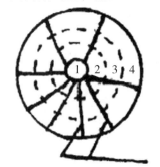

1为普通语言区

2、3、4为专业语言区

2为中间区

3为专业语言中心区

4为高度专业语言区

**图 1　专业语言各领域的分界线①**

　　图 1 的内圈 1 为普通语言区，最外层第 4 圈为高度专业语言区（如反映新兴学科、尖端技术的语言），第 2 圈和第 3 圈介于二者之间。专业语言与普通语言是相对而言的，二者之间可以互相渗透。语文词典的词目以普通语言区的词汇为主；百科辞典或一般专科辞典以第 3 区的词汇为主，时而涉及第 2、第 4 区；综合辞典兼选第 1、第 2、第 3 区的词汇；高度专业化的专科辞典则以第 4 区的词汇为主。不同学科的专科辞典便选录不同专业领域语言的词汇。然而，无论如何"汇集""收录"或"选取"，都是语言层面的事，大可以不必把"知识"牵扯进去。

　　只要我们翻阅一下发表在《辞书研究》上有关讨论专科辞典的文章就可知道：在词目方面，大家谈的都是"收词"和"选词"问题，而不是收集或选取"知识"。例如：《专科词典怎样选词》（1982 年第 1 期）、《专人专书辞典的性质和收词》（1986 年第 5 期）、《关于中型专科词典的选词原则》（1984 年第 2 期），等等。有些文章虽然不谈"选词"问题，但从其题目看，便可知作者已将专科辞典也视为"词的一份单子"，不管作者本人是否已经意识到这一点。例如：《中国式专科辞典的释义》（1982 年第 6 期）、《专科词典释义十法》（1983 年第 5 期）、《专科词典释义中国化小议》（1983 年第 6 期），等等。因为只要对词目进行"释义"，那就意味着承认词目是语言符号，而不是"物的单子"，"符号"才需要词典编者对其含义加以阐释。至此，可能仍然有人会提出质疑：百科辞典

① 参见《术语学入门》（*Introduction à la terminologie*）第 1、2、4.1 节。

或专科辞典的宏观结构，并不是根据语言符号的层次或重要性设定的。它根据的是符号所代表的事物的系统或重要性，正是事物的系统或重要性影响着词目的安排。这也就是陈炳迢先生所说的：不能通过或单纯通过语言研究而得出"词汇单子"。[①] 这话一点也不假。但却不能据此而驳倒专科或百科辞典也是"词的一份单子"的说法，有如下四个原因。

（1）专科辞典或百科辞典也要面对"名"的问题。同物异名，同事异称，还有正名、别名、新名、旧名、学名、俗名，等等，专科辞典或百科辞典都不能回避。《辞书研究》上好些文章曾讨论哪些词语可立为专科辞典词目，哪些不宜。这反过来说明"词的一份单子"的提法不可否定。

（2）尽管一门学科自成体系，各个部分组成严密的结构，但仍然可以打破其"知识"结构而按其语言符号形式进行排列。事实上，大部分专科辞典也都采取了"形排"的方式。

（3）专科辞典的专业化程度愈高，不谙此行的编者（语词专家）可参与的工作范围愈受局限。他们只能在辞典的一般准则方面（如语词处理、释义基本要求等）起保证作用或做些从旁协助的工作。而有关某一行的业务，那是本行专门家的事情。例如，编"塑料辞典"，那就非塑料专家莫属。唐超群同志正确地指出："……要解释'獾'，至少得找哺乳动物专家，找鱼类专家就不行；要解释'檀'，至少要找被子植物专家，找裸子植物专家就不行。"[②] 当前专业分科越来越细，连邻近的专家也不容易解决与其多少有关的问题，遑论非本行的辞典编者。正因为高度专业化的专科词典主要靠本门学科的专家承担，目下便出现一些令人忧虑的情况：有些专家不谙或不顾辞书编纂的起码准则，仅以自己不无局限或偏颇的专门知识，就大编特编起来。为了改变这种状况，是单纯要求一般词典编者去熟悉某一专门学科，还是要求编专科辞典的学科专家去了解辞书编纂的基本原理，抑或要求学科专家与词典专家进行合作？我看还是后二者更切合实际。因为每一种高度专业化的专科辞典，如果都要求一般辞书编者熟悉该专业以后才进行编纂，而不让学科专家插手，那就无异于自行中

① 陈炳迢：《辞书学的学科地位——辞书学的研究对象和学科属性》，载《辞书研究》1991 年第 4 期，第 78 页。

② 唐超群：《名物词语的释义一致与辞书编纂的系统思维》，载《辞书研究》1990 年第 1 期，第 87 页。

止编纂工作。二者皆精通的人毕竟是为数极少的！"这正如逻辑学一样，尽管它的原理和规则可以应用于一切科学（列宁在《哲学笔记》中说："任何科学都是应用逻辑"），但它又是与天文学、动物学、心理学等具体的学科互不相干的。"① 词典家多熟悉一点其他学科固然是好事，但他首要任务还是先研究好"可以应用于一切学科"的"词的单子"的原理及其他编写准则。专科辞典或百科辞典不可能不运用"词的单子"，我们的任务则是研究这种特殊"单子"所带的规律性的东西，据以指导或参与编辑工作。有关专业内容则是学科专家的事情，我们无能也不必去越俎代庖。

（4）凭常识便可知道：愈是远离"词的单子"的"辞典"，其内容需要凭借辞书学原理指导的部分就愈少，目下的一批"鉴赏辞典"便属于这一类。可以说，它们差不多只剩下词典的"躯壳"。这类词典的成书主要靠本门学科的学识。其中一些即使不以"辞典"称之，亦未尝不可。例如，《唐诗鉴赏辞典》在香港出版时就已改为《唐诗大观》。由此可知，探讨围绕"词的单子"的原理和准则才是辞书学的研究重心。其研究成果不难用以指导各类辞典的编纂工作。远离于此，那就是自觉或不自觉地转到其他学科领域去了。

## 四

写到这里，说不定仍然有人会提出质疑：人类对语言研究的积累已经形成庞大的学科体系，这其中不是有很多实实在在的知识吗？怎么能说"语言以外"的方面才算知识呢？为了解开这个疑窦，让我再借用雷伊·德布伏的见解②（为方便读者起见，换成汉语例子）。

据雷伊·德布伏的意见，当元语言的词成为句中主语的时候，其谓语便成为"超元语言"（métamétalangue），例如：

| 主语<br>（元语言） | 谓语<br>（超元语言） |
| --- | --- |
| 汉字 | 是记录汉语的书面符号体系 |

① 黄建华：《词典论》，上海辞书出版社 1987 年版，第 17 页。

② Josette Rey-Debove. *Étude Linguistique et sémiotique des dictionnaires français contemporains*. The Hague by Mouton，1974，p. 24.

这时的谓语便是对主语的"所指之物"的解说，不过这"所指之物"的本身却是个语言符号，试比较：

| 主语 | 谓语 | |
|------|------|------|
| 犊 | 是小牛 | 语言 |
| 汉字 | 是记录汉语的书面符号体系 | 超元语言 |
| 汉字 | 是个双音词 | 元语言 |

质言之，元语言虽"谈论"语言符号，但并不提其所指，而超元语言却正是要解释其所指，它在这方面和语言是相通的。换言之，元语言"谈论"的是与客观世界相对的语言，而不是纳入客观世界的语言。或许可以表述如下：

    语　言　谈论　（1）语言外的世界
                  （2）语言内的"世界"（超元语言）
    元语言　谈论　语言符号本身

据此，疑窦似可释然。兹古斯塔所谓"语言以外"的"世界"，是指与语言相对而言的"世界"，而不是包含语言在内的物质世界与非物质世界。因此，像《语言与语言学词典》（上海辞书出版社）、《简明语言学词典》（内蒙古人民出版社）之类的词典自然是名符其实的专科辞典。总体而言，它们都属于语言层面的工作（其中包括超元语言）。其词条包含大量的科学知识，自不待言。而一本发音词典或诗韵词典，那只能是元语言层面的工作。这种只对语言符号提供信息的词典，国际上有的词典家径直称其为"元语言词典"（dictionnaire-métalinguistique）。

至此，由"词的单子"的通俗说法引起的若干误解应该可以得到多少澄清了吧。不管怎样，笔者仍然欢迎同行及读者提出各种不同意见。

（原载《外语与外语教学》1993 年第 3 期）

# 《现代法语词典》试析

《现代法语词典》（*Dictionnaire du français contemporain*），1967年初版，1971年出教学用的缩印版本，1980年出插图本。由拉鲁斯出版社的著名词典编纂家杜布瓦（J. Dubois）主编。初版收词25000条左右，部头不大。但由于它在构思上借助了现代语言学的成就，能做到别具一格，因此颇受各方面重视。下面将谈谈这部词典的重要特色。

1. **严格的共时性**

现代语言学注意将语言的共时性描写与历时性描写区分开来。既称"现代"词典，就得严格遵循共时性。十七、十八世纪的法语与当代法语之间的差别程度与这两个时期的政治结构和社会生活的差别程度是差不多的。例如 pantalon（长裤）一词，最初是意大利一名演员的名字，法国大革命前是平民的标志，后又俗称"随风倒的人"。这些词义在传统的语文词典（例如《法兰西学院词典》《纪叶法语词典》）中不难找到。这对于想了解词义历史发展的人也许是有其作用的。但是今天 pantalon 一词只用于"长裤"的意义，从交际功能的角度来看，其他词义就不是今天的读者所必需的。在词典中，如果各义兼收，还容易造成混乱。《现代法语词典》是严格遵循共时原则的，这表现在：

（1）不将古旧词收为词目；

（2）不交代词源；

（3）不描述过时的或已经消失的词义；

（4）从共时的角度考虑词目分合；

（5）不从古典作品中提取例句；

…………

《现代法语词典》没有像传统词典那样，只重视收录文学著作的语言材料，它尤其注意多收当代通用的口语词、俚俗词，对于语词的雅俗等级均加上使用标记，做出交代。对于日常使用的科技词语，它也广为收录。总之，它跳出了一般语文词典多注意文学书面语词，因而或多或少脱离当代语言实际的旧圈子。

### 2. 分布分析法

分布分析法是结构语言学所采用的方法。《现代法语词典》的编者第一次系统地将这种方法运用于词典的编纂工作中。结构语言学认为，孤立地去分析一个单词的含义是不可靠的，任何单词都必须和其他单词联系起来分析，也就是说，要揭示单词在不同的联系中的意义和用法。例如：raffiner 一词，传统的词典（如《纪叶法语词典》）只孤立地提供这么两个词义：①rendre plus fin, plus pur（使更精细、更纯净）；②rendre plus subtil, plus délicat（使更精巧、更细致）。读者阅后未必有清晰的概念，使用起来也就可能出错。而《现代法语词典》根据分布分析法，标出 raffiner 后接宾语为"物"时则用于前一意义，后接宾语为"人"及"人的行为"时，则用于后一意义；亦即第一义为"精炼，精制，提纯"，第二义为"使优美，使风雅，使文雅"，两者泾渭分明，读者不但能了解词的意义，而且能同时掌握词在句中的用法。这是动词后接宾语的情况，当动词的主语是"人"或"物"时，也同样有清楚的标示。例如 agir 一词，《纪叶法语词典》只做这样的释义：① accomplir une action. procéder à l'exécution（完成一个行动，着手执行）；② produire une impression, opérer un effet（产生印象、起作用）。《现代法语词典》则标示用于前一义时以"生物"为主语，用于后一义时，以"事物"为主语，并举出相应的用例：① Ne restez pas inerte, agissez.（别疲沓下去了，行动起来吧）② Les remèdes n'agissent plus sur le malade.（药物对病人再也不起作用）

这种"人"与"物"之分表面上看似乎没有什么，但读者一经明确，可以同时识别可用什么疑问代词（如 qui, qui est-ce qui［que］/quoi, que, qu'estce qui［que］），可用哪种不定代词（如 person-ne/rien），由此可见其重要性。

不但如此，这种分布分析基础一经建立，还可以显示与动词相关的名词的后接补语。前面所举的 raffiner 一词，用于 raffiner qch. 时，其相应名词是 raffinage，用于 raffiner on. 时，其相应名词是 raffinement，那么其名词补语就应该分别是 raffinage de gch. raffinement de qn. ou de son comportement，两者的区别非常清楚。

分布分析法还带来一种新的义项排列顺序，即结构顺序。这种顺序尤用于多义动词的词条中。例如：

réagir ① （主语为物）réagir à（某物）：对……起反应、反作用；② （主语为人）réagir à（某物）：对……做出反应；③ （主语为物或人）réagir contre（某人、某物）：反对、反抗、抵抗；④ （主语为物或人）réagir sur（某人、某物）：对……起反作用，对……有影响。

从上例可知，所谓动词的"结构顺序"无非按动词所要求的主语、介词、宾语三种不同组合情况依次排列起来。显然，这种排列法有利于读者掌握动词的使用搭配，对于语文学习无疑是大有帮助的。不难看出，"结构顺序"主要以词的语法意义和功能为依据。

结构顺序一般与使用频率顺序结合起来运用。因为一部词典中总有许多词目在使用上没有明显的结构差别（例如名词），这时就得借助使用频率顺序去安排。

总之，分布分析法给辨义和词条的处理带来一系列重大的变化，下面提到词目分合问题时还要涉及。

### 3. 词目分合的刷新

先谈词目聚合问题。所谓聚合，就是把与词目意义相关的派生词、复合词列在同一词条之内，用仅次于词目的小一号黑体字印出，形成复合的宏观结构。例如在 honnête 的词目下，同时把 honnêtement、déshonnête、malhonnête 等词列出，并加以释义，这样读者便能一目了然地看到 honnête 的同族词，易于掌握和对比。如果单纯按字母顺序排列，déshonnête 与 malhonnête 是不会和 honnête 列在一起的。这种方法其实不算新颖，初版的《法兰西学院词典》就曾经尝试过，只是它的聚合根据是词源。例如，comble 与 accumuler 两词同出一源，即拉丁语的 culumus，它们便被排在一起了。可是这里有一个很大的不便之处，即今天的读者多半不懂拉丁语，他们不大可能在 comble 的词目下找到 accumuler 一词。《现代法语词典》一反《法兰西学院词典》的做法，不问词源如何，只考虑今天词与词之间形态上和语义上的联系。例如：résurrection 与 surgir，ressusciter 与 susciter，如果从词源上着眼，résurrection 应当归到 surgir 的词目下，ressusciter 应当归到 susciter 的词目下。可是今天 résurrection 和 ressusciter 才真正发生词义上的关联，因此，编者便把这两个词归到同一词条之内。又如 habiller 与 habit 两词并非同源，但考虑到其意义和分布关系，也将其合在一个词条之中，如此等等。

再谈词目分立。传统词典大都把同形词立为一个词目，将其作为多义词处理，充其量也不过把少数意义毫无联系的同形词分立词目。《现代法语词典》则从分布关系出发，凡分布关系不同者即分立词目。例如上面提到的 raffiner 一词，即分立为两个词目。在这个方面它比任何一本词典做得都更彻底。试拿它与《博尔达斯词典》进行比较（下面分别简称为《现》和《博》）：

Carte《现》分立为 5 个词目，《博》不分立。
Point《现》分立为 7 个词目，《博》分立为 3 个词目。
Jouer《现》分立为 6 个词目，《博》不分立。
Tirer《现》分立为 9 个词目，《博》不分立。
Balle《现》分立为 7 个词目（新版本的《现》改作分立为 6 个词目），《博》分立为 3 个词目。

仅从上面几个例子已可见一斑，这种分立处理法对于读者了解词义和词的用法无疑都会有所帮助，只是分立过多，有时也会给查阅者带来某些不便之处。

### 4. 词的功能描述

传统的词典，往往将词作为一个抽象的实体，只凭纯粹的逻辑关系进行描述，而《现代法语词典》则把词放在具体的语境中 作为句子的一个成分来加以描写。为此，该词典提供极其丰富的句例，编者自称它不仅是一本"词典"，而且是一本"句典"。不唯如此，传统的词典提供同义词或反义词时，一般只附带列出，再或加点解释，那已经是很不错的了，而《现代法语词典》却根据词在句中的用法，提供具体语境中的同义词或反义词，确切而实用。例如 peine、chagrin、douleur 三个词是同义词，词典编者当然可以通过抽象的语义解释把这三个词区别开来，可是这三个词不但在语义上有所区别，而且在配搭上也有所不同，人们可以说 faire de la peine，不大说 faire du chagrin，绝不说 faire de la douleur。然而单纯的语义解释不能令读者在不同的语境中掌握这三个词用法上的不可替代性。因此，编者便致力于提供在具体语境中可互换的词，例如：

clair: Ce bois sec donne une belle flamme claire. （syn：vif）这块

干柴发出美丽鲜明的火焰（同义词：鲜艳）。

la salle est très claire.（syn：éclairée；contr：sombre）大厅非常明亮（同义词：光亮；反义词：阴暗）。

同义词的强弱程度还用符号加以表示，↑表示意义强一些，↓表示意义弱一些，例如：

enchanter：Nous sommes revenus enchantés de notre séjour.（syn：ravi，↑enthousiasmé）

Je suis enchanté de ma voiture.（syn：↓content，satisfait）

此外，意义相当的另一种说法则用"="号表示。例如：

aventure：avoir une aventure sentimentale (= une liaison passagère)

dire la bonne aventure (= prédire l'avenir)

这样，读者所了解的就不再是游离于语境之外的抽象的词义，而是词在具体语境中的含义和实际功能。

### 5. 表达的得力工具

转换生成的语言理论认为，人是能够理解并造出无数的合乎语法规范的句子来的，只须经过有限的转换步骤便能达到此目的。例如，有这样一个句子：

on répare la voiture.（人们修理汽车。）

可以换成被动式：

La voiture est réparée.（汽车已修理了。）

去掉助动词 est，将分词 réparée 加上后缀变成 réparation，并让 voiture 作其补语，便得名词语段：

la réparation de la voiture（修理汽车）

如果要将这两个句子转换成一个：

On répare la voiture.（人们修理汽车。）
Cela prend du temps.（这事花时间。）

那便成了：

La réparation de la voiture prend du temps.（修理汽车花时间。）

由此不难看出，动词与其派生出来的名词不但存在语义上的联系，而且还存在句法上的联系。《现代法语词典》吸收现代语言学的成就，有意识地把诸如此类的可供转换的词收进词条之中，读者从基本句式出发，便可得出各种表达形式。这样，此词典就不单是单纯供读者求解某一个语词上的难点，而是给读者提供丰富的转换手段。这在语文教学上是十分重要的。

### 6. 表格化的尝试

词典附表格，传统词典也是有的，诸如动词变位表，某些语法虚词的详表等。但系统运用表格，而且运用分布分析的成果立表，《现代法语词典》是第一次尝试。它所列的表有几种类型（全都插到字母顺序的位置上）。

第一，语法方面的。

（1）某一语法单词的不同分布状况的对照表，例如：tout、seul、si、malgré 等。

（2）某些语法问题的综合表，如：词类、语法功能、过去分词的配合、标点符号、动词的语态和功能等。

（3）两个或几个相类似的语法词的分布状况归纳对照表，例如：à/de；après/avant；en/y；plus/moins；je/me/moi；ce/ceci/cela；el/ni/ou；等等。

第二，词汇方面的。

（1）某些形态和意义相近的词的分布状况对照表，例如：an/année；

destin/destinée；jour/journée；matin/matinée；soir/soirée；等等。

（2）有关特定概念的词的一览表，如一周的七天名称表、共和历表、一年十二个月的名称表、亲属关系表、法国军衔表等。

这一系列表格的好处是能让读者一目了然地掌握彼此有关联的词的意义和用法，但要准确立表（指分布状况对照表），编者得预先进行周密的分析，而且要做到前后一贯，这不是一件轻而易举的事。

《现代法语词典》力图将当代语言学成果运用于编纂工作中，可以说，在这方面它是走在前面的。自然它也存在一些不足之处，或者至少是值得商榷的地方。

（1）对于词目的分立编者实际遵循了三个标准：语义的、分布的、形态兼语义的（即转换的可能性）。在运用这些标准的时候，未能完全摆脱直觉的因素，因此或多分或少分，那都是可能的事。例如《小罗贝尔词典》的主编雷伊就指出：词典中 banc 分立为两个词目，而既然存在 banc d'essai 这一语段，banc 也是可以分立为三个词目的。再如，在词典中，考虑到 chemin defer（铁路）、pomme de terre（马铃薯）已形成独立的概念，因而分别从 chemin 和 pomme 的条目抽出，独立为词目，那为什么对 point de vue（观点）等词却不做同样的处理呢？[1] 词目的聚合也有类似的标准不一的问题，这里就不多举例了。

（2）词例的自撰，其好处是比较能反映语词的实际用法，但未免带着一些芜杂的和不自然的痕迹。百科性的和定义式的词例与纯语文的词例夹杂在一起，显得并不和谐。有些词例只用不定式也并未能提供足够的语境，马托雷就曾为此举过一些具体的例子。[2]

（3）各种表格的作用不差，但立表的标准及其在词典中的安排未必十分完善。例如：既然为 matin/matinée, destin/destinée 这样两相对应的同义词或近义词立分布分析对照表，为什么不贯彻始终，也为 vol/volée, gel/gelée, rang/rangée 等词立对照表呢？再说，有些表格插在词条之内未必就方便读者查阅，例如 fonctions grammaticales（语法功能）表，读者怎么知道要通过查 fonction 一词去了解各种语法功能呢？

---

① Alain Rey. *Le lerigue*：*images et modèles du dictionnaire à la lexiologie*. Paris：A. Colin，1977，p. 138.

② G. Matoré. *Histoire des dictionnaires français*. Paris：A. Colin，1968，p. 150.

至于细节上一些疏误的地方，那就更未能完全避免。例如，个别复现词语的注释前后不一致；nom de guerre（假名、化名）在 nom 的词目下出现时注为"nom emprunté sous lequel une personne est connue"，而在 guerre 的词目下出现时则注为"pseudonyme occasionnel"。再如，按本词典的体例有些动词该标明其主语性质的却没有一以贯之：achever 的主语是人抑或物，词义上就有很大的不同，可是编者却未做标注。

1980 年，《现代法语词典》经过重大修订重版，取名为《现代法语插图词典》（*Dictionnaire du français contemporain illustré*），新编版本有了较大程度改善。除了增收新词（3200 个）、删除被淘汰的俚俗词语和去掉多余的词例之外，还做了好几个方面的大改动。

（1）将涉及某些语法问题的综合表从词典正文中抽出移至卷首，这样更方便读者查阅。

（2）取消词汇方面的近义词的分布状况对照表，看来是因为要全面去做，难度太大的缘故。而只为一些词立表，另一些却不立，则又显得前后不一。

（3）其他表格也做了一些调整，但语法词的分布对照表则基本保留，显得更切合实用。

（4）给名物词加上插图以弥补单纯释义的不足，这对读者无疑是很有帮助的。

（5）取消给每个词都标注国际音标的做法，改为只给特殊发音的词或外来词注音，对于法语来说是可行的，而且还能精简篇幅。以前曾有对此词典"只有中心词注音、派生词多数不注音"的批评[1]，而新版中连对那些按一般规律发音的中心词也不注音。看来编者的考虑主要是从法语的实际出发。

（6）订正不少疏误或不妥之处，如前面所指出的词语复现的不统一，漏标注的主语性质部分都已做了相应补正。

总之，《现代法语词典》是一本有独特构思的词典，其得失之处值得我们深入研究，而编者运用现代语言学理论的尝试，是值得我们借鉴的。

（原载《辞书研究》1987 年第 2 期）

---

[1] 吴博新：《编纂方法新颖的〈现代法语词典〉》，载《辞书研究》1984 年第 3 期。

# 第三届全国双语词典学术研讨会开幕词
## ——《双语词典论专集》代序

尊敬的各位领导，各位嘉宾，辞书界的专家学者，同志们，朋友们：

两年前，我们在厦门相约、在重庆再会，岁月匆匆，转眼之间，今天我们又到相聚在一起的时候了。我谨代表中国辞书学会双语词典专业委员会宣布：第三届全国双语词典学术研讨会现在隆重开幕！这次盛会能在这座朝气勃勃而又富于革命传统、不久前才定为直辖市的重庆市召开，并由学术基础深厚的重庆大学外国语学院承办，我们感到十分高兴！请允许我代表全体与会的辞书界同仁向为这次盛会做出宝贵贡献的各级领导和同志们表示由衷的敬意和谢意！

在上一届研讨会的开幕式上，我曾经代表双语词典专业委员会就我国双语辞书界近年来的一些成果和活动做过较为认真的回顾，这种展示性的介绍自然有其好处。不过本会是一个民间学术团体，未必能全面掌握官方材料，也就难免有挂一漏万、以偏概全之嫌。因此，在这一届研讨会的开幕词中，我只着重谈本会自身的状况。

中国辞书学会双语词典专业委员会成立至今已经踏进第五个年头了，在全体同仁的通力合作和推动下，我们取得了可喜的成绩并呈现出良好的发展势头。

（1）定期举办学术研讨会，并出版会议论文专集，还为《辞书研究》和其他有关刊物提供了相当数量的优秀论文，在双语词典学的理论建设方面起了良好的推动作用。

（2）参与了中国辞书学会组织的双语词典评奖活动，为繁荣我国辞书事业做出了贡献。

（3）建立了"双语词典学及国外词典学论文索引数据库"，并有计划地出版专集，为今后的研究工作打下了坚实的资料基础。

（4）鼓励并协助各地建立双语词典研究中心（广州、大连、厦门、北京等地已经成立，一些地区正筹备成立），从而促进了各地区经常性学术活动的开展。

（5）参与了亚洲辞书学会（ASIALEX）的一些工作和活动，与海外辞书界取得了比较密切的联系。

在简略追述我们开展的活动的时候，我觉得有三点情况值得提出来，让我们共同加以维护、珍惜，并使之发扬光大。

（1）良好的学术气氛。我们双语辞书界的每次研讨会，与会者都是"有备而来""以文会友"，论文之多，编起集子来，因篇幅所限，令我们不得不部分割爱。

（2）和谐的人际关系。无派别之事，无小圈子之见，彼此尊重，相互支持，大家都抱着一个共同目标：推动双语辞书事业的发展。

（3）理论与实践并重。在研讨会期间不但进行了理论上的分析、探讨、归纳，而且还展示了近期的编纂成果，二者交相辉映，令人鼓舞。

简略地回顾过去的情况之后，又该提出未来的努力方向了。到下一届研讨会召开之时，我们已经跨进了 2000 年。新的世纪即将到来，我们期待地展望前程，并准备为之迈出坚定的步伐。

下述五个方面的工作，我认为尤应大力加强。

（1）要加强设有词典学课程的外语院系与辞书专业出版机构之间的联系，为培养新一代的辞书专业人才（如博士生、硕士生、青年编辑、在职研究生等）做出贡献。为此，可根据实际情况组织交流活动，如讲学、研究生访学、实习等。

（2）继续加强双语辞书的评论工作，要公正、客观地褒优评劣，介绍成功之作和可供借鉴的有益经验，同时也批判"伪劣产品"，尤其是剽窃抄袭的歪风，维护双语辞书事业的健康发展。前些时候，我国辞书界的学者在"打假"方面做了大量的工作，写出了一批很有见地的文章。应当承认，双语辞书中也不乏粗制滥造的劣品，但我们在这方面的批评工作，远远不如汉语辞书界的人士来得活跃。

（3）要加强对"少数民族语＋汉语"这一类双语词典的研究。从词典学的角度来说，这种词典也应归入双语词典之列。"少数民族语言＋汉语"或"汉语＋少数民族语言"的词典近年来发展日益繁荣，我们理应与其编者加强联系，吸纳他们进入本学会，以便沟通情况、共同切磋、取长补短。

（4）要加强社会调查。辞书功用的有效发挥有赖于具备一定鉴别力的读者群的形成。在这方面，我们仍然缺乏深入的调查研究，也很少认真开展启蒙工作。

（5）开展对比研究。双语辞书界的人士都是通晓外语或懂另一门语言的人，进行对比研究可以说是具有得天独厚的优势。我们期望有更多的人着手这方面的工作，无论从语言、文化或编纂法的角度进行分析比较，都可望取得富于启发性的成果。问世的辞书不仅是供人们应用的工具，还可以成为活生生的研究对象或研究素材。

双语辞书界的学者们、朋友们，俗话说，有一分耕耘，必有一分收获。今天我们朝着正确的方向脚踏实地地辛勤耕耘，就预示着明天的硕果累累。我相信，我们这次盛会也和历次的双语词典研讨会一样，将在我们的双语词典事业发展史上留下浓重的一笔。让我们衷心祝愿第三届全国双语词典学术研讨会取得圆满成功！

谢谢！

（原载《双语词典论专集》，黄建华、章宜华主编，北京出版社 2000 年版）

# 关于 DEC 的思考

## 一、亦易亦难

编辞典既难又易。先从"易"方面来说吧：不学自"会"，似乎谁都可以着手；再说，有那么多前人和旁人的辞典或其他成果可以参考，能用的移植过来便是，何难之有？至于编双语词典，则有原文词典作蓝本，所花的主要是翻译的功夫，而这种翻译却不需要像译文学作品那样的文采。在"词典热"的推动下，许多人都大编特编起来，而且在短时间内果然推出了大量前所未有的辞典。这岂不是"易"的反映？再请看"难"的方面。

（1）词汇处理的广博度。一个人掌握的词汇量极其有限，因而编辞典总会遇到陌生的词汇或不熟悉的用法。普通写作，碰上没把握的词语，换个说法就不难应付过去，而编辞典则无法绕开，只得面对困难，寻求解决的办法。一个辞典编者似乎什么都应该懂得。

（2）编纂工艺的精密要求。选词、立目、释义、宏观结构安排、微观结构安排、明暗交叉处理，等等，每一个工序，无不要求极大的精确度，否则就会前后不一，顾此失彼。再者，体例一经定下，一般不容许中途变动，不然，往往牵一发而动全身，导致费时失事的返工。一般的著述，这方面的困难度显然要低得多。

不过，以上两条困难并不是每个编者都能深刻感受到的。大体是越对辞典与辞书学无知，就越觉得编辞典容易，反之则愈编愈感到困难。如果要做更高的要求，那么困难就更大。所谓高要求，我以为主要体现在两个方面。

（1）编出新意。我在《双语词典学导论》[①] 一书中曾经这样写道："所谓'新意'，无非是要编出有'个性'的词典来。编者在确定编辑计划之前，应当认真查考，反复问问自己将要推出的词典在内容上或形式上

---

[①] 黄建华、陈楚祥：《双语词典学导论》商务印书馆 2001 年版，"结束语"。

与现存的词典有什么不同之处。是空白的补缺抑或是相同选题的另编？如果是前者，只要设计周详，符合社会需要，那么大可以放心编下去。如果是后者，还得再问问，新编词典的特色表现在什么地方：收词更全？立目根据更足？例句更丰富？译文更准确？编排更合理？插图更精美？实用性更强？更符合某一类读者的需要？如此等等。要是连一个满意的答案都没有，那就大可以不必费神去编写了。因为将要推出的，只能是平庸的雷同之作。"而创意绝不可能来自闭门造车，只能来自对有关门类辞书的深厚认识以及在这方面的周密调查研究。

（2）按现代语言学的成果设计新的编辑框架。在这方面，我曾经介绍过《现代法语词典》（*Dictionnaire du français contemporain*）①，并曾对新型的双语词典做过一些思考②。本文拟介绍另一本尚在编纂中的词典，试图从另一角度探讨如何以此为基础编出新的双语词典来。人们从中不难看到，在辞典编纂方面要有所突破，实在不易。

## 二、DEC 缘起

1984 年，加拿大蒙特利亚大学出版社推出了一部不到 200 页的示范性词典，它取名为 *Dicitionnaire explicatif et combinatoire*（《详解与搭配词典》，简称 DEC）。由于编者借当代法语试验其编纂原则，因而词典全称为 *Dictonnaire explicatif et combinatoire du français contemporain*。主要编者是旅居加拿大的苏联公民 Igor Mel'čuk 及他的团队。此种词典的构想可上溯至 1965—1966 年，当时 Mel'čuk 即与 Alexandre Zholkovsky 合作，在莫斯科连续发表有关这方面的论文③。他们领导着一个二十人左右的团队，在完善自己理论的同时，也在俄语方面进行编纂试验。1970—1976 年，在名为 *Vypuski* 的莫斯科出版物上发表了 250 个词的初步编纂成果，题为《现代俄语 DEC 资料》。后来不知是出于政治原因或其他什么原因，两个主要人物及一些追随者都先后离开苏联，到加拿大侨居。以 Mel'čuk 为首的几个人在加拿大人的帮助下，继续把自己的理论应用于法语上。目前，

---

① 黄建华：《〈现代法语词典〉试析》，载《辞书研究》1987 年第 2 期。

② 黄建华：《新观念→新词典》，载《现代外语》1987 年第 2 期。

③ 参见 André Clas 的"Preface"（载 DEC 中）。

法语的 DEC 已出了两册。初出版时我已注意到此书。但鉴于其设计原为苏联人的始创，其介绍任务理应落在俄语专家身上，因而我对此一直未置一词。

奇怪的是，二十多年过去了，似乎国内未见有人提及此事。而在国际上早已有将此原则应用于俄语以外的语种的探索：波兰语（1971）、法语（1971）、英语（1971）、索马里语（1970）、德语（1978）[①]。看来，我国辞书界也有了解此种设计之必要，不管在实际上我们是否能够应用。

一本高明的外语教科书，往往不向初学者交代烦琐的语法规则，但却又按照循序渐进的原则，安排有关的语法内容。上乘的词典编写也是遵循这个道理，它是理论与实践的真正结合，但却不将理论的抽象面貌呈现给读者。不过，目前的 DEC 还只作为实现某种原则的有限样品，并未编出能为一般读者应用的词典来，因而我们更有必要先了解它的理论依据。

## 三、两种词典

DEC 所依据的理论将词汇视为严密的有机的系统。人们一般称之为"义－文"（Meaning Text）理论。这种理论以下列两个公设为前提。

（1）言语行为有三个组成部分。所传递的信息，即"义"；被感知的形式，即"文"；义的无限集与文的无限集之间的对应。可以这样说，一种语言就是建立义的无限集与文的无限集之间对应的一整套规则。

（2）"义－文"模式的功能特点，唯有输入与输出能够直接观察得到。因此，语言本质上是一种传意系统。它不是生成的（générative），而基本上是转换的（transformatrice）[②]。

据此，作为新型词典的 DEC 便与传统词典有一个截然的区别：传统词典一般把词汇看作"词之汇"，视每一个词为独立单元，对此加以分别处理；而 DEC 则把词汇看作一个整体，自然语言是一种转换系统，描述一种语言，就要体现确立义与文对应的规则体系。

我们不难觉察，传统词典几乎总是照顾某一层次的读者的需要，它并不包含所收词目的全部信息，而只提供读者在一定情况下可能有用的东

---

① 参见 Mel'čuk 的 "Un nouveau type de dictionnaire"（载 DEC 中）。

② 参见 André Clas 的 "Preface"（载 DEC 中）。

西。也就是说，它主要诉诸读者的直觉。而 DEC 则相反，它不考虑读者对象，只求全面反映语言现实。传统词典是实用型的，而 DEC 则是理论型的。

DEC 力求科学性和全面性。所谓科学性就是将客观性、明解性、系统性结合起来。全面性是指提供一切可能的表达法，而且这只会获得正确无误的组合。如果说，传统词典无论从内容到形式（篇幅、版面、制作要求等）都不得不多或少地受制于市场的需求，那么 DEC 则完全不考虑这些，也不顾读者的好恶，而只要求做到词义与功能描述方面的详尽、细致。也就是说，它只考虑理论上的周全。

自然语言的词汇浩如烟海，DEC 暂时只选取了几百个词汇加以描述，换句话说，它只是在有限的范围内做到详尽无遗。它有点像吕叔湘先生主编的《现代汉语八百词》，但更为周全，而且所选的以实词居多。就目前来说，DEC 与其说是"词典"，倒不如说是一种词典理论的样板。现在还在编下去，如果编得好，有可能焕发出巨大的能量。

## 四、特点与作用

据 Mel'čuk 的介绍，DEC 有四个特点[1]，现按笔者的理解，扼要转述如下。

（1）它是自然语言的理论描述之组成部分。换言之，它纯粹是理论构想的产物，而不像普通词典那样，往往是经验积累的实践成果。至于所根据的理论，上文已做交代。

（2）它是所收词汇的详尽信息的宝库。据此，如果读者已掌握语法规则的话，就能以正确的搭配表达任何思想。DEC 包含语义信息与搭配信息两个部分。这是目前稍有分量的词典所具有的。但 DEC 中这两部分信息的详尽性与严密性却非一般词典所能比。在语义信息方面，它不仅交代意谓什么，而且交代如何表达。在搭配信息方面，它以严格的图式列举所有"AB"组合并不表示"A＋B"的非自由词组。

（3）它以词位（LEXEME）为词目。一个词条只收一个词位，而不像普通词典那样，一般以词（VOCABLE）为词目。其能指相同、所指有

--------

① 参见 Mel'čuk 的"Un nouveau type de dictionnaire"（载 DEC 中）。

直接联系或通过"语义桥"（pont sémantique）而有所联系的各个词位组成一般意义上的词。如两个词位同属一词，则是我们通常所说的多义现象。如两个词位具有相同的能指，但分属不同的词，那是同形异义现象。简单地说，DEC 的词目不是传统词典所收录的多义词，而是词位，仅仅是词位。

（4）它的每一个词条都遵循严格的结构。这正是 DEC 的理论性所要求的。每一词条都包含三个部分：①语义部分；②句法组合部分；③词汇搭配部分。每一部分都安排得极为细致周密。

为此，它运用了约一百个缩略符号表示各种不同的含义和功能，非常复杂，乃至近于烦琐。初次接触，未及细看，即令人望而生畏。但据说，已经不可能再简明了。总之，我认为，DEC 是专家的词典或学者的词典，而不是普通读者的词典。这样的词典又有何实用价值呢？Mel'čuk 指出，起码有三点。

（1）对非本族人的语言教学，这时特别需要描述上的巨细无遗。

（2）语言的自动化处理，这不能诉诸直觉，而需要分析入微。

（3）作为大容量的参考书。一部 DEC 在手，就等于拥有多种词典：同义词典、反义词典、成语词典、类义词典等。

总之，如果善于开发利用，在教学、翻译、出版等方面，DEC 都有可能发挥相当大的作用。

## 五、知难而进

要想在辞书编纂方面上一个新台阶，那就得有所突破，而不能满足于按传统构思、在原有水平上简单重复或做少许的添枝加叶。在这方面，DEC 的设计无疑能给我们一些启发。我认为，我国的辞书界可以分工合作，先后或同时去做如下七方面的基础工作。

（1）吃透 DEC 的原则，并研究如何根据汉语的特点做出自己的一套方案来。

（2）据此方案，选取若干词位，试编汉语的 DEC；在编纂过程中反复验证已定的方案，不断加以完善。

（3）从现有的法语的 DEC 及未来的汉语的 DEC 中选取少数几个其所指相近的词位（例如，法语的"MALADIE"与汉语的"病"或"疾病”）进行认真的对照，在此基础上试编出若干法汉对照的 DEC 词条。这时的对照应是全面的、毫无遗漏的对照。

（4）如果英语方面有更好的 DEC 蓝本，也可以先从英汉对照开始，或是双管齐下，分别推出英汉与法汉的 DEC 试编本来。（由于笔者未见到英语 DEC 的样书，因此不敢肯定是否可以先从英语开始）

（5）在法汉对照或英汉对照进行试编的基础上，总结经验，根据当代比较语言学的理论，提出编纂双语 DEC 的若干准则或初步方案，供其他语种人士编辑外汉对照 DEC 时参考。

（6）在各种 DEC 的版本编得相当成熟的时候，便以此为基础，去掉其烦琐的理论部分，结合不同层次读者的实际，编出更上一层楼的实用型的汉语或双语词典来。这种词典将建立在坚实而不外露的理论基础上，编者操作时依据的是理论原则，而不是自己的直觉。

（7）根据将来业已成熟的 DEC 版本，在某些方面（例如，上文所指的教学、翻译、出版）加以开发和利用。

DEC 既然是一种词典理论的体现，这种理论的正确程度及其可行性如何，只有回到实践中去接受检验才能最后见分晓。一种先进的辞书理论，如果没有适当投入使其付诸实践，就会流于纸上谈兵。在西方，由于面临激烈的市场竞争，出版商往往不大愿意为一种新设计而冒风险。他们乐于重印旧版书，因为成本低廉，易于推销。这种旷日持久而经济效益未必显著的巨大工程，在我国能否争取到有关部门的投入还是疑问。可见，高质量辞书之所以难产，不仅有内部的原因（编者主观条件的限制），而且受外部因素所决定。但唯有知难而进，才可望攀登辞书的新高峰。

（原载《外语与外语教学》1994 年第 5 期）

# 好哇！ 大主笔
## ——法国词典家罗贝尔小传

## 一、鸿篇巨著

这是一个星期天，繁华的巴黎百业暂歇，大家都在度假休息。五十四岁的保罗·罗贝尔（Paul Robert）却大清早就来到他的工作室。他焦灼不安，异常激动，因为，他主编的词典，今天就要印完了。他从清晨一直守候到晚上七时，终于看到最后一个词目 zymotique（发酵的）印出来了，他的手颤抖着拿起笔来，在一张纸上写下了几个大字："今天，1964 年 6 月 28 日，我终于完成了我的词典！"第二天上班的时候，他看到那张纸上签满了参加编辑工作的助手们的名字，名字之上是一句朴素的贺词："好哇！大主笔！"

这词典就是以他的名字命名的《大罗贝尔词典》（以下简称《大罗贝尔》）。摧毁法西斯的战争在欧洲结束后不久，1945 年 10 月，这部词典就开始编纂了。它用了将近二十年，即整整一代人的时间，始告完成。这部巨著获得了法兰西科学院的嘉奖，受到法国当代大学者、大文学家的普遍赞扬。有的称它是"颠扑不破"的著作，有的赞它是"举世空前"的词典，有的说它的编辑方法是"具有世界意义的发明"……

这部词典以 23cm×31cm 的开本印行，分七大卷，共六千页。光是从不同时代的作品摘引的句子就有二十万例。它是继《利特雷词典》（Littré）（以下简称《利特雷》）之后的法国第二部大型语文词典。《利特雷词典》于 1863 年 4 月出版，由于当时的编辑指导思想厚古薄今，它的引例基本上摘自十八世纪以前作家的作品，连十九世纪公认的大作家司汤达、巴尔扎克、梅里美、福楼拜等人所使用的语言都不收入引例。《大罗贝尔》以记录当代语言为主，它的例句摘到二十世纪六十年代的作品，和《利特雷》比较，填补了近两个世纪的空白。难怪这部词典一出版，就引起了那么大的反响。

我国的不少法语工作者在二十世纪六十年代就知道这部词典。词典分册出版时，很多单位已经购买。到七十年代初，在《大罗贝尔》基础上简编而成的普及版《小罗贝尔》，我国学法语的人差不多人手一本。虽然我们对这部词典比较熟悉，但是对它的编纂者可说还了解得不多。因此，笔者愿意为此花一点笔墨。

## 二、两处错误

1910 年 10 月 19 日，保罗·罗贝尔在阿尔及利亚的奥尔良维尔出生。祖父马夏尔·罗贝尔，原籍法国，于 1849 年定居阿尔及利亚，经营一个小磨坊。罗贝尔的父亲继承父业，有所发展；母亲是奥尔良维尔副镇长的女儿。父母生有五个子女，罗贝尔排行最小。他先是在镇上念小学，然后到阿尔及尔上中学。他自幼喜爱计算和严密的思考。十岁以后，他开始博览群书，大量阅读巴尔扎克、凡尔纳、大仲马等法国著名作家的作品。他上大学学的是法律，同时到农学院听课。求学期间，他又热心社会活动：十九岁当上学生会委员，二十一岁当学生会秘书长，其后又当学生会主席。1932 年，他母亲去世，留给他一笔小小的遗产。1934 年，他靠这笔钱到巴黎攻读政治学和法律学，想花五年时间取得博士学位。这期间，德国法西斯侵略战争的乌云已密布欧洲。他的博士论文没有来得及做完便于 1939 年应征入伍。

这也许是罗贝尔日后能成为大词典家的一个关键节点。他在部队当译电员，整天和密码打交道，不久就被提升为机械和词汇密码的专职人员。1940 年春，他负责拟订密码词汇，并监督排印。他发现印好的本子出了两个错误，非常羞惭地向指挥官汇报。指挥官先是厉声地责问他："真的只有两个错么，罗贝尔？""是的，长官！""那么，"平静下来的指挥官以完全改变了的口吻说，"罗贝尔，我可以容许你错上十个呢！"

年轻的罗贝尔已经表现出词典编纂者所最需要的一丝不苟的精神，然而要真正成材，还得经历漫长而曲折的道路。

## 三、"找扇骨子"

在人生的道路上常常有因偶然的机缘而完成某种事业的现象，于是人们往往看到伟人所遇到的偶然机会，而忽略他自身所做的持久的努力。我们需要滤过偶然的因素去探求必然的原因。

1940 年 7 月，罗贝尔复员了。他意识到这只是短暂的休歇，于是抓紧时间猛攻博士论文。他所研究的是柑橘种植的经济问题。在写论文的过程中，他深感简明、确切地表达自己思想之难。他经常翻阅词典，词典可以帮助他准确用词，但却解决不了他的另外一个困难，即当他不知道或记不起用哪个词表达的时候，词典无法帮助他将该词找到。例如，他要描述用机器将水果按大小分类包装，花了很多时间才找到 goulotte 这个合适的词。他曾经幻想，如果有一本法语词典能引导人们从已知到未知、触类旁通、解决词汇贫乏的问题，那该多好。可是战争打断了他对这个问题的思考。

1942 年，罗贝尔的博士论文即将完成，只等候答辩。11 月的一个清晨，隆隆的炮声惊醒了阿尔及尔——联军在北非登陆了。我们未来的词典家把他的论文锁进抽屉里，又投身于伟大的反法西斯战争的历史洪流中。他在部队里重新和电码打交道，译码编码，熬过了一个又一个不眠之夜！其后，他又负责摘述法国沦陷区的工农业生产资料并加以归类，还参加编制法国急需的《军需供应手册》。正像司汤达从《拿破仑法典》中学会了用精练的文笔写他的《红与黑》一样，罗贝尔也从这些单调的编制工作中，学会了简洁严谨的笔法。

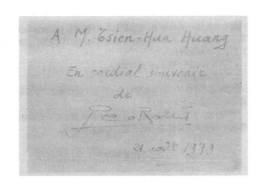

**图 1　罗贝尔先生赠送给笔者的亲笔题字**

1945 年，反法西斯战争胜利，罗贝尔再度复员。他从抽屉里取出搁了三年的论文，又用起功来了。他很快以优异的成绩通过了题为《世界上的柑橘》的论文，取得博士学位，完成了多年致力的学业。之后，他似乎精神一下子无所寄托，觉得光读书也得不到满足。由于他参军时和美国官兵接触较多，已打下相当坚实的英语基础，于是他决定通过自学，在英语方面进行深造。这时，他查阅大量的英语词典，几年前的老问题又浮现在他的脑海之中：当他忘记一个词的时候，如何能从词典中把这个词找出来？一般的语文词典都不能为读者解决这个问题。1945年10月，他在一次散步中默默沉思，脑子里一下豁然开朗：他发现了一个重要的方法，他将之比喻为"把扇子当中缺了的那根扇骨子找回来"。例如，当你知道 caverne（洞穴）一词，而不知道"穴居人"怎样说，troglodyte 一词就附于 caverne 一词的后面，你无须绞尽脑汁去搜索。拿一个汉语词打比方，"耳朵"是大家都知道的，但与此有关的词却不是每个人都熟悉，按照新的编法，在"耳朵"一词项下就会查到诸如"听觉""鼓膜""听骨""中耳炎"等有关的词。而这些词的释义你又可以在按一定次序编排的条目中读到。这个方法其实很简单，罗贝尔奇怪为什么前人没有想到，或者更准确地说，为什么没有人认真按这个办法编一部有分量的词典。于是他下决心，由他来开始做。

## 四、放舟词海

可说起来简单，做起来繁难。他起初想用这个方法同时编英语词汇和法语词汇。后来觉得工作量实在太大，便专编法语。当时，他只打算利用业余时间为便于自己的学习和写作而编一本简单的工具书。他懂得一天只有二十四小时，一小时不过六十分钟，除了工作和休息，余下没有多少时间。但是他想，既然好些人每年能将一千几百个小时花在体育场的看台上、电视机旁、桥牌桌上……那么，好罢，他就把这些时间用在搬弄字词上，哪怕干他个十年二十年！就这样，1945年10月，《罗贝尔词典》正式开始编起来了。其时，他的父亲在巴黎的拉丁区买了一家小书店，让他当经理。他住在巴黎市郊，在市内没有住处，只好经常往城外跑，还不时要跋涉于巴黎和阿尔及尔之间。可是词典工作并不因此而停顿，无论是住旅馆或是到乡间，他都将自己关在房子里没日没夜地干。而且一经铺开，就不能自已，他要编的不再是小词典，而已是法国语言巨著了。他像一叶鼓满了风的轻帆，不知危险地向浩瀚无边的词海驶去！

1946年的春天过去了，他才编了 A、B 两个字母。他认真算了一下，光是像把"出席""听众"等词列到"会议"的条目下，这种单调的词汇归类，一个人做起来起码就得花整整十五年时间，还不算大量的摘引和释义工作呢！这时，他才知道，他这只驶向词海的轻舟，才离岸不久。怎么办呢？停下来吗？不。他计算：一个人要用十五年来做的事，十个人来做不是两年之内就可以完成吗？对。于是他决定邀请合作者。

可是在资本主义社会里，这谈何容易。在我们社会主义中国，专家要求配备助手，只要上级批准，就会给你调人。在法国，你要请十个人来就得由你付工资。罗贝尔当时顶多算是出身于小康人家，编词典又不像做买卖，可以立刻有收入，别说三年五载出不了书会导致倾家荡产，即使出了书，收入能否敷出，也还是个未知数。谁愿花钱干这等傻事！所以当时罗贝尔的亲友们一听他的设想，大都不以为然。罗贝尔毅然不顾一切，他认为他做的是有益于社会的工作，他相信自己在学术上会成功，而且在经济上也不失败，让那些只认为能捞到钱才算"成功"的人看看！世界上许多事业常常是被这些称为"傻子"的人完成的。"傻子"的特点是一念形成，执着不放。他决心做个"傻子"。

## 五、苦心耕耘

于是他开始物色合作者，终于找到了志同道合的助手。但是，他并不因此减轻一点自己的工作，他还是那样起早贪黑地干。冬季早起天寒，他亲自劈柴生炉子取暖，有一次柴片打到腿上，伤势不轻，他若无其事地照样放下斧子就拿起笔杆子。他的住处，房间里、过道中、桌椅上都堆满各类词典、书籍、资料。他不分昼夜地沉浸在书纸的海洋中。他的助手大部分散居各地，不少人住在外省。为了让词典稿子有效地轮转，他曾花了不少心思。有一次他漫步往塞纳河畔走去，忽然想到一个按字母列表格的方法，他乐得忘记了一切，一径向前，一辆小汽车飞驰过来，擦着他的身子飞过，几乎把他撞翻。事后，他在自己所写的《一部词典的奇遇和不幸》的小册子中回忆道：他那个表格给他节省了许多时间，让汽车擦伤甚至撞伤也是值得的！

日历一页页地撕去，词条一个个地攻下。罗贝尔总结了旧词典，尤其《利特雷》的保守性之后，决心在自己的词典引例中收入当代名家的语言。如果拿汉语打个比方，那就是新的《罗贝尔》既有《词源》的规模，还加上一部总结了自晚清、"五四"一直至二十世纪七十年代重要作家的作品和主要报刊文字的《现代汉语大词典》，其工作量可想而知。

为编 aller（走，去）一词，他花了整整一个月时间，熬得眼睛发肿，编完了就累倒，得了偏头痛，不得不休息一段时间。光是为 amour（爱、爱情）一词，他就摘引了两千多个例子，辑录了八十位历代名家之言。然而，这些例子不可能全部都放在这个词目之下，他选择的结果，只挑了五十个例句，这对于一个词条来说，已经是够多的了。由博取而精选所花的功夫之大，由此可见一斑。后来他把 amour 一词所收集而词典不采用的例句分门别类，编成了一本小册子，题为《爱之消遣》，于 1949 年出版。这本小书受到文化界多方面的赞扬。

这时罗贝尔的词典已有一个很好的开端，在我们看来，只要开足马力工作就行了。可是在罗贝尔所处的社会，一切都讲金钱，非得找到出版商愿意出版并预付经费才能编下去，而词典又并非三五个月可以编完，哪一家出版商敢冒这个风险呢？罗贝尔无计可施，他听了友人的建议，决定自己组织股份公司。但是要拉人入股也不容易，除了几个独具眼光的好友热心支持以外，很少有人愿拿钱在这上面"押宝"。罗贝尔觉得当务之急是要把词典样稿拿出来，赢得社会上的好评，才能争取人们入股投资。他为此到处奔波，花了许多精力。词典样稿终于在 1949 年 12 月份印了出来，共十二页，是 A 字母的一小部分。他马上把稿子分发给科学院院士、教授、作家、记者等文化界的知名人士，然后心惊肉跳地等候他们的"判决"。

苦心耕耘，必有收获。他们的答复陆续送来了，对他的工作几乎一致地给予高度评价。有的说，这是一件"伟大的事业"，有的说，已看到了"新《利特雷》"的雏形。著名院士莫鲁瓦（André Maurois），指着身旁的四大卷《利特雷》对他说："几年之后能把你的词典放在我的老《利特雷》之旁，我该多么高兴！"另一位院士昂里奥（Emile Henriot）向他建议抓紧出第一小分册，让他推荐给科学院评奖委员会。"一般来说，科学院不给未完成的著作颁奖，但我认为这次可作为例外，因为你的工作值得鼓励。"

1950 年 6 月 16 日，法国科学院终于给他发了奖。他得到了两千旧法郎的奖金。这笔小小的款子当然远不足以支持词典的编写工作，但却给了他比较可靠的社会信誉，从此他招股碰到的困难就少得多了。

# 六、"词典之战"

然而，事情还不是那么一帆风顺。词典工作旷日持久，比原来预料的时间要长，而合股公司的财源很快就枯竭了，罗贝尔个人的积蓄也将耗尽。1951年秋，当他回阿尔及尔的时候，几乎到了山穷水尽的地步。这时，忽然有一位朋友来找他。原来罗贝尔因得奖而略有薄名，这个朋友要请他出来参加阿尔及尔议会的竞选，以后还要推选他当国民议会议员，并且答应出资一百万支持他的词典编纂工作。出来当议员，说不定可以在政界显一显身手，而且还能获得一笔资金，解决燃眉之急。但这样一来，他必然要分散精力，甚至会半途而废。罗贝尔反复思量，决定谢绝这一与他事业相违背的诱人的邀请，继续坚持他艰巨的事业。

为了应付经济困难，他不惜高利求贷。同时他还要对付同行的敌意。1956年2月爆发了有名的"词典之战"。事情是这样的：罗贝尔得奖后，报纸都称他的词典为"新《利特雷》"。于是有两家出版商干脆联合印行旧《利特雷》，大事宣传，叫读者相信这是一套反映当代语言状况的词典，并对《罗贝尔词典》进行攻击。本来，罗贝尔认为将有代表性的旧词典作为历史著作重新印行，是一件有益的工作，他曾称这是个"勇敢之举"。可是利用旧《利特雷》的宣传，要把《罗贝尔》挤掉，这是关系到新词典存亡的问题，罗贝尔不能不起而自卫，于是在广播电台上展开了激烈的论战。像这类事情何止一桩。当罗贝尔成立"新利特雷公司"的时候，一家出过《利特雷词典》的出版社就曾提出抗议，扬言要诉诸法律。但是《罗贝尔词典》毕竟不是《利特雷词典》的简单延续或模仿，而是一部别开生面的崭新的著作。作者只是为了表达对前辈大师的崇敬，才用了"新利特雷"的名字，对方的诉讼，显然不能成立。

1956年10月，罗贝尔度过了一个难忘的日子：他会见了已故的词典大师利特雷最亲近的堂弟，这位长者请他在家里用膳，像对待自己的儿子一样款待他。这无疑是对于罗贝尔的赞许、鼓励和有力的支持。

# 七、踏上坦途

既要和书商攻讦斗法，还得和"权威"们挑战周旋。罗贝尔，一个研究柑橘种植的小人物，竟敢编起法语大辞典来，一个在学校里连语言学的边也没有沾过的人，竟想挤进语言专家的行列，某些"权威""大家"怎么会轻易原谅他呢！果然，他遭到某大学几位教授的嫉妒，他们发表文章，竭力称赞他们自己的"词典"编写计划如何完美，以此影射贬低《罗贝尔词典》。1957年，《罗贝尔词典》出版了三大卷之后，罗贝尔应邀参加斯特拉斯堡的词汇学和词典学国际讨论会，他在那里受到了一些"权威"的冷落。某"名家"在论述当代法语词典的报告中压根儿就不提《罗贝尔词典》，仿佛它并不存在。某大教授在讨论中不耐烦地教训罗贝尔，指责他不过是说了些一个大学生查阅《利特雷词典》时也会听老师说到的话。然而，学术界的有识之士也大有人在，他们指出，是否"科班"出身不能决定一个人的学术造诣。语文系毕业的人未必写得一手好文章，运动会上的世界冠军往往不是来自体育学校。这些有见地的文坛前辈和同辈不断给罗贝尔以鼓励，要他好好坚持下去。

苦心的耕耘，终于获得了丰硕的成果。1958年初，罗贝尔获得了西姆卡基金会一百万法郎的奖金。这种奖金专门发给有重大贡献、其成就能丰富共同文化遗产的杰出人士。1959年，他又荣获法国六级荣誉勋章，同事们和朋友们为他举行了盛大的庆祝仪式。1963年，他应邀参加法国广播公司组织的庆祝《利特雷词典》出版一百周年的纪念活动。次年六月《大罗贝尔词典》终于全书告成。罗贝尔感到仿佛刚患了一场大病，要经过很多时间才能复原。这时他的助手们纷纷愉快地去各地度假，罗贝尔却没有离开。新的任务在呼唤着他，他像一位将军策划一场新的战役一样，又一头栽入《小罗贝尔词典》和其他一系列词典的编写计划中去了。

# 八、传记待续

当词典还在陆续分册出版的时候，已故的戴高乐将军曾凭他的卓越见识，做出过这样的预言："这部著作将会对所有使用法语、关心尊重法语并希望从中获得启发的人以极大的帮助。"（《戴高乐致罗贝尔的信》）今天这个预言已经成为现实。1965年以后的罗贝尔已是法国文化界赫赫有名的人物了，"新利特雷公司"也成为大的词典出版公司。那以后的十余年来，罗贝尔连续主编出版了《大罗贝尔》补遗本、《小罗贝尔词典》、《小罗贝尔词典》之二（即专名卷）、《微型罗贝尔词典》、《万有专名词典》、《万有绘画词典》等，还有大量其他书籍。

罗贝尔还健在，今年六十九岁了。笔者最近有幸拜会了他，向他提了这么个问题："您还在工作吗？还是在安享晚年？"他发出爽朗的笑声，把手一扬，指着他的夫人和侄子回答说："他们可以给我作证，上午十二时以前，我不准人家打搅我，晚上也不许别人打搅。我每天起码工作六小时，而我的每小时是至少以五十七八分钟来计算的。"接着，他又补充一句："当然啰，我不可能再像三四十岁的时候那样工作了。"1977年，罗贝尔辞去了"新利特雷公司"董事长和经理的职务，集中精力主持辞典的编写定稿工作。

诚然，作为法国的词典学家，罗贝尔在他的词典中反映了法兰西民族的文化和语言的传统。例如在一次晚餐会上，他曾经对天主教学会会长这样说过："主教阁下，在《罗贝尔词典》里，'爱'这个词，是从'爱上帝'开始的。"然而，作为一个忠实的词典学家，罗贝尔在他的词典里也收入了与他的国家意识形态不同的语词，如"人民公社"（Commune Populaire）、"革命化"（Révolutionnarisation）等一些具有鲜明政治色彩的语词。如果不抱形而上学观点，我们还是可以从罗贝尔毕生的编写经历中，借鉴一点东西的。

最后，笔者希望他能以余年为我们写下完美的续篇。

（原载《辞书研究》1979 年第 2 期）

# 加拿大魁北克词典编纂动向的启示①

## 一

一种语言文字，为好几个国家或地区的人民共用，这种现象在当今世界上极为普遍，英语便是最鲜明的例子，其他语言，如法语、西班牙语、汉语等，也有类似的情况。由于时空阻隔以及社会形态、政治观念等的差别，本源同一的语言在不同国家或地区逐渐呈现出许多差异之处。词典界如何看待和处理这种差别，是一个值得我们关心的问题。

加拿大拉瓦尔大学 1985 年组织了一个关于魁北克词典编纂问题的讨论会，1986 年出版了名为《魁北克辞书：总结与展望》（*La Lexicographie québécoise: bilan et perspective*）的专题论文集。他们关于编纂法国境外法语词典的探索和见解对于我们亦不无启发，因为今天的汉语也不只是在中国大陆使用的，对域外华语的研究已经开始。

魁北克编纂法语词典由来已久，以往出版的都是区别性的词典，即以法国法语为标准，描述魁北克法语与本土法语不同的词汇和用法。在这方面出了不少好书，如《魁北克书面语的宝藏与特色》《魁北克常用方言》《魁北克书面法语详解汇编》《魁北克法语词典》等。20 世纪 70 年代末开始着手编纂的《魁北克法语宝库》，亦属区别性的，虽然其涵盖面与详尽性非一般词典可比。但近年来，许多加拿大的语言学家和词典家都认为应编写"全面性"的词典，不以法国法语的标准为依归，用他们的话来说，就是力求摆脱"欧洲中心主义"，要编出"魁北克规范法语词典"来。拉瓦尔大学教授让德隆（J. -D. Gendron）明确表示："这里有些词语应由我们断定是否规范，是否符合我们的标准；别人到我们这里来，将会认为我们说的便是规范语。英国人到美国，亦接受美国人的说法。"② 现

---

① 加拿大的居民多数讲英语，但是在以魁北克省为主的一部分地区，居民们却保留着使用法语的习惯。不过，经过二三百年的演变，魁北克的法语与法国本土使用的法语已有不少差异。

② 让德隆，加拿大语言学家，国际双语现象研究中心主任。参见 *La Lexicographie québécoise: bilan et perspective*，第 295 页。

在魁北克的语言学界，对编纂独立的魁北克法语词典，似乎已没有什么不同意见，只是在编辑步骤上略有少许分歧。而社会需求亦相当迫切，尤其中小学，更急需一卷本的符合魁北克语言实际的学习用词典。可以说，全面性的规范词典已到了呼之即出的阶段。有的语言学家则认为，现时积累下来的区别性词典，正为编写规范性词典奠定了基础。

上述动向很值得我们注意。大凡一个国家或地区的经济及文化发展到一定程度，词典界便可能出现不以本土母语为准绳的独立编纂倾向。早在19世纪，美国便率先编起与英国词典平行的美国词典，那就是我们今天所熟知的韦伯斯特的《美国英语词典》（*American Dictionary of the English Language*，1828），从此美国很快便形成独立的词典编纂传统。这当然与美国的经济文化发展息息相关。20世纪80年代初期，墨西哥亦开始了《墨西哥西班牙语词典》的编纂，走韦氏词典的道路。而现在魁北克法语词典亦踏上此途。这种现象十分耐人寻味。我们知道，世界上有一些语言基本上只在其本国使用（如日语、意大利语），而另一些语言则是跨国、跨地区的（如英语、西班牙语、法语、汉语），这是历史形成的结果。今天，在词典编纂方面，非本土的英语、西班牙语、法语已先后走上独立的道路。汉语方面会不会出现同样的情况呢？例如，会不会编出与我国汉语词典并行的"新加坡华语词典""马来西亚华语词典"呢？我们对这类词典的出现又应该采取怎样的态度？欢迎？鼓励？排斥？无视？就我所知，法国词典家对酝酿全面性的魁北克法语词典是采取肯定和协作的态度的。看来，我们对于这一可能出现（或已经出现）的情况要有点思想准备为好。

## 二

魁北克人要编独立的法语词典，那么法国人是不是就只固守纯粹的法国法语词典呢？70年代以前的情况大体如此。1970年以后，法国几种有影响的语文词典都大量收录了非本土的法语词汇：瑞士的、比利时的、非洲的、魁北克的，等等。据统计，《法语宝库》的A字部中光加拿大法语词就收进125个，且不算别的非法国本土的法语词。其他一卷本的语文词典亦采取这种开放态度，有时还让非本土的人士提供资料，协助编辑工作。为什么会出现这种"兼收"的情况呢？原因大致有二。一是满足频繁交往的需要。例如，不少法国人喜欢读点加拿大文学，要是常用的加拿大法语词汇在法语词典中竟告阙如，就不能很好地适应本国读者的要求。二是出于商业目的。法国词典行销海外的数量不少，如果全然不收非本土的法语词汇，则无异于自我封闭海外市场。反观目下我国汉语词典的状况，大体仅仅立足于大陆，就连台湾地区的词汇我们也很少顾及。比方我们在《现代汉语词典》（含《补编》本）中就找不到一些近几十年台湾常用的词汇，例如："共识"（一致看法）、"发音"（播音）、"管道"（渠道）、"涵盖"（覆盖）、"架构"（框架），等等。甚至连《汉语新词词典》（上海辞书出版社）也不收录上述语词，未免有点令人遗憾，因为随着海峡两岸交往日益频繁，其中一些词汇已经开始在大陆使用。《现代汉语词典》或《汉语新词词典》不收，我想并非由于编者疏漏或资料不足，而是处理角度不同之故。我们今后编写现代汉语词典时，是采取较为开放的态度，抑或仍然一如既往坚持固守中国大陆，看来这是一个值得认真探讨的问题。

三

据德国埃朗根－纽伦堡大学教授 F. J. Hausmann 的意见[1]，一国的语词由三部分组成：全民的、地区的、方言的。就两国或两地区某种共用的语言而言，原则上可以编出 7 种词典。我把他的示意图借用过来：

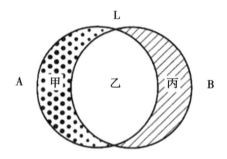

L 代表某种语言，A 代表 A 国（或地区）语言，B 代表 B 国（或地

---

区）语言。于是，

(1) 甲 + 乙 = A 语的全面性词典。

(2) 乙 + 丙 = B 语的全面性词典。

(3) 甲 + 乙 + 丙 = A、B 两语的全面性词典。

(4) 甲 = A 语的区别性词典。

(5) 丙 = B 语的区别性词典。

(6) 甲 + 丙 = A、B 两语合编的区别性词典。

(7) 乙 = A、B 共同语词典。

就汉语而言，如果将中国（包含港澳台）所使用的汉语合在一起视为 A 语，将新加坡华语视为 B 语，则 A 语的全面性词典尚未编成，更不必说其他，至于 B 语我们且撇开不提。要是将中国大陆的汉语视为 A 语，台湾地区的汉语视为 B 语，那么目前完成得较好的大体是（甲 + 乙）、（乙 + 丙）两种词典，即大陆出的汉语词典和台湾地区出的汉语词典。（丙）、（甲 + 丙）两种刚刚问世（如邱质朴主编的《大陆和台湾词语差别词典》，黄丽丽等编著的《港台词语词典》），尚有待进一步充实、完善。

四

鉴于世界上几种共用语的词典的发展趋势，结合我们实行改革开放的国情，我们可以组织人力，分轻重缓急，先后编出或充实下面几种类型的词典。

（1）港澳台地区区别性的中文词典（这里用"中文"而不用"汉语"，主要指书面语言）。这项工作大陆已有词典家着手进行，但看来还可以更上一层楼，即详尽地占有上述三个地区的各种素材，如行政公告、文献、报刊、电视、电台、广告等资料，认真挑选，对照分析。如有可能，最好是争取获得上述三个地区的词典家协助，力求编出权威型的区别性词典来。

（2）海外华文的区别性词典，可包括全世界各主要华人区域所使用的华文（不少地区都出版华文书籍，发行华文报纸，可以此作为原始资料）。在这方面《黑非洲法语特殊词汇汇编》（*Inventaire des particularités lexicales*）可资借鉴。该书收集了 12 个非洲国家与法国本土不同的法语语词，并且标明其使用的地域。

（3）在上述两项工作的基础上，可考虑扩大《现代汉语词典》修订本的收词范围，适当吸收一些港澳台及海外华文的常用语词，最好还加上使用地域的标记。我想这样做，港澳台同胞以及海外华人是欢迎的。只要我们编得好，这样的词典想必更能打开海外销路。

（4）借港澳台词典家之助，或由他们亲自动手，编出中国大陆汉语的区别性词典来，这种词典（或词汇汇编）只收录中国大陆专用而港澳台三地区另有他种表达法的语词。可以料想，它的篇幅不会太大，使用面也不会很广，但可以满足两方面的需要。一是港澳台读者能借此查询大陆专用语词。二是大陆读者与港澳台同胞交流时，可以据此多用港澳台同胞更熟悉的词语。笔者曾为境外译书，出版者要求译文使用当地通行的词语，我却苦于手头没有备查的资料。

（5）待条件成熟时，海内外、境内外各方面通力合作编出共时性的全球华文大词典来。这将是全世界华文的一件伟大的归纳总结工作。只要我们采取开放的、积极进取的态度，在这项事业中，理应能扮演最重要的角色。但是如果缺乏世界眼光，说不定主要的任务会旁落他人。我们不要忘记，鸿篇巨制的《中国科学技术史》竟首先是由英国人撰写的。我期待世界性的华文大词典早日在中国问世。

（原载《辞书研究》1993 年第 4 期）

# 坚毅顽强的实践家
## ——法国词典大师利特雷小传

笔者留寓巴黎，住在第六区，距法国词典大师利特雷曾经工作和生活过的地方只有数十步之遥，而徒步到以利特雷命名的街道也不过几分钟。工作之余，我常常喜欢到这一带漫步，追思这位词典编纂先驱者的生平。利特雷离开人间整整一个世纪了，他留下的著作和遗稿展示了他渊博的学识和卓越的一生。七大卷《利特雷词典》矗立在各大图书馆的书架上，它是十九世纪法国语文词典的"珠穆朗玛峰"，这座高峰是靠巨大的智慧和坚忍不拔的毅力垒成的。如果把这部著作按单栏排印，差不多可以铺四公里长，它的手稿共有四十多万张。词典问世已有一百多年了，今天的读者对它的兴趣依然不减，目下好几家出版商仍在重印。

关于利特雷，法国有一套《大百科全书》这样写道："他的一生除了著述以外并没有什么重大事件，他的传记写上几行字就成了。"这套百科全书分门别类地列出了他各个时期的卷帙浩繁的著作。对于这样简略的介绍，后学者是不会满足的，幸而他的遗著和有关他的一些记述提供了足够的材料，使我们得以追溯利特雷的一生。

## 一、少年勤读，酷爱语言

埃米尔·利特雷（Emile Littré）1801 年生于巴黎，家境并不富有，父亲最初在海军炮兵队服务，后来当上个小官员。他曾对小利特雷说："你生下来的时候，我有时连面包都吃不上呢！"老利特雷热爱业余学习，他学希腊文、阿拉伯文，到晚年还学梵文，购有梵文书籍。父亲的好学精神，对儿子显然产生了深刻的影响。

1811 年，利特雷进入"大路易"中学念书。关于他这段时期的学习，某些记叙多少有点夸张。例如，与他同时代的作家圣伯夫（Sainte-Beuve）写道："他总是名列第一，并夺得年终全部优胜奖。……最后一年，得奖的书籍数目远远超过一百册。"仿佛利特雷由于天生聪慧，总是轻而易举地鹤立于一般同学之上。然而，后人查阅当时中学的档案，情况却不尽如此。利特雷的卷子也和班上其他的学生一样，有涂抹，有书写错误，也有文理不通的地方。一个五十人左右的班级，利特雷的名次开始时是第三十六位。当时他的老师写道："这个学生看起来聪明，但他的语文程度不高，不能很好地表达自己的思想。"利特雷后来经过努力，才逐渐进入前十名。直到三年级，老师还对他的一篇翻译文给出了"很差"的评语，并且在另一处地方写道："你下了功夫去翻译，但还是译得不好。"老利特雷对儿子的学习很不满意，给他额外加作业，请成绩好的同学帮他一起复习功课。1815 年之后，利特雷才真正成为班上的优秀学生，名次通常在前五名之内。同时进入这个名次的，还有他的好友、未来的出版家路易·阿歇特（Louis Hachette）。可以看出，利特雷在中学时期，并不是什么非凡的天才，倒是异常勤奋，在路易中学漫长的八年中，他仅缺课三次。对于一个十来岁的少年人，这是多么不容易的事啊！

1819 年，利特雷学了一年数学，想要进综合工科学院，但因游泳受伤未能参加考试。随后，则为了减轻家庭负担，给一位伯爵当了两年秘书。此时，他除了母语以外，已熟习德、英、意三种活语言，掌握了拉丁、希腊两种古语，并且开始学习梵文。1821 年，他转而学医，历时六年。当他正准备攻取博士学位时，父亲突然病逝，他不得不中途辍止。因此他一直未能正式行医，只有下乡时，偶尔为附近的农民看病。父亲去世后，他肩负起维持家庭生活的重担，只好临时去教课，讲授拉丁文与希腊文。1830 年，这位青年学者曾一度参加巴黎人民推翻查理十世的战斗。他和同学们一起从巴黎大学冲上街头，身穿国民卫兵的戎装，冲向塞纳河畔，打击死命维护旧制度的雇佣军。在一次追击战中，他身旁的伙伴受了致命的重伤，他和阿歇特一起冒着极大的危险把同伴带回自己家里。虽然这段短暂的战斗经历在利特雷的一生中并不占多少分量，但它却表明，这位词典家在青年时期是一个热血的爱国青年。

## 二、怀才知遇，脱颖而出

1831 年，利特雷已经是一个三十岁的青年人了。虽然博学多才、文理并通，可是法国的传统十分重视文凭，而他却没有学位，因而仍没有谋得能长久立身并施展其抱负的职业。那一年，他经人介绍进了《国民报》

编辑部从事翻译外文报纸资料的工作。当时《国民报》由享有盛名的大新闻家卡雷尔（Armand Carrel）主持，利特雷在他手下默默地埋头工作了三四年，直到1935年写了一篇关于英国天文学家赫谢尔的《自然哲学研究》的评论，才得到卡雷尔的重视。一天，卡雷尔偶然翻阅自己主办的报纸，读到这篇文章，大为震撼，亲自来到编辑部。那时，利特雷坐在编辑大厅的一个角落里，正在埋头译他的德文报纸。卡雷尔走到他的跟前，直截了当地对他说："您不能待在这个位置上了，您是我们的合作伙伴。"随后，卡雷尔给利特雷的妈妈写了一封热情洋溢的信：

> 请告诉他，他是我们大伙儿的老师，我在巴黎不知道有谁能写出他这样的关于赫谢尔的文章，我作为主编用了他三年，感到羞愧，而他却满足于这个与他的知识和才能如此不相称的低级职务……
>
> 一个人对科学如此热爱并如此雄辩地表达这种崇高的热情……他肯定也会成为对科学、对自己的时代十分有用的人。

这封信给了利特雷自信和勇气。它仿佛是一个信号，标志着利特雷大展才华的时机已经到来。也许是出于感激赏识者的知遇之恩，利特雷把这封信珍藏在自己的皮夹子里达四十年之久。

从此，利特雷经常从事多方面的钻研和写作，非常丰产。他像文艺复兴时期的文化巨人那样，几乎涉猎所有的学问。圣伯夫曾经这样写道："真的，利特雷一个人就是一座图书馆，一部百科全书。"要把他的著作按年代顺序一一排列出来是很难做到的，这里只能挂一漏万，举其一二要者。

他致力于希波克拉底（古希腊医师，西方医学的奠基人）的著作的收集、整理、诠释和翻译工作，1839年出版《希波克拉底全集》第一卷，博得古文字学界和医学界的好评，同年被吸纳为金石学和文学院院士。

他与科学博士、医学院教授罗班合作重新修订了《医学词典》，由他主要负责词语方面的订正工作，给这部词典补充了六种文字对照的词汇表，他着重审校希腊、拉丁语的部分。新版的《医学词典》于1851年发行，获得很大的成功，但由于词典以孔德的实证主义哲学为指导思想进行改编，也招来上层宗教人士和反动的唯灵论者的不少非议。例如，该词典把"人"释为"两手类灵长目哺乳动物……"就曾激起神学界的大怒。

然而，不管怎样，该词典的销路一直很好，不断再版。1858年，利特雷被医学科学院选为通讯院士。他当时感到的喜悦真是难以形容：一个没有取得行医资格的医科学生，想不到若干年后医学界的最高学府却为他敞开了大门！

到此，利特雷可以说是功成名就了。可是他并没有就此停下来休歇，还有一件奠定他在学术史上的地位的艰巨事业尚待他去完成——这就是后来以他的名字命名的《利特雷辞典》。

## 三、反复摸索，惨淡经营

利特雷逝世前一年留下了一篇题为《我怎样编我的词典》的珍贵讲话。在讲话中他一再说明，"最初没有什么使我准备从事这一事业"，事实也是如此。利特雷平时博览群书，在整理古希腊医学书籍和研究其他古籍的时候，随着材料的积累，他尤其对研究词源产生了兴趣，于是设想用新的方法编一本词源词典。他把这种打算告诉好友阿歇特，得到了赞同，两人便签订了合同，由阿歇特垫付四千法郎，并把这部筹划中的著作定名为《新法语词源词典》，其时是1841年。可是事隔五年，利特雷却只字未写。据利特雷自己说，这有两方面原因：一是母亲去世，他精神上受了很大的打击；二是他的《希波克拉底全集》要按期分卷出书，花去他不少时间和精力。而据后人的考察，还有另一个原因：他的老师孔德晚年陷入神秘主义，利特雷不愿盲从，两人关系紧张，这对于他的情绪也有相当大的影响。合同长期耽搁以后，阿歇特提出改变词典的编法，要编一部追本溯源的法语大辞典，这使利特雷犹豫了许久才答应下来。利特雷在讲话中这样回忆道："……我要求给二十四小时考虑。这二十四小时是焦灼不安的时刻。我整夜不曾合眼，掂量着最终落在我身上的担子的分量。……我预计到，这一事业之长，要一直把我带到垂暮之年，而且在多年内必须与我赖以为生的工作同时进行，这都使我难以下定决心。最后，到清晨的时候，勇气终于占了上风。我为自己跨出了步子而又退缩感到羞愧。我所设想的计划的诱惑力十分强大，于是我签了合同。"接着，利特雷还坦率地承认，他用去了阿歇特的四千法郎垫款，也是促成他同意重签合同的一个因素。自1846年以后，利特雷才开始安排收集资料的工作。阿歇特给他配备了四五名助手，大量摘引十五世纪以来的作家的例句。1848年法国发生二月革命，连阿歇特本人也对这部辞典产生了动摇，一度中止了对利特雷的资助。1850 年以后，利特雷才把主要精力集中到词典方面，从此就一直坚持不懈。对他编词典的工作日程安排，凡是有所了解的人，没有不啧啧称道的。

他早上八时起床，当家里人替他料理他的工作室兼寝室的时候，他便带点零星的活儿去干，他的词典的序言就是利用这段时间写成的。吃毕早餐，九时回工作室，一直工作到午餐时间。饭后休息一个钟后又重新工作，为刊物撰稿，到三时止。三时至六时编写词典，六时晚餐。下面我们引用他的原话也许更真切一些：

> 我七时左右重新上楼搞词典，便不再下来。第一段时间干到午夜，其他人便离开我。第二段时间我一直干到凌晨三时。一般来说，一天工作就此结束。如果还没有完，我再延续下去。在悠长的岁月里，我不止一次地熄灯迎着黎明的曙光继续工作。

> 不过这种例外并不经常。我最通常的是三点钟离开纸笔，把一切整理好，这不是为了明天，因为明天已经来到，而是为了下一步的工作。我的床铺几乎贴着办公桌，不多一会我便躺下。由于习惯和规律性，工作时的兴奋心情便都平静下来。我像一个安闲的人可以做到的那样，十分容易入睡。

然而，据利特雷说，他的熬夜不是毫无"酬报"的，夜莺悦耳的歌声常伴着他工作。这就是利特雷在乡下的作息时间。在城里，除了白天有时因会客耽搁以外，晚上如旧。要知道，这种安排不是保持一天两天，也不是一年两年，而是持续了二十多年之久，这需要何等的韧性和毅力啊！

除了案头工作，利特雷还利用一切机会收集语言资料。1860 年，朗贝尔出了一本名为《我的乡村》的小说，里面有不少方言土语，利特雷随即去信请教。他曾与一位叫贝尼埃的先生交游，向他征得一份技术词汇。甚至连小孩他也不放过，和他熟识的某出版家的孩子乔治，写了这么一段有趣的回忆：

> 我还是小学生的时候，我的乐趣之一就是为他的辞典收集和提供我在读古典作品中所碰到的罕用词语的用例。那时利特雷先生拿起一

块糖果，往酒里一泡，递了给我，向我说道："谢谢你，乔治，请吃一块酒浸方糖。"

尽管利特雷夜以继日地忘我劳动，然而编纂速度却比原先预料的缓慢得多，从而一再打破计划。原合同定两年后即1848年编出第一分册，但是在十年之后，连一行字也还未付排！这时阿歇特焦急了，对利特雷一再催促。他也许不完全了解，拖延的原因，除了缺乏经验，要花时间反复摸索之外，编者还另有苦衷。利特雷不止一次说过，要想完成一部全新的能把他的名字写在上面的著作，时间太短了。"一部新词典只能用新材料编成，那么就得去收集。"不过，速编速印不是对他没有诱惑力的。他曾经想过：尽管自己的辞典还很不完善，但比起现有的词典总算略胜一筹，这样也就可以付印了吧！"但这样做良心上多么过不去啊……我为我的怯懦而感到羞耻……"于是，他便约束住自己，仍苦心孤诣地干下去。稿子发排以后，他也不因而稍为轻松。一方面要陆续供稿，赶在印刷厂的前面，另一方面还要校对清样，做最后一番工作。对于某些人来说，校对清样只是纯粹的技术工作，而利特雷却把它看作又一次改稿的机会，以致有一回涂抹太多，出版者不得不向他提出异议，说他的修改使排印者厌烦，并增加了出版方面的耗费，是徒劳无功之举。然而，利特雷还是由于怕不完善，一再推迟印刷的日期。有时为了不打破版面，对于取消的字母数和增插的字母数算了又算，斟酌再三。

## 四、几番周折，终成大业

在编辑工作陷入困境的时候，利特雷多次半认真半开玩笑地对助手们说："朋友们啊，永远都不要编词典。"当然，这只是句赌气的话，他说了之后就又振作精神干下去了。然而，这又何尝不是利特雷在编纂过程中深感这一事业的艰辛而发自内心的一句真心话。例如，一件纯粹的技术性工作就曾使他几乎失去勇气。开始时，他没有把词目的释义、用例等各项另纸分抄，因而后来对词目中的任何项目进行重新排列、改正、加插都几乎不可能。怎么办呢？只好全部重抄一遍，而这是多么庞大的工作量啊！词典正式开印是在1859年第四季度，其时利特雷已年近六十。印刷至1872年才结束，历时十三年。在这漫长的岁月中，利特雷无时无刻不在和印刷厂赶速度。利特雷反复估量自己剩下的时光："我已六十岁了，我差不多还有十年的生命……我该每天工作几小时才能达到目的呢？"他计算之后，认为至少每天要十三小时。可是，偏偏在词典工作紧张的时候，插进了另一件事情。

1861年的某一天，孔德夫人来访，要求利特雷为她已逝世的丈夫写一本传记。她认为利特雷是最适宜执笔的人，并向他提供了丈夫的遗稿等材料。利特雷态度坚决，只答应词典完稿以后再动笔。而孔德太太认为这是弟子对于去世的老师的义不容辞的责任，不应拖延。两人争论十分激烈，几至反目。最后，利特雷拗不过他的师母，这才答应下来。传记定名为《孔德与实证哲学》，预计一年写完，第二年排印。接受任务后，利特雷有两方面考虑：一是让词典暂停一年，二是挤时间将传记的写作工作加插进去。最后决定采用第二种办法。后来利特雷回忆道："幸而我定了用后一个办法。前一个就糟糕透了，它要推迟印刷时间整整一年，将要在1873年底完成，而不是1872年底，而印刷时间已经够长了。这样的拖延会对一个精力已衰、健康不佳的老人产生可怕的影响。"

为了挤出时间，利特雷对工作日的安排稍做改动：词典工作到午夜停止，然后从午夜到凌晨三时转到写孔德传记上去。就这样煞了一年多，全书告成，近六百页。书成之后，如释重负，他心中有说不出的喜悦，因为既尽了弟子的责任，又对词典编纂工作的进行没有太大的影响。可是作者的心血却要多花多少啊！

除了克服工作上的困难，利特雷还要不断为经济问题操心。在编纂过程中，阿歇特出版社多次给利特雷垫款，到1865年，款项已达四万法郎，根据合同，垫款将来是要扣还的。利特雷写给阿歇特的信这样说道：

> 如果要求归还这笔款子，我就要破产了，因为就算把我所有的一切卖掉，大概只值三万法郎。我希望你能使我免于这种可能发生的境遇。

利特雷的忧虑是有理由的，因为按当时的文化发展水平，这样巨型的词典，即便成功，读者也不一定很多；如果失败，经济上积蓄耗尽，还可能负债，日后连亲属（他有妻子和一个女儿）的生活都会失去保障，自己却换回一个老病之躯。为文化建树而做的大半生努力，最终可能招致倾家荡产！这是今天我国的词典编者所难以想象的。幸而阿歇特是他的挚友，同意修改合同条款，把垫款一项明确定为从将来词典的收入中退还，这才解除了利特雷的顾虑。可是，常言道"好事多磨"，词典接近尾声的时候，又遭到意外的变故。

  我多么担心我自己和我的同伴生病，担心纸张失散，担心火灾，然而我没有想到的是战争，它使我中止了工作。

  那指的是 1870 年的普法战争和 1871 年的巴黎公社革命。利特雷回忆道：

  面对祖国的危难，我已不去考虑我的事业的中止和破产。……更大的痛苦冲淡次要的痛苦。次要的痛苦是词典，它已得到了缓和。

  而其实利特雷并没有放开词典不管，反而更加操心了。在此期间，他把尚未印完的词典稿（约全书一半）束成一千张一扎，共二百四十扎，定做八个箱子分装。这八个箱子，按利特雷的说法，是可以"漂洋过海，去美洲、赴印度"，即经久耐用，能防潮、防恶劣天气的。其实这些箱子并没有去远的地方，只在附近往来搬动，上阁楼、入地窖等。但箱子仍然受到危险的威胁，因为利特雷的住处在普鲁士军炮弹的射程之内。有一次一发炮弹竟打中了他邻居的住所。后来，他只好把箱子转移到阿歇特出版社收藏。

  当炮火纷飞的时候，利特雷考虑到自己年事已高，无法参加防卫工作，于是携眷离开巴黎，住到布列塔尼的朋友家中去。在这沉重的时刻，利特雷不知道"祖国和这个神圣字眼所包含的一切是否还能存在"，可是他一边焦灼地注意着巴黎方面的消息，一边仍然利用朋友的藏书继续词典编写工作。巴黎公社期间，他的屋子被社员占据了三天，人们在那里抵御凡尔赛分子的镇压。

  经过多番周折，全部词典终于在 1872 年 7 月 4 日印完。这时，利特雷已经是一个七十一岁的老人了。他的勇气给一切词典编者提供了宝贵的榜样，他在垂暮之年完成一部巨大的著作，而不顾自己剩下的日子有多长。他建成了一座民族"纪念碑"，他可以安详地端量自己奉献给法兰西语言的巨大建筑了。

## 五、余年续作，载誉而终

利特雷曾说："从抽象的构思过渡到切实执行是最艰苦不过的了。"
《利特雷词典》的特点是"上溯词源，并通过选自作家作品的例句，记录
词义"（左拉）。换言之，《利特雷词典》与前人词典比较最大的贡献在
于：第一，从历史观点出发，上溯词的原始义、古义，并按年代顺序排列
义项（在词典中按两段分排：先排十七世纪以后的义项，再列十七世纪
以前的古义，后附词源），由此使词的发展脉络清晰地呈现出来；第二，
系统引例，而且常常从引例出发阐释词义，因为利特雷发现，实际的例子
往往突破原有义项的框架。然而这两点，从构思方面而言，却并不是利特
雷的创新。如上溯历史，热曼早已有此主张，并且其时已有一些词典多少
做了一点这方面的工作。但是像利特雷那样全面而深入去做的，那还是第
一次。当时最权威的《法兰西学院词典》在义项处理方面是先排通用义，
这当然不能反映词在历史发展中的变化情况。至于引例，十八世纪的伏尔
泰也曾大力提倡过，大家都熟知他说过的一句名言：没有引例的词典只不
过是一副骨架。然而，在词典中全面应用引例而且编成如此浩瀚的著作
的，利特雷却是第一人。《法兰西学院词典》的例句虽然也不少，但是自
撰的居多，而且其安排比较松散，不如《利特雷词典》引例的准确和贴
切。圣·伯夫在谈到这点的时候说道："人们感觉到是由同一双手选取麦
穗并且将其扎成一束的。"

词典编纂家未必是想象力丰富的创造者，却肯定是坚毅顽强的实践
家。他们成就的不一定是前人之所未想，却是前人之所未做。利特雷正是
以坚忍不拔的努力把抽象的构思付诸实践，才完成他的建树的。左拉曾经
拿利特雷和同时代的诗人雨果比较，他把一切颂扬和赞美都放到利特雷方
面，认为利特雷才是真正的"世纪巨人"。我们大概不会完全赞同左拉的
未免失之偏颇的结论，但是想必我们会同意，像对待诗人和作家一样给予
这些艰苦的词典编辑者以应有的荣誉和地位的。

随着词典的编成，利特雷终于博得法国学术上的最高荣誉：当上法兰
西学院院士。1862 年，当词典开印不久，雨果就写信向利特雷表示祝贺，
信上说：

我十分感兴趣地注视着您的出色的著述……我希望法兰西学院终于惊讶地发现，它把许多杰出的作家留在外边，而您，先生，您在这些作家当中是占有崇高的地位的。

　　可是由于迪庞路大主教的极力阻挠，1863 年法兰西学院否决了利特雷的申请。直至 1871 年末，词典快要印完的时候，利特雷才当选为学院院士。利特雷在入院的演说词中这样说道：

　　每个人都有其荣誉攸关之点，先生们，这一点对于我来说，则在于要完成自己著作的最后一行才向你们道谢，你们正是为了我的著作才把我接纳到你们这个著名的团体的。

　　利特雷的大业告成，赢得了来自四面八方的祝贺。著名的女作家乔治桑写信给利特雷说：

　　所有人都感谢您。老大娘乔治桑也要向您表示感谢。您为法国所做的比法国历代的伟大国王所做的还要多。

　　而左拉则对词典盛赞道：

　　这不是简单的词汇集，而是法兰西的全部精华，是六七个世纪的生活写照，是我们的语言和我们的文明的历史，是对人类精神的精确分析。

　　出自各名家的诸如此类的赞扬语句还很多，如果汇集起来，足可以编成一本书，我们就不必引述下去了。

　　利特雷在巨大荣誉面前没有躺下休息。当选院士不久他就回到自己狭窄的住所里筹划下一步工作了。他大量搜集和整理材料为自己的词典编补遗本。可是这时候他的身体已经逐渐垮下去了。辞典完成后，他本来想邀请合作者和亲友聚餐，表示庆祝，却因生病而未能举行。"我最初希望，这仅仅是延期举行而已，可是我的希望落了空。这一延期成了永远……"

1875 年以后，利特雷的身体更不行了，从此蛰居家中，几乎无法外出。可是他的工作热情仍然不减，他在写给朋友的信中这样说道：

> 但是我不抱怨……我还保持工作能力，我尽自己的可能把它运用起来。除了写一些小册子之外，我现在正为我的词典编补遗本。……我总是接连不断地安排一桩事又一桩事，好像我并非快到七十五岁似的。可是我却禁不住每天想到死亡，并为此而做准备。我甚至可以说，这就是临终时刻的最好准备呢。

就这样，利特雷以勤奋的劳作于 1881 年 6 月 2 日走完他的人生历程。他在词典的序言中留下了一句耐人寻味的话：

> 谁要想认真地利用一生，谁就应该始终想自己还能活很长那样去处事，并且仿佛自己临近死期那样去安排。

（原载《辞书研究》1981 年第 3 期）

黄建华自选集

第二部分

关于《汉法大词典》

# Nouvelle conception d'un dictionnaire chinois-contemporain

## 1. Avant-propos

Lorsque je faisais des recherches en lexicographie, j'avais écrit, dans un de mes ouvrages, que "le lexicographe qui entreprend un projet de dictionnaire devrait éviter d'imiter aveuglement des dictionnaires existants sans avoir de nouvelle conception propre à lui. J'entends par nouvelle conception le ' caractère spécifique' d'un dictionnaire. En d'autres termes, avant d'établir un plan pour compiler les données, le lexicographe devrait étudier de près tous les aspects de son projet et se demander en quoi ' son' dictionnaire se différencie des dictionnaires existants, tant sur le fond que sur la forme. Son projet est-il conçu pour combler une lacune ou reprend-il un genre déjà connu? Dans le premier cas, le lexicographe peut se lancer en toute confiance, pour autant qu'il estime que le projet corresponde réellement au besoin pressenti. Dans le second cas, on doit se demander comment le nouveau dictionnaire pourrait se démarquer des dictionnaires existants, par un vocabulaire plus étendu? En enregistrant des mots-clés selon des critères plus performants? Par des exemples abondants? Une traduction de qualité? Un agencement plus rationnel? Des illustrations plus attrayantes? Ou encore des informations fiables et pratiques? En d'autres termes, le nouveau dictionnaire correspondrait-il davantage aux attentes des lecteurs? Faute de pouvoir apporter une réponse satisfaisante aux questions précédentes, mieux vaut ne pas se lancer dans la vaste entreprise de rédaction de dictionnaire, car on risque d'apporter au mieux qu'une duplication des ouvrages existants. " ( Huang et Chen, 1997: 237 – 238)

Il est certes plus facile d'émettre des commentaires en tant que chercheur que de se mettre soi-même à l'épreuve. Maintenant que je me retrouve rédacteur en chef du *Dictionnaire chinois-français contemporain* ( DCFC), je n'ai pas pu trouver aisément de réponses aux questions ci-dessus.

## 2. Conception globale du Dictionnaire chinois-français contemporain (DCFC)

J'ai souhaité avec "mon" dictionnaire répondre aux besoins d'un public aussi large que possible, même si a priori cela va à l'encontre des principes théoriques de la lexicographie. Certes, sur le plan des principes théoriques, un dictionnaire ne peut répondre qu'aux besoins de certains lecteurs dans un ou plusieurs domaines, par conséquent, les besoins de l'ensemble du public ne peuvent être satisfaits que par plusieurs dictionnaires de différents types. J'avais moi-même écrit, à maintes occasions, que "le temps est révolu ou toute la population d'un pays consulte le même grand dictionnaire" (Huang, 1987: 163). Or en me mettant au travail, je me suis vite rendu compte que la théorie trouve ses limites dans la pratique, le dictionnaire étant un produit culturel commercial. S'agissant d'un dictionnaire monolingue chinois ou bilingue avec une langue aussi répandue que l'anglais, les principes théoriques semblent bien fonctionner. Mais pour le français qui est moins utilisé en Chine, on ne peut négliger les exigences du marché pour s'en tenir à la pureté typologique.

Intitulé *Dictionnaire chinois-français contemporain* (DCFC), notre nouveau dictionnaire se veut également plus exhaustif que les dictionnaires chinois-français existants, et davantage axé sur les termes et expressions contemporains. En effet, ce dictionnaire est construit sur la base du *Dictionnaire du chinois contemporain* (Xiandai Hanyu Cidian), lui-même une référence reconnue au sein des communautés chinoises. Nous veillons à refléter au mieux la langue chinoise contemporaine par l'introduction de termes et expressions nouveaux.

Le futur *Dictionnaire chinois-français contemporain* a pour vocation de servir aussi bien les utilisateurs sinophones que francophones. Conscient ou non, lorsqu'on parle de public, le lexicographe pense d'abord aux lecteurs de son pays, ce qui est normal. En réalité le public comprend aussi bien des lecteurs étrangers, ce qui est d'autant plus vrai pour les dictionnaires bilingues. Il est regrettable que les besoins des lecteurs étrangers ne soient en général pas pris en compte dans la phase conception, le lexicographe chinois a tendance à partir du point de vue "interne", aussi bien pour choisir les entrées que pour traiter les informations. Dans notre approche, nous chercherons donc à intégrer les deux perspectives-du lecteur chinois ct du lecteur étranger-, voire à les concilier en cas de contradiction.

Conscients que les lecteurs sinophones et francophones utilisent un dictionnaire chinois-français aussi bien pour la traduction que pour s'améliorer dans leur langue respective, nous attachons une importance particulière aux informations dont ils pourraient avoir besoin et à concevoir notre dictionnaire en fonction pour répondre au mieux aux attentes de nos lecteurs.

Dans la partie suivante, nous démontrerons les caractères, contemporain et pratique, du DCFC à l'aide d'exemples concrets.

## 3. Analyse dé taillé e des caracté ristiques du DCFC

A. Au niveau des entrées, le DCFC s'efforcera de refléter pleinement la langue chinoise contemporaine.

1) En principe, tous les caractères figurant dans le *Dictionnaire du chinois contemporain* seront inclus, y compris des caractères peu courants, comme les noms de lieu ou de personne, rarement pris en compte dans la plupart des dictionnaires bilingues chinois. Par exemple, dans la lettre A, nous comptons inclure les caractères suivants qui sont peu courants:

娭 [娭毑] ‹ dial. › ①grand-mère *f* ②appellation respectueuse pour des femmes âgées ⇨另见 xī

騃 ‹ litt. › stupide *a*, idiot, -e *a*, fou, folle *a* ▷痴騃 fou, folle *a*/愚騃 stupide *a*, idiot, -e *a*

毐 [ utilisé dans le nom d'un personnage historique] 嫪毐 [ lào'ǎi] ( ?-238 av. J. -C. ) dignitaire *m* du royaume Qin (秦国) de l'époque des «Royaume Combattants» ( 403 – 222 av. J. -C. )

曖 ( 靉 ) [曖靆] 〈 litt. 〉 ( soleil ) voilé, ( ciel ) très couvert

屄 〈 litt. 〉①vigoureu-x, -se *a*, énergique *a*, plein ( -e ) de vigueur; ②

⇨ = 傲 *

2）Outre la référence au *Dictionnaire du chinois contemporain*, le DCFC in-
clura également des mots nouveaux et de nouvelles acceptions. Ces dernières
années, une dizaine de dictionnaires de nouveaux mots et expressions①ont été
publiés en Chine, ils nous serviront de référence pour sélectionner les
entrées. Par exemple, dans la lettre A, nous adopterons comme entrées les nou-
veaux mots et expressions suivants：

碍航 gêner la navigation；une entrave à la navigation
暗贴 allocation *f* dissimulée, subvention *f* indirecte
奥斯卡金像奖 Les Oscars *m*

3）Le DCFC prendra également en compte des expressions idiomatiques et
populaires. Prenons toujours la lettre A comme exemple, nous adopterons les
mots et expressions tels que

安钉子〈fam.〉①dresser un obstacle à, faire（ou mettre）obstacle à,
mettre une entrave à ②placer ses hommes de confiance ou installer des
siens（dans le camp de son adversaire）
熬心血〈fam.〉se donner beaucoup de peine（pour faire qch.）；se
décarcasser *v. pr*

4）Le DCFC incorpora aussi des abréviations. Par exemple：

阿盟〈abrév.〉pour 阿拉伯国家联盟：LEA, soit Ligue *f* des États ar-
abes（Ligue arabe）
阿联酋〈abrév.〉pour 阿拉伯联合酋长国：EAU, soit Emirats *m. pl*

① Par exemple：*Chinese Neologism Dictionary*（Min Jiaji, Shanghai Lexicography Press, 1987）；
*Dictionary of New Words and Expressions*（Li Xingjian, Language Press, 1993）；*Contemporary Chinese Dic-
tionary of New Words and Expressions*（Yu genyuan, China Youth Publishing House, 1994）, etc.

Arabes Unis

安理会〈abrév.〉pour 安全理事会：CS, soit Conseil *m* de Sécurité
(1'ONU)

爱卫会〈abrév.〉pour 爱国卫生运动委员会：Comité *m* du mouve-
ment patriotique pour l'hygiène publique

5) Le DCFC recueillera aussi des termes scientifiques et techniques cou-
rants, en particulier ceux qui sont largement utilisés ces dernières années. Par
exemple, pour l'item"癌"(cancer), le *Dictionnaire chinois-français* a adopté 4
entrées (癌变, 癌扩散, 癌性, 癌症), le *Nouveau Dictionnaire pratique chi-
nois-français*, 3 entrées (癌扩散, 癌细胞, 癌症), le DCFC inclura quant à
lui 13 entrées. En plus de celles susmentionnées, voici les nouvelles：

癌体 corps *m* du cancer

癌兆 signe *m* précurseur du cancer

癌症学〖Méd.〗cancérologie *f*

癌基因〖Méd.〗oncogène *m*

癌〔症〕恐怖〖Méd.〗cancérophobie *f*

癌前期 stade *m* précancéreux

癌切除〔术〕〖Méd.〗carcinomectomie *f*

癌转移〖Méd.〗métastase *f* cancéreuse

Cette liste ne comprend pas les exemples lexicaux. Par exemple sous l'entrée
"癌性"(cancéreux), nous donnerons trois expressions supplémentaires：～肿瘤
tumeur cancéreuse,～息肉 polype cancéreux,～硬化 sclérose cancéreuse.

En revanche, nous ne choisirons pas comme entrée des expressions telles
que"癌细胞之转移与再发"(métastase et réapparition cancéreuse)(dans le
*Grand Ricci*),"癌膜功能团理论"(membron theory of cancer)(dans le *Chi-
nese-English Dictionary* de WU Guanghua), parce qu'elles ne peuvent pas être
considérées comme expressions figées ou toutes faites.

6) Le DCFC fera entrer dans sa nomenclature des termes et expressions
courants de Taiwan, Hong Kong, Macao et de la communauté chinoise d'outre-

mer. Par exemple:

拗性〈dial.〉caractère *m* rétif, nature *f* récalcitrante

的士〈dial.〉taxi *m*

埋单 〈 dial. 〉 payer l'addition ▷ 小姐，请 ～！ Mademoiselle, l'addition, s'il vous plaît.

管道〈dial.〉voie *f* , canal *m* ▷通过外交～ par voie diplomatique

En partant du Dictionnaire du chinois contemporain qui fait autorité, et en complétant avec des mots et expressions nouveaux utilisés dans les communautés chinoises, le DCFC offrira ainsi un panorama relativement complet du la langue chinoise contemporaine.

B. Le DCFC a la vocation d'être un dictionnaire pratique, ciblé sur les besoins des lecteurs, tant sinophones que francophones

1) Dans le traitement des entrées, nous nous efforcerons de faire ressortir les spécificités du contexte linguistique chinois.

a) Nous déterminerons les entrées selon les habitudes linguistiques chinoises pour faciliter l'usage des lecteurs, à savoir enregistrer uniquement des mots et expressions figés et écarter les expressions libres.

Cette approche, qui peut sembler évidente, n'a pourtant pas été adoptée par tous les dictionnaires existants. On retrouve souvent dans les entrées des mots et expressions toutes faites au cote d'expressions libres. Par exemple, le *Chinese-English Dictionary* (1997: Beijing, Foreign Language Teaching and Research Press) enregistre trois entrees sous le l'item "爱":

爱沙尼亚 Estonia

爱沙尼亚人 Estonian

爱沙尼亚语 Estonian (language)

Ces entrées sont visiblement choisies selon les traductions chinoises de mots anglais, car selon les habitudes linguistiques chinoises, ces mots s'apparentent à des expressions libres, "爱沙尼亚" = Estonie, on y ajoute ensuite " －人" et

" - 语" pour désigner les habitants et la langue de ce pays. Dans le DCFC, ces expressions seront traitées dans une entrée unique :

爱沙尼亚 Estonie *f. pr* ◆～人 Estonien, -ne *n* ◆～语 estonien *m*

Les trois entrées seront ainsi intégrées dans un seul article, fournissant le même degré d'information. Une telle disposition correspondrait mieux aux habitudes des locuteurs chinois natifs qui prennent généralement les expressions toutes faites ou figées (et non les expressions libres) comme index de consultation, en l'occurrence 爱沙尼亚.

Un autre exemple dans le même dictionnaire cité ci-dessus, l'item "歌" présente les quatre entrées suivantes :

歌舞 song and dance
歌舞伎 kabuki
歌舞剧 song and dance drama
歌舞团 song and dance ensemble (or troupe)

Le DCFC les regroupera en un seul article :

歌舞 chant *m* et danse *f*; chanter et danser *v.i*, *v.t* ◆～团 troupe de chant et de danse ◆～剧 opéra-ballet *m*, comédie *f* musicale ◆～伎 kabuki *m*

Toutefois, le DCFC ne procèdera pas au regroupement sans distinction. Prenons encore un autre exemple. Dans le meme dictionnaire, l'item"安" présente les trois entrées suivantes :

安哥拉 Angola
安哥拉人 Angolan
安哥拉兔 Angora rabbit

Ces trois entrées sont incorporées dans un seul article dans le *Chinese-English Dictionary* de Wu Guanghua (1997 : Shanghai, Shanghai University of Communications) :

安哥拉 Angola ◆ ～人 Angolan ; ～兔 Angora rabbit ; ～兔毛 angora

La dernière disposition est évidemment beaucoup plus concise que la première. Toutefois, cet arrangement ne reflète pas la réalité de la langue chinoise : les deux expressions "安哥拉" sont en fait homophones. Dans le futur DCFC, "安哥拉" sera traité comme suit :

安哥拉[1] Angola *m. pr* ◆ ～人 Angolais, -e *n*
安哥拉[2] angora ( ancien nom d'Ankara, devenu nom commun ) *m.* ◆～
兔 angora *m* ou lapin ( -e ) *n* angora ◆～ 猫 angora *m* ou chat *m* angora ◆～
呢 angora *m* ou laine *f* angora

b ) Au niveau des entrées, nous inclurons également les informations relevant des spécificités du chinois qui seront particulièrement utiles aux lecteurs francophones :

i ) Les différentes manières d'écrire un même caractère seront fournies ;

ii ) Les caractères chinois qui peuvent être employés comme mot autonome ( ce qui est d'ailleurs le cas de la majeure partie des caractères ) ne seront assortis d'aucune indication particulière. Les caractères utilisés uniquement en morphèmes seront signales avec des marques telles que ⟨ morph. ⟩, ⟨ aff. ⟩, ⟨ syll. ⟩, etc.

iii ) Les quantificateurs ( ou les spécificatifs ) employés avec le substantif ou le verbe seront précises. Nous marquerons les quantificateurs que demandent les noms ou les verbes courants respectivement avec les signes "Q. " et "QV. ". Par exemple :

暗探 ①( Q. 个、名 ) détective *m*…
安排 ( QV. 下、次、回 ) ①arranger *v.t*, disposer *v.t*, ranger *v.t*, organ-

*iser v.t*

À l'heure actuelle, rares sont les dictionnaires chinois-français qui tiennent compte des quantificateurs, encore moins dans le cas de verbes. Le DCFC comblera cette lacune.

ⅳ) Les altérations phonétiques ou morphologiques propres à la langue chinoise seront également fournies. Par exemple, sous l'entrée "啊", nous envisageons un petit tableau comme suit :

☞ Ⓒ L'enclise entraine souvent les altérations phoniques suivantes :

| mot précédent fini par | altération phoniques | écritures | exemples |
|---|---|---|---|
| a, e, i, o, u | a →ia | 啊 ou 呀 | 你呀（啊） |
| u, ao, ou | a →ua | 啊 ou 哇 | 好哇（啊） |
| -n | a →na | 啊 ou 哪 | 难哪（啊） |
| -ng | a →nga | 啊 | 听啊 |

ⅴ) Le DCFC indiquera les usages "souples" du chinois, caractéristique de la langue moderne et contemporaine, en particulier pour le bénéfice des francophones. En effet, parmi certains mots chinois composés de plusieurs caractères, on peut selon les cas détacher les caractères（pour insérer une unité de sens）, répéter certains caractères（pour renforcer le ton ou atténuer le sens）voire inverser les caractères（pour former un autre mot ou un synonyme）.

•Le DCFC marquera les mots "détachables" d'un trait d'union " - " et fournira des exemples d'usage :

碍－事 ①gêner *v.t*, déranger *v.t*；être un inconvénient ▷他总怕～。 Il a toujours peur de gêner. /我不碍你的事吧?Je ne vous gêne pas?②encombrant, -e *a*, embarrassant, -e *a*, gênant, -e *a* ▷这箱子不重，但十分 ～。 Ce coffre n'est pas lourd, mais très encombrant. ③［employé surtout dans la négation］grave *a*, sérieu-x, -se *a*, important, -e *a* ▷这点伤不～。 Cette blessure n'est pas grave. /擦破点儿皮，不碍什么事。 Ce n'est qu'une petite égratignure, sans conséquence.

安－家 ①s'installer *v. pr* à demeure ▷在城里～ s'installer en ville/我先安好了家才能集中精神工作。Je ne pourrai me concentrer sur le travail qu'après m'être définitivement installé. /他把家安在农村了。Il a installé sa famille a la campagne ( ou dans les régions rurales ). ②fonder une famille, prendre femme ▷他已经到～年龄了。Il est d'âge à se marier. ◆～费 indemnité de réinstallation;frais *m. pl* destines à l'entretien de la famille ( ou à l'installation d'une famille)◆安家落户 *

•Le DCFC indiquera les caractères ( morphèmes)qui peuvent s'employer de façon répétée.

On y distingue trois cas：

　－ un morphème se répète, type AB—AAB ou ABB ( ex. 按脉→按按脉 ou 按一按脉, 甜蜜→甜蜜蜜 );

　－ les deux morphèmes se répètent, type AB—AABB ( ex. 安稳→安安稳稳 );

　－ le mot entier se répète, type AB—ABAB( ex. 安抚→安抚安抚).

On remarquera dans les exemples suivants l'utilisation du soulignement：le caractère doublement souligné est un élément qui peut être utilisé de façon répétée, comme 按脉 AB—AAB, 安稳 AB—AABB, tandis qu'un mot souligne une fois accompagnée d'un "—" signifie que le mot entier peut se répéter, ex, 安抚 AB—ABAB：

按脉①tâter le pouls, prendre le pouls ▷医生给我～。Le médecin me tâte le pouls. /我给你按脉吧, 好吗？Je vais prendre votre pouls, d'accord?②palpation *f* du pouls ⇨诊脉 *

安稳①stable *a*, paisible *a*, solide *a*, ferme *a*, sûr, -e *a* ▷～的睡眠 sommeil paisible/安稳的生活 vie paisible ②paisiblement *adv*, tranquillement *adv*, sûrement *adv* ▷睡得安稳 dormir tranquillement/船行～。Le bateau s'avance doucement. ③[ en parlant surtout des enfants ] sage *a*, posé, -e *a*, serieu-x, -se *a* ④stabilité *f*, quiétude *f*

安抚①soulager *v.t*, consoler *v.t*, réconforter *v.t* ▷～伤员 consoler des blessés/～人心 rassurer la population/对他的一家要好好～～。Il faut apporter un grand réconfort à sa famille. ②pacifier *v.t*, apaiser *v.t* ③pacification *f*, apaisement *m* ▷实行～政策 appliquer une politique de pacification.

• Le DCFC marquera les mots-entrées dont les deux morphèmes (caractères) peuvent être inversés (AB—BA).

Ce phénomène linguistique, spécifique à la langue chinoise, apporte des difficultés surtout aux apprenants non natifs. Même si le DCFC ne peut traiter ce problème en détail, nous pensons qu'une indication simple serait utile aux lecteurs francophones. Dans les exemples suivants, le signe "～" indique que les deux morphèmes sont interchangeables, le mot ainsi inversé garde le même sens (AB = BA); le signe "≈", les deux morphèmes peuvent être inversés dans certains cas, le mot inversé garde un sens proche; le signe "≠", le mot inversé a un sens complètement différent:

熬煎(～煎熬*)①tourmenter *v.t*, torturer *v.t*; faire souffrir affreusement ▷慢性病～(煎熬*)着他。Une maladie chronique le fait beaucoup souffrir/他曾受饥饿的～(煎熬*)。Il a été torturé par la faim. ②souffrance *f*, torture *f* ▷他受尽～(煎熬*)Il avait enduré des souffrances de toutes sortes.

爱情(≈情爱*)amour(entre homme et femme) *m*, affection *f* ▷专一的～ amour fidèle(ou constant)/～不专 être inconstant(-e)ou instable dans l'amour/对某人产生～ concevoir(ou avoir)de l'amour pour qn, tomber amoureux de qn/～故事 histoire d'amour/青年人不能没有～(情爱*)。Les jeunes ne peuvent se passer de l'amour.

鞍马(≠马鞍*)①cheval *m* d'arçons ②(sport)cheval-arçons *m. inv* ③selle *f* et cheval *m* [servant à indiquer la dureté d'un voyage ou d'une vie de combat] ◆～劳顿 être fatigué(-e)par un voyage ◆～生涯 vie *f* à cheval; vie *f* militaire c ) Le DCFC présentera également les synonymes des entrées à l'aide d'exemples concrets au lieu d'une énumération statique. Par exemple：

安顿 ①( QV. 下、番 ) installer *v.t*, arranger *v.t*, placer *v.t* ▷我把友人～（安排\*、安置\*）在新住所里。J'ai installé mon ami dans un nouveau logement. ／家具都～（安置\*、安排\*）在他卧房里了。Les meubles ont été mis dans sa chambre à coucher. ②s'installer *v. pr* ▷新婚夫妇刚在这房子里～下来。Les nouveaux mariés viennent de s'installer dans cette maison. ③paisible *a*, apaisé, -e *a* ▷吃过药，病人开始～（安稳\*）了。Ayant pris du medicament, le malade commence à s'apaiser. ／这年轻人挨了批评，～（安分\*）多了。Étant critiqué, ce jeune homme s'est assagi.

Parmi les dictionnaires chinois-français existants, rares sont ceux qui traitent les synonymes. Le DCFC fera le premier pas en les présentant dans un contexte réel, ce qui sera notamment utile pour les lecteurs francophones.

2 ) Dans la traduction, nous veillons à fournir des informations à caractere pédagogique, notamment des informations grammaticales pour répondre aux besoins des lecteurs, tant sinophones que francophones, souhaitant utiliser le dictionnaire pour apprendre ou se perfectionner dans leur langue respective.

a ) Dans la mesure du possible, nous tenterons de refléter les fonctions grammaticales des entrées en chinois en employant, dans nos traductions, des mots français ayant la même fonction grammaticale.

La question des aspects grammaticaux des mots chinois est très complexe et fait l'objet de polémiques parmi les spécialistes. Nous avons opté de ne pas marquer la fonction grammaticale des mots-entrées en chinois dans la mesure où les traductions françaises ont une fonction grammaticale équivalente, ce qui peut être utile en particulier pour les lecteurs francophones. Prenons l'exemple suivant：

Le mot "挨" a été marqué de ( 动 ) dans *Le Petit Dictionnaire chinois-français* ( 1990： Beijing, Éditions des connaissances ), c'cst-a-dire "挨" est défini comme verbe. Mais les différents usages de ce mot révèlent une situation plus complexe, voici comment compte traiter le DCFC：

挨[āi] ①appuyer（sur ou contre）*v.t*, s'appuyer（sur ou contre）*v. pr*, toucher *v.t*, toucher（à）*v.t. ind* ▷衣柜没挨着墙壁。L'armoire n'appuie pas contre le mur. ╱他的房子紧挨着我的房子。Sa maison touche la mienne. ②se pousser *v. pr*；presser *v.t*, serrer *v.i*, *v.t*, se serrer *v. pr* ▷孩子紧挨着妈妈。L'enfant se serrait contre sa mère. ③contigu, - ë（à）*a*, voisin, -e（de）*a*, proche（de）*a* ▷饭厅挨着客厅。La salle à manger est contiguë au salon. ④successivement *adv*, un à un *loc. adv*, l'un apres l'autre *loc. adv* ▷女教师挨个儿询问我们。L'institutrice nous a interrogés les uns après les autres. ⑤pres de *loc. prep*, auprès de *loc. prep* ▷他挨着火车站住。Il habite près de la gare. ⑥tour *m* ▷这次，挨到我了，对吧?Cette fois, c'est mon tour, n'est-ce pas?⇨另见 ái

b）Le DCFC fournira des informations grammaticales pour les traductions en français.

Actuellement, la plupart des dictionnaires chinois-français, même les gros dictionnaires（y compris le *Grand Ricci*）, ne précisent pas les fonctions grammaticales des traductions françaises. *Le Dictionnaire chinois-français* publié par The Commercial Press indique le genre masculin ou féminin des noms traduits en français, mais ne fournit aucun indice pour les verbes et autres mots. Nous pensons que des indications grammaticales de base peuvent s'avérer utiles pour les lecteurs chinois qui apprennent le français comme langue étrangère. Voici un exemple de l'approche du DCFC：

暗藏①dissimuler *v.t*, cacher *v.t* ▷～珠宝 dissimuler des bijoux╱～赃物 dissimuler des objets volés ou pillés╱～逃犯 cacher un prisonnier évadé（ou un criminel en fuite）②se cacher *v. pr*, se dissimuler *v. pr* ▷奸细～在我们内部。Un espion se dissimule au sein de notre camp. ③dissimulé, -e *a*, cache, -e *a* ▷～煽动分子 agent provocateur dissimulé（ou caché）

暗害 ①assassiner *v.t*, supprimer *v.t* en secret ⇨ ≈ 暗杀* ②nuire *v.t. ind* en cachette（à qn）, faire du mal（à qn）en secret ③assassinat *m*, meurtre *m* dissimulé c ) Le DCFC indiquera les registres de langue des traductions françaises.

Il existe souvent plusieurs traductions possibles pour un mot ou une expression. Lorsqu'on fait appel à un dictionnaire pour s'exprimer dans une langue étrangère, comme c'est le cas des lecteurs chinois, on rencontre souvent une difficulté majeure, celle d'ignorer le registre de langue d'un mot et par conséquent l'usage approprié qu'on peut en faire. Le DCFC compte suppléer à cette lacune. Nous tâcherons de donner une brève indication pragmatique à certaines traductions en francais. Par exemple :

暗探① ( Q. 个、名 ) détective *m*, ( *fam.* ) mouchard *m*, agent *m* secret, inspecteur *m* secret, indicat-eur, -rice *n* ②filer *v.t*, espionner *v.t* ; inspecter *v.t* en cachette, surveiller *v.t* en secret ▷～ 军机 espionner des secrets militaires

Ainsi, dans l'article de " 暗探 ", " mouchard " est marqué de ( *fam.* ), ce qui pourrait prévenir les lecteurs chinois d'un usage impropre.

d ) Les lecteurs tant sinophones que francophones apprécieront sans doute le traitement des expressions chinoises par le DCFC, notamment les expressions idiomatiques en 4 caractères ( cheng yu ). Celles-ci, largementutilisées par les Chinois, peuvent constituer de véritables "bêtes noires" pour la compréhension des étrangers et pour la recherche de traduction ou d'équivalence. Ces expressions seront d'abord traduites au mot-à-mot, ensuite expliquées en français, enfin l'équivalent en français sera donné s'il en existe un, ce dernier sera accompagné eventuellement d'exemples concrets d'utilisation. Par exemple :

哀莫大于心死〈prov. 〉Rien n'est plus triste qu'un cœur meurtri. / Pas de plus grande douleur que le désespoir. / Rien ne peut être pire que l'indifférence.

安步当车〈loc. 〉Les marches paisibles remplacent une voiture. | aller paisiblement à pied en guise de voiture ; marcher d'un pas tranquille au lieu de prendre la voiture ; se contenter de vivre selon sa condition

按兵不动〈loc. 〉①retenir les troupes pour attendre le moment propice au combat；retenir les troupes en attendant l'occasion favorable avant de les engager dans l'action；se garder pour un combat à sa mesure；②〈p. ext. 〉se tenir dans la réserve；n'attendre que le moment propice pour intervenir；rester dans l'expectative ▷大家都动起来了，你怎么还～？Tout le monde s'est mis en action，pourquoi restez-vous la sans rien faire？

Pour faciliter l'usage des lecteurs chinois，nous veillerons à utiliser principalement le vocabulaire du *Dictionnaire du français contemporain*，*Le Petit Larousse* et *Le Petit Robert* pour la traduction des entrées ou des exemples sauf quelques rares exceptions pour des termes scientifiques，techniques ou typiquement chinois.

## 4. Conclusion

Nous n'avons pas l'intention de détailler dans cette communication l'ensemble du plan de rédaction du DCFC，ni de reprendre les caractéristiques bien connues des dictionnaires existants. La conception nouvelle du DCFC tient surtout dans son caractère contemporain，visant à refléter pleinement la langue chinoise d'aujourd'hui dans toutes ses dimensions. Elle tient également dans son orientation pratique，intégrant les besoins des sinophones et des francophones，avec à tout moment le souci de faire du dictionnaire bilingue un outil d'apprentissage et de perfectionnement，dans les deux langues.

À ce titre，nous pensons que les deux approches— "sinophone" et "francophone"—ne sont pas forcément indifférentes ou contradictoires，mais peuvent être complémentaires dans une large mesure. Par exemple，même si les cas concrets d'"usage souple" du chinois sont surtout destinés aux francophones pour faciliter leur compréhension，ils peuvent contribuer à sensibiliser les sinophones à ce type de phénomènes linguistiques. Quant à la traduction des expressions idiomatiques chinoises à differents niveaux，elle permettrait aux francophones de remonter au sens original，tout en apportant différentes options de traduction，allant d'un sens litteral vers une expression authentiquement idiomatique en français, pour le bénéfice des lecteurs tant francophones que sinophones.

Dans ma réflexion au démarrage de notre projet, je pensais couvrir un public aussi large que possible pour tenir compte des contraintes imposées par le marché. Au fur et à mesure que notre projet avance, il s'est avéré que notre dictionnaire prenait de plus en plus une orientation pédagogique, tournée vers les besoins d'apprentissage des lecteurs dans les deux langues. L'interaction entre la réflexion théorique et la pratique est certes un sujet intéressant que je reprendrai sans doute dans ma recherche ultérieure en lexicographie.

## Références

Huang J H. *On dictionary*. Shanghai: Shanghai Lexicography Press, 1987.
Huang J H & Chen C X. *Introduction to Bilingual Lexicography*. Beijing: The Commercial Press, 1997.

[原载 Szende, Th. (ed). *Le Français dans les dictionnaires bilingues*. Paris: H. Champion, 2006, pp. 500 – 514]

# 对修订《汉法大词典》的期许

## 引　言

我主编的《汉法大词典》（以下简称《汉法大》）经过 16 载的"孕育"，终于在 2014 年末面世了，有好心的同仁建议我写点什么或推荐别人写点什么向社会介绍一下。推荐他人执笔？我婉拒了，因为这无异于请友人给自己"评功摆好"，我拉不下这张薄脸，更不想为难人家。自己动笔？我犹豫了一下，答应下来了。毕竟编纂的始末情况、内中的细节，本人最清楚。我就在行文中稍做交代好了。

有句俗话说："孩子是自己的好。"如果我不嫌重复《汉法大》中"前言"的内容，把《汉法大》的"主要特色或创新之处"再铺陈一番，那就正应和了刚说的那句话，显示出十足的"王婆卖瓜"。倒不如换个角度，谈谈这"孩子"因先天不足可能存在的缺陷，及考虑未来如何加以"培育"的设想。

## 一、用户视角

《汉法大》是独立研编的产物，事前我们就做了总体设计。最初写成题为《〈现代汉法大词典〉的编辑设想》的文章，先在《辞书研究》上发表，后收进《中国辞书学文集》（黄建华、章宜华，2000）中。我（2006）还把"设想"写成法文，以听听国际辞书界同行的意见。后来该文章还被译成韩文，在韩国发表。

然而，尽管我们在研编的设计中花了不少心思，但今天看来，离"交际词典学"（雍和明，2003）的"用户视角"的要求仍相去甚远。因为设计时，我们多凭编者的识见去推断用户的需求，缺乏客观周密的调查研究。如果有机会加以修订，这一课是应该补上的。既然定位是"以读者为本，立足本土、兼顾海外"（见《汉法大》的"前言"），那就起码要对如下四方面真实的用户需求有所了解。

（1）法语专业的教师对《汉法大》作为教学的辅助工具有何期待？

（2）法语专业学生亟须作为"无声老师"的《汉法大》解答何种问题？

（3）法语工作者、译员期望《汉法大》提供哪类信息才更有助于他们提高译述和/或法语写作的能力？

（4）法语为其第一语言（L1）的汉语学习者，需要《汉法大》对中文的字、词、语进行怎样的交代和辨析？

上述问题是简要提示性的，实际设置问卷调查时，不消说要大大加以细化。

现在《汉法大》已出版一段时间，我们正好利用它作为"引玉之砖"，召开不同对象座谈会，收集各有关方面反馈意见，把原先设计的"用户视角"的缺陷尽可能弥补过来。

## 二、编纂方与出版方的合作

《汉法大》是外语教学与研究出版社约编的，纳入其系列大型双语语文工具书项目。由于出版社充分介入，延请了各学科的专家进行复核、审定，《汉法大》中科技词语、学科术语的收录平衡和译文准确性获得较好的保障。至于汉字字形的审订、词形的核查、法译文的审订，出版社都花了大力气。更不用说社方强大的数字化技术支撑了。一句话，《汉法大》的顺利推出是编纂方与出版方紧密联系、通力合作的结果。忝为主编的我，谨借本文向外研社的同仁表示由衷的感谢！

不过，《汉法大》被列为国家辞书编纂出版规划重大项目，并非一开始就这样定下来的，而是大体工作过半以后的事情。早期双方的联系较为松散，彼此的意见交换也不大充分。收词的原则、义项设定的依据等都没有明确定出彼此应遵循的准绳。十余年过去，当时的许多细节已记不清楚，就拿一个小小的例子做点说明吧。

他妈的〈injur.〉Nom de Dieu! Bon sang! Merde! Putain! Crotte!

这个为人所熟知的被戏称为"国骂"的词目，当时我们收了，并提供了简短的法文翻译。后付印时，出版社却把这个词目删去了。可见彼此心目中的准则并不一致。现在我们不妨讨论一下这个词目该不该收。我想，如果是学生词典，或服务对象只限于国人，则大可以不予收录。可是《汉法大》既然称"大"，而其服务对象又包括外籍人士和本国的译者，他们遇到这三个极其浅显而又无法望文生义的字眼，请问，汉语非其母语的用户往哪里求解？要写出法语译文的用户又向何处借鉴？其实，这类"脏词"的处理问题，早有辞书论者发表意见。请看一段话："检索北京大学汉语语言学中心现代汉语语料库可以发现，'他妈的'有 1358 条，这一数值明显高于《商务馆学汉语》中所收录的一些语言单位，比如'好样儿的'（39 条）、'马铃薯'（549 条）、'黑黝黝'（237 条）、'胡椒粉'（33 条）、'内向型'（71 条）等等的使用频数。"作者的结论是："我们认为，'语言美'是一种语言使用要求，但不应该是词典收词的标准。"（于屏方、杜家利，2010）

上述的小例子并不意味着《汉法大》的编纂方与出版方之间有什么嫌隙；相反，我们自始至终都合作愉快。不过，双方分处南北两地，今后加强沟通，争取最终的一致，仍有必要。《汉法大》如果有大修订的机会，尽量消除可能"掩瑜"的瑕疵，乃是我们共同努力的方向。

## 三、语料库的利用

自从计算词典学（章宜华，2004，2013）确立以来，鲜有词典编纂者完全不利用语料库。《汉法大》的"前言"也交代"以十几个汉语语料库为基础筛选条目"。不过，编纂双语词典是更应该借助所涉双语的平行语料库的。就《汉法大》而言，尤应依傍汉法平行语料库。遗憾的是，至目前为止，尚未见到这种语料库。在《汉法大》编纂初期，广东外语外贸大学词典学研究中心曾致力于建造这样的语料库。该库初成，界面美观，提取方便。可惜未具规模，便停了下来。其时《汉法大》的编纂人员尚且短缺，哪还有余力去投入大规模的语料库建设？语料量过小，自然发挥不了它应有的作用。

因此，总体而言，《汉法大》仍属于传统型的，所谓的"创新"，其实很有限。我们面临新技术，本应触手可及，但由于主客观条件所限，只好"望洋兴叹"。倘若《汉法大》将来真的要全面修订，我倒建议有关方面做出长远规划，投资基础建设。《汉法大》编纂时未做到语料先行，是个缺憾。如果"亡羊补牢"能落到实处，还是可望保持其生命力的。

## 四、词类标注问题

辞书论者早就指出词典中对词目标注词类的重要性（徐玉敏，2006；魏向清，2006）。自从《现代汉语词典》（以下简称《现汉》）与《现代汉语规范词典》（以下简称《规范》）都做了词类标注之后，汉外型的词典就有了权威的蓝本，可供参照。似乎标注词类已不成问题。可是《汉法大》除了对汉语虚词和修辞色彩有所标注之外，其他一律不标，那又是为什么呢？其实我们开始编纂时做过尝试，却碰到了克服不了的困难，只好暂且知难而退。且举一个简单的词目作为例子。

"今后"，《现汉》和《规范》均标作 名，可是法文的释义，无论如何都不能以名词译之。词目的翻译理应追求意义等值，若源语与译语连所属词类都无法一致，意义等值从何谈起？在《汉法大》中我们只好这样处理：

> 今后　désormais *adv*，dorénavant *adv*，à l'avenir *loc. adv* ▷～你要谨慎些。Soyez désormais plus prudent.　‖ ～我要加倍努力学习。Dorénavant, je dois redoubler d'efforts dans mes études.　‖ ～逢星期五下午开会。Al'avenir les séances auront lieu le vendredi après-midi.　‖（下略）

我们对"今后"的法语译词加了词类标注：adv，adv，loc. adv。也就是说，我们是把"今后"作为副词来看待的。要是我们按《现汉》或《规范》给"今后"标上了 名，倒挺省事的，可编者岂不是自打嘴巴，叫读者何所适从？这样的标注，又有何意义？再举一个例子：

> 免费　dispenser ( qn ) des frais；gratuit ( e )，*a*；gratuitement *adv*，gracieusement *adv*，gratis *adv*，à titre gratuit *loc. adv* ▷～入场 entrée gratuite，entrée libre ‖ ～教育 enseignement gratuit ‖ ～学校 école gratuite ‖ ～门诊 consultations gratuites ‖ ～随带行李 bagages en franchise

‖～为病人看病 traiter les malades gratis，soigner les malades gratuite-
ment

《现汉》和初版的《规范》中"免费"都标 动 ①。我们尊重上述两
部词典的定类，以动词短语 dispenser（qn）des frais 译之。但考察该词实
际应用的语句，能以法语动词翻译的少之又少，因而不得不提供形容词性
或副词性法语译义。否则，读者运用起来就十分困难。之所以产生这样的
扞格，汉语词典的词类标注仍有待改进是一个原因。但主要原因在于，
《汉法大》面向的是国内外的双语读者而非单纯的源语（即汉语）读者。
西方学者早就指出，由于考虑双语读者，常常会带来词义辨析的精细化。
（Pruvost，2006）这样一来，词类的认定就大有可以斟酌的余地。当然，
词类的确定，可以靠丰富的语料自行确定，不必依赖什么蓝本。这从理论
上说很轻松，但在实际工作中，《汉法大》编者的时间和精力都不允许这
样做，最终只好望而却步。

将来若是大修订的话，我是赞成标上词类的。除了参考权威的汉语词
典和借鉴近期出版的汉语或汉外学习词典之外，还得凭语料进行认真的考
察，务必把词目所属词类与译义相左的情况减至最低限度。否则，宁可不
标。当然，词例的翻译是另一回事，我早已有文章论及（黄建华，
1998），这里略去不赘。

## 五、收词和收语

大型汉外词典收词量往往都十分充足，而"收语量"（除成语外的现
成语句收录）则相对贫乏。《汉法大》也不例外。这不利于本国读者掌握
现成语句的译法，也不便于非本族语读者了解汉语言文化的精华。传统上
称为"词典"的，一般都含字、含语，而以词为主，常常忽略语的地位，
我们多少也意识到其中的缺憾。但其时交稿在即，已来不及采取弥补措
施。今后如何处理？我想无非是两个办法：一是精选一些有言外之意的常
用现成语句（尤其是谚语），提供可靠的法译，予以补充。这是再版时可

---

① 《规范》第 3 版给"免费"多设一个义项，标 名 。

做的工作。二是另起炉灶，编本《汉法语典》（暂拟名），给《汉法大》添个"小妹妹"，将来与之形成姐妹篇。

无论是哪种办法，都是想还"语"以应有的地位。我早就注意到"语词分立"或"字典、词典、语典三分"之说（温端政，2002，2014），尽管也有质疑之声（刘静静 2011），但我是赞成前说的。后喜见温端政先生（2014）主编的《新华语典》问世，更坚定了我关于在汉外词典中系统收录必要语句的信念。而不能像过去那样，虽非完全不录，但只聊备一格，缺乏周密的安排。

我这样说，并非意味着《汉法大》极少"收语"，我们更多的是体现在词例中而已。例如"面子"一词，《新华语典》收了"爱面子""丢面子"两个惯用语，分别立条。有些汉外词典也这样处理。而我们则把"爱面子""丢面子"视为词例，放在"面子"条下。又如"拿着鸡毛当令箭"，《新华语典》单独立条，我们则放在"令箭"条下，以符号"◆"标示。不妨这样说，我们的安排是以词带语的。这里不去讨论哪种安排方式更佳，但有一点倒是肯定的：遇到好些语句一时真不知道该放在哪个词目之下。如"不怕一万，就怕万一""吃一次亏，学一次乖""来得早不如来得巧"等，就是这种情况。由于缺乏明确的"语"的观念，这类常用语就很容易被忽略。但对于一部大型的汉外词典来说，这种疏忽，无论如何是说不过去的。笔者提出将来要予以补救，原因就在于此。

## 六、"行之维艰"

《汉法大》的设计特色之一是将条目视作一个相互关联的整体，通过"静态呼应"与"动态交代"，把按音序排列相距甚远的词语联系起来。

"静态呼应"（在词条的末端处呼应）的，例如：

霸王鞭 ①（略）… ②danse *f* folklorique du bâton coloré ● = 花棍舞，打连厢

金针菜 （plante et fleur）hémérocalle *m* jaune ● = 黄花②、黄花菜

干租 louer *v.t* sans équipage；location *f* sans équipage ● ←湿租

固定资产 biens *m. pl* immobilisés, actif *m* immobilisé ●←流动资产

将信将疑　mi-convaincu, mi-septique；n'être qu'à moitié convain-cu；balancer entre la conviction et le doute；croire（à qch）avec réserve ● ≈ 半信半疑

倒果为因　inverser effet et cause；prendre l'effet pour la cause ● ← 倒因为果[*]

"动态交代"（在词例中交代可置换词）的，例如：

安顿　āndùn ①installer *v.t*，arranger *v.t*，placer *v.t* ▷我把友人～（安排[*]、安置[*]）在新住所里。J'ai installé mon ami dans un nouveau logement. ‖ 家具都～（安置[*]、安排[*]）在他卧房里了。Les meubles ont été mis dans sa chambre à coucher. ②s'installer *v. pr* ▷新婚夫妇刚在他的房子里～下来。Les nouveaux mariés viennent de s'installer dans sa maison. ③paisible *a*，apaisé（e）*a* ▷吃过药，病人开始～（安稳[*]）了。Après avoir pris du médicament, le malade commence à s'apaiser.

不难看出，我们是在借鉴认知词典学理论的基础上，通过自己的设计，力图"帮助词典使用者构建一个心理词汇的语义网络"（见《汉法大》的"前言"）。

理论上的认识，可以说是"心中有数"，但实践起来，却困难重重。写几篇文章，就三五个词语，展示其"语义关联"或"语义网络"也许还能勉强应付。但面对浩瀚的词语海洋，目前我们还缺乏专门反映同义、反义、近义等词语关联的大型语料库这种可驾驭的"泅渡工具"。要穷尽交代各词目间的关联，谈何容易！因此，《汉法大》这方面的设计，只能是尝试性的，有待今后不断补充、订正、完善。

在选配词例方面，也遇到类似的困难。在汉法词典的类别当中，至目前为止，《汉法大》所提供的词例可以说是最多的。在编纂过程中，编者不断跟踪辞书专家们关于设例的高论，我们还拟借鉴英语学习型词典词例的选取办法（徐海，2009；徐海，等，2012）进行操作。可是，还未全面开展，即已"卡壳"。由于缺乏可用的汉法平行语料库，如果所有例证都靠从汉语语料库提取，那么所采用的每一例都得译成法文，没有可供参照的现成法译，其工作量之大可想而知，而且译文的质量也难以保证。于

是我们只好容纳自撰例，对于某些含有明显文化信息的词目更是这样，例如：

龙 〔龍〕① 〔Q. 条〕dragon *m* ▷ 和中国人相反，西方人把龙看作是凶恶动物。A l'encontre des Chinois, les Occidentaux considèrent le dragon comme un animal malfaisant. ②（下略）

理论上追求彻底，实践上却无法贯彻始终。编者才体会"知之非艰，行之惟艰"这一名言的深意。我意识到，理论上的"成年"，未必能很快克服实践上的"童稚"，便不由发出这样的感叹："人类很多活动领域，往往知易行难，我想辞书编纂也是其中的一个。"（见《英语学习型词典研究》的"序言"）我热切希望，这个稚嫩的"孩子"，通过"培育""磨炼"，能迅速地成长起来。

## 余　论

*Dictionary of Lexicography*（《词典学词典》，Hartmann & James, 1998）专门收录"recension"（连续校订，修订）条，可见对词典修订的重视。中国的辞书论者也指出："词典的生命不仅在于初编时的基础，更在于对其不断地修订。修订工作是词典这个生命机体的新陈代谢过程，是维持词典生命的不可缺少的环节。"（李正栓，2003：271）本文正是从这个角度来谈《汉法大》可能面临大修订的问题。我想指出的只是今后努力的大方向，至于订正个别疏误的小修小补，自可在《汉法大》重印前随时为之。

临末，我还想表达两个愿望：第一，但愿《汉法大》能获得社会的基本认可，具备将来可加以修订的基础。第二，由于本人未必有精力和时间参与具体的后续工作，但愿我写下的意见对后来居上者能有些许的参考价值。

## 参考文献

1. 黄建华. 改进双语词典的翻译. 辞书研究，1998（2）.

2. 黄建华，章宜华. 现代汉法大词典的编辑设想. //中国辞书学会学术委员会编. 中国辞书学文集. 北京：外语教学与研究出版社，2000.

3. 李正栓. 词典的编写与修订. //商务印书馆辞书研究中心编. 辞书的修订与创新. 北京：商务印书馆，2003.

4. 刘静静. 也谈"语词分立". 辞书研究，2011（6）.

5. 魏向清. 从英、汉语词类划分及语法特征的差异看外向型汉英学习词典中词性标注的问题. //郑定欧，李禄兴，蔡永强编. 对外汉语学习词典学国际研讨会论文集（二）. 北京：中国社会科学出版社，2006.

6. 温端政. 论语词分立. 辞书研究，2002（6）.

7. 温端政. 论字典、词典、语典三分. //中国辞书学会辞典理论与辞书史专业委员会，安徽省辞书学会编. 中国辞书理论研究. 北京：语文出版社，2014.

8. 温端政主编. 新华语典. 北京：商务印书馆，2014.

9. 徐海. 英语学习型词典典型词例的选取. 北京：科学出版社，2009.

10. 徐海，源可乐，何家宁. 英语学习型词典研究. 北京：外语教学与研究出版社，2012.

11. 徐玉敏. 谈谈汉语学习词典的词类标注问题. //郑定欧，李禄兴，蔡永强编. 对外汉语学习词典学国际研讨会论文集（二）. 北京：中国社会科学出版社，2006.

12. 雍和明. 交际词典学. 上海：上海外语教育出版社，2003.

13. 于屏方，杜家利. 汉英学习词典对比研究. 北京：中国社会科学出版社，2010.

14. 章宜华. 计算词典学与新型词典. 上海：上海辞书出版社，2004.

15. 章宜华. 计算词典学. 上海：上海辞书出版社，2013.

16. Hartmann R R K, James G. *Dictionary of Lexicography*. London and New York：Routlege，1998.

17. Huang J H. Nouvelle conception d'un dictionnaire chinois-français contemporain. *Le français dans les dictionnaires bilingues*. Paris：Honoré Campion

Edieur，2006.

18. Pruvost J. Avant-propos de Le français dans les dictionnaires bilingues. *Le français dans les dictionnaires bilingues*. Paris：Honoré Campion Edieur，2006.

（原载《辞书研究》2016 年第 5 期）

# Reflections on the Making of the *Grand dictionnaire chinois-français contemporain*①

## 1. Introduction

The project of the *Grand dictionnaire chinois-français contemporain* ( GD-CFC), which lasted 16 years②, was finally completed in October 2014. With the cover-age of more than 100000 entries and over 100000 illustrative examples, GDCFC is regarded as one of the largest Chinese-French dictionaries ever made. Since its publication, this dictionary has won public acclaim③. In this article, we discuss how GDCFC was designed and compiled to meet the needs of both Chinese-speaking learners of French and French-speaking learners of Chinese.

According to the theoretical principles of lexicography, a dictionary is supposed to be of a specific type, and responds to the needs of certain users in certain tasks, for example, the needs of reception, production or translation by L1/L2 speakers ( Atkins and Rundell, 2008: 40 – 43; Svensén, 2009: 14 – 18; Ad-amska-Salaciak, 2013: 216). In fact, different types of monolingual Chinese dictionaries as well as bilingual English ones have been published in China. However, as far as the language pair of Chinese and French is concerned, the number of L2 Chinese learners in French-speaking countries and L2 French learners in China is quite small, and the resources ( including dictionaries availa-

---

① A few of the ideas of this article were presented at the 11th International Conference of the Asian Association for Lexicography ( ASIALEX), hosted by the Guangdong University of Foreign Studies in Guangzhou, Guangdong Province, China, 10 – 12 June 2017.

② It took such a long time to complete it, because a number of professors of French, who had been involved in the making of this dictionary, were dropped from the editorial team due to other commitments, and this project almost came to a halt when the editor-in-chief was diagnosed with cancer in 2008.

③ For instance, in 2018, this dictionary won the "Chinese Government Award for Publishing" — the highest-level award in the Chinese publishing industry.

ble) ①for this language pair are quite limited. Therefore, from the start of the dictionary project, GDCFC was designed to be a versatile bilingual dictionary with "a fusion of reception-oriented and production-oriented information" ( Hannay, 2003: 149). Just as Szende ( 2006: 20) claimed when it was still in preparation, this Chinese-French dictionary "vise à refléter la langue chinoise d'aujourd'hui dans toutes ses dimensions, intègre les besoins des deux publics et apporte différentes options de traduction, allant du sens littéral vers une expression authentique-ment idiomatique". ②

## 2. Features designed for the main user group

Since GDCFC was published in China, it is natural that priority was given to the needs of Chinese users, specifically those of adult learners of French and professional translators. Potential user situations include production in the foreign language ( i. e. French) and translation into the foreign language ( i. e. French), in addition to users' cognitive needs for foreign-language ( i. e. French) learning ( Tarp, 2008). What this group of users need most is the availability of an extensive lemma list and rich information of French equivalents.

### 2. 1 Extensive lemma list

To list or not to list semi-fixed and free expressions in a dictionary is a thorny issue. On the one hand, because of their structure and meaning, those expressions do not gain the status of an independent headword. If the editorial team followed the principle of one Chinese-French dictionary and listed in the entries such expressions as "锅的容量" ( the volume of a wok), "艺术家的书籍"

① Apart from several pocket bilingual dictionaries, there are only 4 medium-sized Chinese-French dictionaries published before 2014: *Dictionnaire français de la langue chinoise*( 1976/1986/1994/1999), *Dictionnaire chinois-français*( 1990), *Nouveau dictionnaire pratique chinois-français* ( 1996), and *Grand dictionnaire Ricci de la langue chinoise*( 2001), and most of them have not been updated.

② This Chinese-French dictionary "aims to reflect today's Chinese language in all its dimensions, to integrate the needs of both Chinese and French speakers, and to show different translation options, ranging from a literal to an authentic idiomatic expression".

( books by an artist), and "婚姻有效性的障碍"( a barrier to the validity of marriage), the dictionary macrostructure would be redundant and devoid of rule ( Huang, 2014). On the other hand, for the purpose of production or translation, users may wish to have access to a rendering of those frequent semi-fixed and free Chinese expressions.

Based on their frequency of usage, GDCFC provides as many useful Chinese expressions as possible in an entry, for example,

【工业】gōngyè industrie *f* ▷ 化学～ industries chimiques ‖ 轻 (重)～industrie légère (lourde) ‖ ～设备 équipement industriel ‖ ～体系 système industriel ‖ ～城市 villes industrielles ‖ ～区 une zone industrielle ‖ ～产品 articles [ produits] industriels ‖ ～化学 chimie industrielle ‖ ～美术 art industriel ‖ ～技术 technique industrielle ‖ ～污染 pollution industrielle ‖ ～布局 répartition géographique des industries; répartition industrielle ‖ ～界 monde industriel; milieu industriel ‖ ～学 校 école des arts et métiers; école polytechnique

The article 【工业】 consists of 14 subentries. Such an arrangement helps to expand, in a compact way, the number of useful multiword expressions in the dictionary.

To meet the production needs of users, GDCFC also enters approximately 3000 new Chinese words or senses that occurred in recent years. Those neologisms have been strictly selected according to their frequency counts in Chinese language corpora as well as their established usages in some dictionaries of new words and phrases. For instance,

【房奴】fángnú accros *m. pl* au [ dépendants du, esclaves du] credit logement; individu ou ménage *m* surendetté [ écrasé par ses mensualités] de credit immobilier

【微信】wēixìn WeChat ( application de messagerie rapide pour téléphone mobile, "micro message")

【银色人才】yínsè réncái personne *f* de talent à la retraite qui continue à contribuer à la vie en société

Undoubtedly, it would be untenable to clutter a dictionary with some "fad" words which would soon become obsolete.

Nowadays, a general-purpose dictionary cannot ignore scientific and technical terms, especially those that are used in everyday life. GDCFC is notan exception, and lists approximately 10000 technical terms, for example,

> 【彩超】cǎichāo〔‹ abrév. › pour 彩色多普勒超声〕échographie *f* Doppler couleur
> 【磁浮列车】cífú-lièchē train *m* à lévitation magnétique
> 【云计算】yúnjìsuàn〚Inform.〛 Informatique *f* en nuage ( s ); infonuagique *f*; nuage *m* informatique; calcul *m* dématérialisé〔dans les nuages〕; informatique *f* virtuelle〔dématérialisée, dans le nuage〕; le cloud computing ( angl. )

GDCFC distinguishes itself from other dictionaries of the same type in that the selection of those entries has drawn on the expertise of a group of specialists from forty disciplines. It thus ensures the representativeness of those terms and the accuracy of their translations.

GDCFC also offers some colloquial expressions and slang, for example,

> 【倒贴】dàotiē ❶ subventionner *v.t* au lieu d'en gagner ❷ ‹ fam. › ( femme amoureuse) fournir de l'argent à son amant
> 【粉丝2】fěnsī ‹ fam. › fan *n*; admirat-eur( rice) *n*; groupie *f* ▷ 某歌星的～ les fans d'une chanteuse étoile

Some of the expressions are not even available in the authoritative *Contemporary Chinese Dictionary* ( CCD, 2012) and the *Normative Dictionary of Contemporary Chinese* ( NDCC, 2014). They are included, for they could satisfy the needs of users with different kinds of sociolects.

GDCFC embraces in its lemma list some frequent abbreviations as well. For example,

【东盟】Dōngméng [‹ abrév. › pour 东南亚国家联盟] Association de l'Asie du Sud-Est ( ANASE) ▷ ～ 国家 pays de l'ANASE

【妇代会】fùdàihuì [‹ abrév. › pour 妇女代表大会] Assemblée *f* des déléguées de femmes

【个唱】gèchàng [‹ abrév. › pour 个人演唱会] concert *m* donné par un seul chanteur [ une seule cantatrice] ; récital *m*

In brief, the reference needs of dictionary users can be largely satisfied by the complementary list of frequently-used semi-fixed/free Chinese expressions, neologisms, scientific/technical terms, colloquial expressions/slang, and common abbreviations.

## 2.2 Common French equivalents

In each article, GDCFC provides only common French equivalents to Chinese words or expressions, and carefully excludes rare or obsolete terms. In general, the vocabulary used in this dictionary does not exceed that in *Le Petit Larousse* ( 2013) or *Dictionnaire du français contemporain* ( 1980) , except a small number of scientific and technical terms ( cf. Cowie 1999; Xu 2012) .

Consider the entry 【傲然】. "Hautainement" is given as the first French equivalent in the *Dictionnaire chinois-français* ( 1990) and the *Nouveau Dictionnaire pratique chinois-français* ( 1996) . But today this term is no longer mentioned in the contemporary French dictionaries, neither in *Le Petit Larousse* nor in *Le Robert* ( 1996) . In its 1932-35 edition, the *Dictionnaire de l'Académie française* clearly indicates that the word "est peu usité"( is rarely used) . Obviously, an equivalent such as "hautainement" would mislead Chinese users rather than helping them to master French. GDCFC instead offers some more common equivalents to 【傲然】: fièrement *adv*; de manière hautaine [ imposante ] ; avec fierté.

## 2. 3　Useful grammatical information of French equivalents

Almost all existing Chinese-French general dictionaries, including *Dictionnaire Ricci chinois-français* (2014), do not offer grammatical information of French equivalents. Only the *Dictionnaire chinois-français* (1990) indicates the gender information (masculine or feminine) in the nouns of French translations, but it gives no clues for verbs and other word classes. In a dictionary targeting French native speakers, this information might be redundant. However, in a dictionary primarily for Chinese-speaking learners of French, the grammatical information is very useful and even indispensable. Therefore, GDCFC made an effort to explicate the grammatical functions of French translations. For in-stance,

【会面】huì//miàn se rencontrer *v. pr*; se voir *v. pr*; rencontrer *v.t*; avoir une entrevue (avec qn); rencontre *f*…

【远航】yuǎnháng naviguer *v.i* au long cours [sur un long parcours]; par-tir *v.i* en expédition; navigation *f* lointaine [hauturière, au long cours] …

【远客】yuǎnkè (Q. 个、位) hôte *m* (hôtesse *f*) [voyageu-r(se) *n*] qui vient de loin

【原初】yuánchū début *m*; au début *loc. adv*; à l'origine *loc. adv*; d'abord *loc. adv*

【原生】yuánshēng primordial (e) *a*; protogène *a*; primiti-f(ve) *a*; proto- *préf* ▷ ~ 矿物 minerais primitifs, minéral originel ◆~ 植物 protophyte *m*

The grammatical information of French equivalents, such as gender of nouns (*m/f*), transitivity of verbs (*v.i/v.t/v. pr*), and subcategories of adjectives (*a*) and adverbs (*loc. adv*), will help learners to produce grammatically correct French. Those syntactic codes might not appear user-friendly, but adult learners of French in China, the majority of users that this dictionary targets, are actually quite familiar with those codes as a result of their French grammar instruction at college.

## 2.4 Appropriate register of French equivalents

More often than not, there are several possible translations①of a word or phrase. While using a dictionary for production or translation, learners often ignore the register of an L2 word, and hence fail to use it appropriately. GDCFC fills this gap by briefly indicating the register of some French equivalents. For example,

【妓院】jìyuàn（Q. 家、座）maison *f* de prostitution; maison *f* close; maison *f* publique; bordel *m*（fam.）● ≈娼家

【淫欲】yínyù lubricité *f*; désir *m* impur［impudique, sexuel］; concupiscence *f*（litt.）▷ 饱暖思～Bien nourri et habillé, on commence à désirer la lubricité.

【怨恨】yuànhèn ❶ en vouloir à *loc. v*; garder rancune à *loc. v*; haïr *v.t*; abhorrer *v.t*（litt.）❷ ressentiment *m*, rancune *f*, rancœur *f*, haine *f*, animosité *f* ▷ 充满～être plein de haine

【带头】dài//tóu prendre la tête de; donner l'exemple; prendre l'initiative de; mener la danse（péj.）▷ 他～跳进水里。Il fut le premier à se jeter à l'eau. ‖ ～作用 rôle de promoteur; exemple d'un pionnier; influence exercée par les initiateurs ◆～羊 sonnailler *m* de troupeau ‖ ～者 locomotive *f*（fig.）● ≈领头

In the above articles, the French equivalents "bordel" is marked with（fam.）, "concupiscence" and "abhorrer" with（litt.）, "mener la danse" with（pej.）, and "locomotive" with（fig.）. Those metalanguage labels help to prevent Chinese learners from using the French words inappropriately.

## 3. Features designed for the secondary user group

Due to a small number of L2 Chinese learners in French-speaking countries

---

① See Section 4.2 for further discussion of the equivalency issue.

and limited resources of the Chinese-French language pair, publishers are reluctant to produce a Chinese-French dictionary exclusively for this group of users. Hence, GDCFC targets L2 Chinese learners as well, though as a secondary intended user group. Their potential user situations embrace reception of the foreign language (i. e. Chinese) and translation from the foreign language (i. e. Chinese), in addition to their cognitive need for foreign-language (i. e. Chinese) learning (Tarp, 2008). This group of users may wish to obtain information on the usage of Chinese characters or words.

## 3. 1 Words in regional varieties of Chinese

In addition to *Putonghua* (Mandarin Chinese), L2 Chinese learners are likely to encounter some words and phrases that are mainly used in Taiwan, Hong Kong, Macau or the overseas Chinese communities. To help users understand their meanings, GDCFC offers some of the most common nomenclature, and marks them with ⟨ dial. ⟩. For example,

【三脚猫】 sānjiǎomāo ⟨ dial. ⟩ chat *m* à trois pattes (trad. litt. ); personne *f* qui n'a que des connaissances superficielles, personne *f* dénuée de compé tence

【烧刀子】 shāodāozi ⟨ dial. ⟩ eau-de-vie *f* forte

【失失慌慌】 shīshīhuānghuāng ⟨ dial. ⟩ ● ≈慌张

【手袜】 shǒuwà ⟨dial. ⟩ ● =手套

One might argue that the label ⟨ dial. ⟩ is not informative enough, and that it would be preferable to specify the regions by their name. However, as far as L2 Chinese learners are concerned, they would show more interest in the mean-ings of those words than their regional origin.

## 3. 2 Classifiers in Chinese

Classifiers (or quantifiers), which can be roughly divided into "sortal classifiers" and "measure words" (Ahrens and Huang, 2016), often challenge L2 Chinese learners. Why does one say "一匹马" (a horse) and "一头

牛" (a cow/bull) instead of*  "一头马" and*  "一匹牛"? It is difficult to deduce the usage of classifiers from a grammatical rule. Thus, L2 Chinese learners often wish to find information on classifiers from a dictionary.

Under the noun entries, GDCFC uses the sign (Q) to specify the classifiers that they take. For example,

【秘诀】mìjué (Q. 条) méthode *f* secrète; recette *f* secrète; secret *m*; truc *m*; clé *f* ▷ 成功的～ secret du succès; recette de la réussite

【模型】móxíng (Q. 套、具、副) ❶ modèle *m*, maquette *f* ▷ 飞机～ modèle d'avion ‖ 车身～ modèle de carrosserie ‖ 建筑～ modèle d'un édifice ‖ 缩比～ modèle réduit, maquette réduite ‖ 全尺寸～ maquette grandeur réelle ‖ 百分之一的～ modèle réduit au 1/100 ❷ gabarit *m*; moule *m*; matrice *f*; forme *f* ▷ 石膏～ moule en plâtre ● ≈ 模子 [múzi]

【蘑菇 1】mógu (Q. 朵、片、棵) champignon *m* comestible; champignon *m* ▷ 采～ cueillir des champignons ◆ ～房 champignonnière *f*; meule *f* (de terreau et de fumier)

In some entries, several interchangeable classifiers are given.

GDCFC also indicates those words or terms that can be used as classifiers with the sign ⟨ q. ⟩, and at the same time exemplifies the contexts of usage in which they apply. For example,

泡 3 pāo ⟨q. ⟩ [s'appliquant uniquement à l'urine et aux excréments] ▷ 撒泡尿 pisser (un coup); faire pipi ‖ 拉泡屎 aller à la selle ‖ 一泡狗屎 un étron de chien

匹 2 ( *足❷) pǐ ⟨ q. ⟩ ❶ [s'appliquant au cheval, à l'âne, etc. ] ▷ 一匹马 un cheval ‖ 两匹骡子 deux mulets ‖ 100 匹马的马群 un troupeau de chevaux de cent têtes ❷ [s'appliquant à la pièce ou au rouleau d'étoffe] *pi*, 1 *pi* = 50 ou 100 *chi* (尺*) ▷ 一匹布 une pièce d'étoffe; un rouleau de tissu

【梭子²】suōzi ❶ cartouchière *f* ❷ ⟨ q. ⟩ [s'appliquant à la cartouche] chargeur *m*; rafale *f* ▷ 打了一～子弹 vider un chargeur, tirer une rafale

Apparently, such treatment will help L2 Chinese learners to have a clearer picture of specific classifiers preceding a noun.

## 3.3　Formulaicity of some Chinese characters

Whether one Chinese character can be freely combined to form a word is contingent upon morphological restrictions on it. Our experience in teaching Chinese as a foreign language shows that learners in the West have difficulty in distinguishing the stand-alone contemporary Chinese characters from those that are not. GDCFC indicates the Chinese characters, which are used only as morpheme, syllable or affix, respectively with the labels of ⟨morph.⟩, ⟨syll.⟩ or ⟨aff.⟩. For example,

丫(*枒❶椏❷) yā❶⟨morph.⟩ fourche *f*; bifurcation *f* ▷ 树丫 fourche d'un arbre ‖ 枝丫 branche fourchue; rameau; branchette ❷ ⟨morph.⟩⟨p. ext.⟩ chose *f* [objet *m*] en forme de fourche ❸⟨morph.⟩ ⟨dial.⟩ fillette *f* ▷ 小丫 petite fille; fillette ❹ nom de famille

俩(倆) liǎng ⟨syll.⟩ 伎[jì]俩 ●另见 liǎ

老³ lǎo ⟨aff.⟩ ❶ [devant certains noms désignant des personnes] ▷ 老百姓* ‖ 老大娘* ❷ [devant certains noms d'animaux ou de plantes] ▷ 老虎* ‖老鹰* ‖ 老玉米* ❸ [devant un nom de personne monosyllabique] ▷ 老王 Lao Wang ❹ [devant un numéral, de deuxième à dixième, désignant l'ordre des rangs d'âge] ▷ 她是老二。Elle est née la deuxième. ‖ 王老三 Wang le troisième ❺⟨dial.⟩ cadet(te) *a*; benjamin(e) *n* ▷ 老儿子 fils cadet; le benjamin de la famille ‖ 老闺女 fille cadette; la benjamine de la famille

In this way, French learners of Chinese can gain useful information on the formulaicity of some Chinese characters, and reduce their errors as a result of arbitrary use of those characters.

## 3.4 Flexibility of some Chinese characters

In contrast to formulaicity, some Chinese words, which are composed of two or more characters, can be used in a "flexible" way. One may, where appropriate, detach a character (i. e. to insert a meaning unit), repeat certain characters (to strengthen the tone or to mitigate meaning), or even reverse the characters (to form another word or synonym). [①]

### 3.4.1 Detachedness of some Chinese characters

GDCFC marks such a headword with "//" in the middle of its phonetic notation, and offers examples of usage:

【搭伴】 dā//bàn (～儿) tenir compagnie (à qn); aller [partir] ensemble (à l'occasion); voyager en compagnie de (qn) ▷ 他也去北京，你可以和他搭个伴儿。Il va aussi à Beijing, tu pourras l'avoir comme compagnon de voyage. ‖ 不与某人～ fausser compagnie à qn

【带好儿】 dài//hǎor saluer qn de la part de... ▷ 你回家时，给叔叔带个好儿。Dis bonjour à mon oncle [Salue mon oncle] de ma part quand tu rentres à la maison.

### 3.4.2 Repeated use of some Chinese characters

GDCFC highlights the Chinese characters (morphemes) which can be used repeatedly. There are three types:

(1) Type AB—AAB: One morpheme is repeated, e.g. 操心—操操心.

(2) Type AB—AABB: Both morphemes are repeated, e.g. 安稳—安安稳稳.

(3) Type AB—ABAB: The whole word is repeated, e.g. 反省—反省反省.

【操心】 cāo//xīn se préoccuper (de) *v. pr*; se soucier (de) *v. pr*;

---

① One major category of those Chinese words in flexible use is "separable word" or *liheci* (Packard, 2016: 74 – 76).

s'inquiéter ( de ) *v. pr* ; se faire du souci ; se donner du mal ▷ 你不必为那
件事～。 Ne vous embarrassez pas de cette affaire-là. ‖ 他为孩子操碎了
心。 Il s'est fait beaucoup de souci pour ses enfants. ‖ 我得为儿子的前途
多操操心。 Je dois me préoccuper de l'avenir de mon fils.

【安稳】 ānwěn ❶ stable *a* ; paisible *a* ; solide *a* ; ferme *a* ; sûr ( e ) *a*
▷ 安安稳稳的生活 vie paisible ‖ 睡得安安稳稳 dormir tranquillement
‖ 船行～。 Le bateau s'avance doucement. ❷ [ en parlant surtout des en-
fants ] sage *a* ; posé ( e ) *a* ; sérieu-x( se )*a*

【反省】 fǎnxǐng faire un retour sur soi-même ; faire réflexion sur soi-
même ; faire un examen de conscience ▷ 你是怎么犯错误的，该好好～
～。 Comment as-tu pu commettre une telle erreur? Tu dois faire un exa-
men de conscience [ effectuer un sérieux retour sur toimême ].

3. 4. 3   Reversed use of some Chinese characters

GDCFC also marks the keyword entries in which both morphemes ( charac-
ters ) can be reversed ( i.e.  AB—BA ).

This unique linguistic phenomenon in the Chinese language increases the
learning burden on L2 Chinese learners. Although a general dictionary cannot
deal with this problem in length, we believe that a simple indication will be
useful to French users. In this dictionary,

( 1 ) the sign " = " indicates that the two morphemes are interchangeable,
the word and the inverted keeping the same meaning ( AB = BA ) ;

( 2 ) the sign " ≈ " indicates that the two morphemes can be reversed in
some cases, the inverted word keeping a close meaning ; and

( 3 ) the sign " ≠ " indicates that the reverse word has a completely differ-
ent meaning.

For example,

【脊背】 jǐbèi 〔 = 背脊*〕 dos ( d'un être vivant ) *m* ● = 背¹①
【建构】 jiàngòu 〔 ≈ 构建*〕 [ appliqué surtout à qch. d'abstrait ]
construire *v.t* ; constituer *v.t* ; instaurer *v.t* ▷ ～ 新的理论体系 établir un
nouveau système théorique

【*爱心*】àixîn 〔 ≠ *心爱**〕 （Q 份、番） cœur *m* compatissant; amour *m*; affec-tion *f*

Obviously, such information given in GDCFC will help L2 Chinese learners to gain a better understanding of the flexibility of some Chinese characters, and use them correctly.

## 4. Features designed for both groups of users

GDCFC's design lies in its practical consideration of the needs of both groups of Chinese and French speakers: the needs of Chinese users producing French, and the needs of reception of Chinese by French speakers. We believe that this approach which is oriented to the needs of both groups of users is not necessarily opposed or contradictory, but is, to some extent, complementary. Even in the case of flexible use of Chinese characters as mentioned above, although the arrangement mainly aims to facilitate French speakers' comprehension, it can still help Chinese speakers to be sensitive to this type of linguistic phenomena.

The following design will benefit both groups of users at large.

### 4.1 Indication of POS in context

GDCFC attempts, whenever possible, to reflect the grammatical categories of Chinese headwords. The issue of indication of parts of speech (POS) of Chinese characters is, however, complex, and has provoked controversy among specialists. Sometimes, the POS indication in CCD and NDCC — the two authoritative monolingual Chinese dictionaries — does not properly correspond to the actual usage. Consider the word "免费" (free, gratis, free of charge). The two Chinese dictionaries categorize it into 动 (*v.*). Yet in natural context, "免费" is used more often than not as adjective or adverb. In addition, the two dictionaries sometimes contradict each other in POS indication. For example, while CCD labels "恼火" (irritated; be fuming at) with 形 (*adj.*), NDCC marks it as 动 ( *v.* ).

Since it is not easy to determine POS labels from existing Chinese dictionaries and the editorial team of GDCFC could hardly spare time to establish their own based on the words' usage patterns found in large Chinese corpora, it is advisable not to fall into the trap of POS indication. Instead, GDCFC illustrates the various usages of a headword with examples, and uses, if possible, translation equivalents of the same POS to reflect its grammatical categories. For instance,

> 【免费】miǎn//fèi dispenser ( qn ) des frais; gratuit ( e ) *a*; gratuitement *adv*, gratis *adv*; à titre gratuit *loc. adv* ▷ ～入场 entrée gratuite; entrée libre ‖ ～教育 enseignement gratuit ‖ ～学校 école gratuite ‖ ～门诊 consultations gratuites ‖ ～随带行李 bagages en franchise ‖ ～为病人看病 traiter les malades gratis; soigner les malades gratuitement
>
> 【恼火】nǎohuǒ se fâcher *v. pr*; s'emporter *v. pr*; s'irriter *v. pr*; se vexer *v. pr* ▷ 我直说了，你可别～。Je vais te parler franchement, seulement ne te fâche pas. ‖ 这些话使他很～。Ces propos l'avaient exaspéré. ‖ 他慢条斯理，叫我真～。Sa lenteur me fait bouillir. ‖ 他动不动就～。Il s'emporte facilement, même contre un rien. ● ≈恼怒 ①
>
> 【概述】gàishù ❶ résumer *v.t*; exposer *v.t* sommairement ▷ 他向我们～了他的意图。Il nous a exposé sommairement ses intentions. ❷ exposé *m* sommaire; aperçu *m* ▷ 对当前形势作一个～donner un aperçu [ brosser un tableau ] de la situation actuelle

The corresponding French equivalents of "免费" as exemplified in context of usage show that this word can function as adverb, adjective and verb. In the same vein, those contextual equivalents illustrate the usage of "恼火" as either verb or adjective, and that of "概述" as either verb or noun.

## 4.2　Equivalents in context

Since cognitive ( semantic, systemic or prototypical ) equivalents are not easily available（Adamska-Salaciak，2010，2011），we argue that as an alternative，equivalents presented in a dynamic way can cater for users' reference needs. In the translation of entry words，especially in the rendering of idioms，GDCFC offers many explanatory and translational equivalents. A headword is first translated literally，then explained，and finally，a fixed French expression，which roughly corresponds to its Chinese counterpart but uses different lexical means and/or imagery，is given if available. All this would be accompanied by examples of usage. For instance，

【云开日出】yúnkāi-rìchū Les nuages se dissipent，le soleil réapparaît：revirement de fortune. ｜ Le soleil dissipe les nuages. ｜ Après la pluie vient le beau temps.（prov.）▷ 他历经许多困苦，今天总算～，看到希望了。Aujourd'hui，après maintes difficultés，les nuages se sont dissipés，le soleil réapparaît，et finalement il voit de l'espoir dans l'avenir.

【游戏人生】yóuxì-rénshēng jouer avec la vie；prendre la vie comme un jeu；mener une vie désinvolte；agir sans aucune contrainte ▷ 现在有些年轻人无所事事，～。De nos jours，certains jeunes mènent une vie oisive et pleine de désinvolture.

In our view，different types of equivalents at various levels can assist Chinese speakers in finding an appropriate French counterpart of a Chinese idiom，and assist French speakers in understanding the meanings of an idiomatic expression in Chinese.

## 4.3 Semantic network of the nomenclature

The nomenclature in a dictionary binds，as a whole，the semantic network of words. In GDCFC，synonyms or near synonyms of some headwords are thus offered. Unlike other dictionaries in which a static list of synonyms are given，GDCFC presents the synonyms in a typical context. For example，

【得当】dédàng convenable $a$；adéquat(e) $a$；opportun(e) $a$；à point *loc. adv*, à propos *loc. adv* ▷ 采取～〔适当*〕的措施 prendre des mesures convenables〔opportunes〕‖ 措词～〔恰当*〕s'exprimer en termes convenables〔appropriés〕‖ 回答～〔恰当*〕répondre de façon adéquate

【寄存】jìcún mettre *v.t* à la consigne; mettre *v.t* en dépôt; consigner *v.t*; déposer *v.t* ▷ ～〔存放*〕行李 consigner ses bagages…

Typical examples of usage will help users differentiate synonyms more accurately.

GDCFC also strives to cross-reference words or related terms. In this way, it has established a link between different words that belong to a system, and helps users to create a semantic network in their mental lexicon. For instance,

【霸王鞭[1]】bàwángbiān ❶…❷ danse *f* folklorique du bâton coloré ● = 花棍舞、打连厢

【扛大梁】káng dàliáng 〈fig.〉assumer une grande responsabilité; jouer le rôle principal ● = 挑大梁

【跟斗】gēndou 〈dial.〉● ≈ 跟头

【客舍】kèshè 〈litt.〉● ≈ 客店

【干租】gānzū louer *v.t* sans équipage; location *f* sans équipage ●← 湿租

【倒果为因】dàoguǒwéiyīn inverser effet et cause; prendre l'effet pour la cause ●←倒因为果

In the above entries, "● =" is used to indicate synonyms; "● ≈" represents near synonyms; and "●←" links antonyms. Thus, GDCFC shows users, back and forth, useful links in the dictionary text. They learn not only a word or a single term, but also a series of words or related terms. To our knowledge, no Chinese-French dictionaries, and even no general Chinese-English ones, have treated items in such a way. This dictionary might be the first attempt of this kind.

# 5. Conclusion

This dictionary has some distinctive features that other Chinese bilingual dictionaries ( including Chinese-English/English-Chinese ones ) are devoid of. Apart from an extensive and up-to-date lemma list, GDCFC pays special at-ten-tion to the frequency, grammar and register of equivalents. It gives a lengthy treatment of formulaicity and flexibility of L2 morphology. It illustrates the POS as well as meaning of a headword in context of usage. It integrates the entry words into a semantic network by offering synonyms in context and cross-referen-cing related words.

The making of GDCFC has implications for the compilation of other less-re-sourced bilingual dictionaries. Dictionaries of this type often have to follow the design of bidirectional dictionaries[①] ( Hausmann and Werner, 1991; Hannay, 2003; Adamska-Salaciak, 2013 ), for "it is cheaper to produce one dictionary which will be sold in both markets than invest in two different ones" ( Adamska-Salaciak, 2013: 215 ). This does not mean that a bidirectional dictionary is confined to a skeleton structure, with only equivalents given. Far from it. A bidi-rectional dictionary can be "learnerized" in the way as a monodirectional bilin-gual dictionary does ( Granger and Lefer, 2016 ). In other words, such a dic-tionary can be designed to meet the needs of both groups of users in ques-tion. Priority is given to the morphological, semantic, syntactic and pragmatic points of an L2 lexical item with which learners may run into difficulty. It has to be admitted that some information in a bidirectional dictionary might look redun-dant to the group of L1 users, but that is a compromise before a monodirectional dictionary targeting a specific learner population is finally produced. A well-de-signed bidirectional dictionary can still boast some of its notable features.

---

① The terminology is inconsistent in the literature. Landau ( 2001 ) and Atkins and Rundell ( 2008 ) use the term "bidirectional" dictionaries to refer to what Hausmann and Werner ( 1993 ), Hannay ( 2003 ) and Adamska-Salaciak ( 2013 ) call "biscopal" ( Lx-Ly and Ly-Lx) dictionaries.

## Acknowledgements

This study was supported by the National Social Science Fund of China (Grant No. 15 BYY062), and by the MOE Project of Key Research Institute of Humanities and Social Sciences at Universities in P. R. China (Project No. 17JJD740004). We would like to thank Professor Arleta Adamska-Salaciak and Professor Danie Prinsloo for their valuable comments and suggestions.

## References

A. Dictionaries

Académie française (Ed.). *Dictionnaire de L'Académiefrançaise*. Eighth edition. Paris: Hachette, 1932-35.

Association Ricci pour le grand dictionnaire français de la langue chinoise and The Commercial Press Dictionary Research Centre (Eds.). *Dictionnaire Ricci chinois-français*. Beijing: The Commercial Press, 2014.

Dubois J. (Ed.). *Dictionnaire dufrançais contemporain illustré*. Paris: Larousse, 1980.

Huang J H. (Ed.). *Grand dictionnaire chinois-français contemporain* (GDCFC). Beijing: Foreign Language Teaching and Research Press, 2014.

Institut Ricci (Ed.). *Dictionnaire français de la langue chinoise*. Taipei: Institut Ricci-Kuangchi Press, 1976/1986/1994/1999.

Jiang L S, Tan J C. and R Cheng (Eds.). *Contemporary Chinese Dictionary*. Sixth edition (CCD). Beijing: The Commercial Press, 2012.

Larousse (Ed.). *Le Petit Larousse illustré en couleurs*. Paris: Larousse, 2013.

Li X J (Ed.). *Normative Dictionary of Contemporary Chinese* (NDCC). Third edition. Beijing: Foreign Language Teaching and Research Press, and Language and Culture Press, 2014.

Liu J and Liu X R (Eds.). *Nouveau dictionnaire pratique chinois-français*. Beijing: Social Sciences Academic Press, 1996.

Morvan D (Ed.). *Le Robert illustré d'aujourd'hui en couleur*. Paris: Le Robert, 1996.

Xu J Z and Guo L G (Eds. ). *Dictionnaire chinois-français*. Beijing: The Commecial Press, 1990.

B. Other literature

Adamska-Salaciak A. Examining Equivalence. *International Journal of Lexicography*, 2010, 23 (4): 387 – 409.

Adamska-Salaciak A. Between *designer drugs* and *afterburners*: A Lexicographic-Semantic Study of Equivalence. *Lexikos*, 2011, 21: 1 – 22.

Adamska-Salaciak A. Issues in Compiling Bilingual Dictionaries. Jackson H (Ed. ). *The Bloomsbury Companion to Lexicography*. London: Bloomsbury Academic, 2013, 213 – 231.

Ahrens K and Huang C-R. Classifiers. Huang C-R and Shi D X (Eds. ). *A Reference Grammar of Chinese*. Cambridge: Cambridge University Press, 2016: 169 – 198.

Atkins B T S and Rundell M. *The Oxford Guide to Practical Lexicography*. Oxford: Oxford University Press, 2008.

Cowie A P. *English Dictionaries for Foreign Learners: A History*. Oxford: Clarendon Press, 1999.

Granger S and Lefer M-A. From General to Learners' Bilingual Dictionaries: Towards a More Effective Fulfilment of Advanced Learners' Phraseological Needs. *International Journal of Lexicography*, 2016, 29 (3): 279 – 295.

Hannay M. 2003. Types of Bilingual Dictionaries. Sterkenburg P (Ed. ). *A Practical Guide to Lexicography*. Amsterdam/Philadelphia: John Benjamins, 2003: 145 – 153.

Hausmann F J and Werner R O. Spezifische Bauteile und Strukturen zweisprachiger Wörter-bücher: Eine Übersicht. Hausmann F J, Reichmann O, Wiegand H E and Zgusta L (Eds. ). *Dictionaries: An International Encyclopedia of Lexicography*. Berlin/New York: Mouton de Gruyter, 1991: 2729 – 2769.

Huang C-R and Shi D X (Eds. ). *A Reference Grammar of Chinese*. Cambridge: Cambridge University Press, 2016.

Huang J H. Jubi Weixia: Jian Ping *Lishi Hanfa Cidian* (A Review of *Ricci de caractères chinois*). *Cishu Yanjiu* (*Lexicographical Studies*), 2014, 202 (4): 72 – 75.

Landau S I. *Dictionaries*: *The Art and Craft of Lexicography*. Second Edition. New York/Cambridge: Cam-bridge University Press, 2001.

Packard J. Lexical Word Formation. Huang C-R and Shi D X (Eds.). *A Reference Grammar of Chinese*. Cambridge: Cambridge University Press, 2016: 67 – 80.

Svensén B. *A Handbook of Lexicography*: *The Theory and Practice of Dictionary-Making*. Cambridge: Cambridge University Press, 2009.

Szende T (Ed.). *Le français dans les dictionnaires bilingues.* Paris: Honoré Champion, 2006.

Tarp S. *Lexicography in the Borderline between Knowledge and Non-knowledge*: *General Lexico-graphical Theory with Particular Focus on Learner's Lexicography*. Tübingen: Max Niemeyer, 2008.

Xu H. A Critique of the Controlled Defining Vocabulary in *Longman Dictionary of Contemporary English*. *Lexikos*, 2012, 22: 367 – 381.

（原载 *Lexikos* 2019 年第 29 卷，由徐海执笔）

黄建华自选集

第三部分

学余文论

# 能全盘否定《克莱芙公主》吗?

　　柳鸣九等同志所著的《法国文学史》(人民文学出版社,2007 年)对《克莱芙公主》下了这样的断语:①"对贵族和宫廷加以美化的作家可以拉法耶特夫人为例。""她写过一本传记和《1688—1689 年法国宫廷回忆录》。她很早就写作小说,《克莱芙公主》是她的代表作。"②"小说美化了上层贵族腐化堕落的丑恶关系。女主人公克莱芙公主被写成'贞节'的化身。"③"小说作者企图以纤巧的形式,细致的心理刻画来掩盖内容的消极保守,然而这些都是徒劳的。"总之,按照新编《法国文学史》的说法,《克莱芙公主》似乎一无是处,应当予以全盘否定。从读作品的感受出发,愿就《克莱芙公主》一书,初步阐述自己的看法。

一

　　《克莱芙公主》是一本部头不大的小说,着笔于 1672 年,1678 年成书,费时六年,刚问世便获得巨大的成功。据法国文学史家记述,1660 年至 1680 年的二十年间,共出版了六百多部小说,唯有《克莱芙公主》赢得了批评界的重视和后代读者的传诵。新编《法国文学史》却似乎并不重视法国社会对这部作品的"历史筛选"的现象,它认为作者"美化宫廷",以此作为否定作品的理由之一。我是不同意这种见解的。十七世纪的法国专制君主起着民族统一奠基者的作用,当时的宫廷成为文化的中心。纵观十七世纪的古典主义作家,不论其人民性如何,没有哪一个能超脱宫廷文化的影响,也没有谁公开揭露宫廷,直接与宫廷对抗的。而《克莱芙公主》,尽管以宫廷为故事的背景,作者却并没有把宫廷粉饰为"德行楷模"的场所。相反,她把它视作爱情角逐、私利争斗的小天地。这个地方对于纯真的少女构成极大的威胁。书中的那些关于"野心和玩弄爱情是这个宫廷的灵魂"的描述,显然是不可以被解释为"美化宫廷"的。

　　法国文学史家论述这部作品的时候,的确提到"理想化"(也就是

"美化")一词，但那是从另外的意义上来说的。卡斯泰和絮雷尔合著的《法国文学读本》这样写道："尽管她按照路易十四宫廷的事例对瓦卢瓦宫廷的风尚有点加以理想化，但是她比起同时代写历史故事的作家更讲究真实性。"[1] 小说的作者把自己的故事背景向前移了一个世纪，她为此阅读了大量历史材料，引进了许多细节，在一定程度上重现了十六世纪宫廷历史的真实，因而有人称《克莱芙公主》是一部"历史小说"。不过，小说的人物虽然穿着十六世纪的衣装，却是按照十七世纪贵族的方式去生活和谈情说爱的。宫廷的豪华场面的描述，自然免不了借鉴当时路易十四的宫廷。然而，我认为关键之点在于：小说中华美的宫廷背景并没有用来衬托人物的纯洁心灵。只要细看一下《克莱芙公主》的人物便可知道。全书写了好几个家庭，几十个人物，没有哪一个家庭和睦美满，也几乎没有哪一个男子对自己的妻子忠贞不渝。只有一对男女还算幸福，那就是马蒂格夫人和主教代理官，但他们却是姘居关系。小说中连国王的形象也毫无光彩，无论弗朗索瓦一世也好，亨利二世或亨利八世也好，他们在作品中都是没有灵魂的躯壳。他们在私生活方面也是一塌糊涂。作者虽然着墨不多，但还是把这一点透露出来了。宫廷中充满了诡诈、怨恨、悲剧。这就是我们从作者笔下所看到的历史现实。然而作者对宫廷生活毕竟还是写了一些夸饰之词的："豪华排场和谈情说爱在法国没有比亨利二世统治的最后几年更为光彩夺目。""宫廷从来没有那么多美丽的女子和魁梧的男子。"这又如何解释呢？难道作者真的被宫廷的耀人光华遮住了眼睛吗？不是的，"恰恰相反，写实主义，乃至讽刺，都以赞颂来平衡"[2]。当然，我们不会认为作者写宫廷的华丽意在讽刺。但就客观效果来说，这种描写是无损于作品主题的。事实上，小说中的夏特尔夫人，当她谈到宫廷的时候，就这样告诫自己的女儿："如果你凭这个地方的表面来判断，你往往会上当，因为表露出来的东西几乎全不是真相。"其实，作者之所以取亨利二世宫廷为背景，无非是受到当时俗套的古典主义戏剧的影响，即描写庄严的感情要把故事放到历史的环境中去，而记叙习俗笑料则可以从当代的事件中去取材。因此，无论"光彩夺目"的描写也罢，抑或"那么多美丽的女子和魁梧的男子"的叙述也罢，都不足以成为否定这部作品的

---

[1] P. astex et P. Surer：*Manuel des études Littèraires franç aises* Ⅲ，第100页。

[2] P. astex et P. Surer：*Manuel des études Littèraires franç aises* Ⅲ，第24页。

根据。这里打一个也许不算十分恰当的比方，白居易的《长恨歌》写了"汉皇重色思倾国""后宫佳丽三千人""金屋妆成娇侍夜""骊宫高处入青云"等，我们难道可以依据这些诗句，就说白居易美化宫廷，从而否定他的《长恨歌》吗？

## 二

新编《法国文学史》否定《克莱芙公主》的理由之二是小说"对贵族道德关系的粉饰和美化"。这大概是指对克莱芙公主、内穆尔公爵和克莱芙亲王三个主要人物的刻画来说的。因为小说中对其他陪衬人物的描绘谈不上美化，已如上述。为了弄清这个问题，我们不妨先看看他们之间的爱情瓜葛。

克莱芙亲王与夏特尔小姐（即克莱芙公主）在一间意大利人开的珠宝店中第一次会面。克莱芙亲王对夏特尔小姐的美貌惊叹不已，一见钟情，立刻猜度她是否已婚，并试图打听她的社会地位。夏特尔小姐其时才十六岁，情窦未开。她见到克莱芙亲王时只表露出羞怯和矜持的情绪。此后，在克莱芙的追求下，双方很快开始谈亲事了。但这时夏特尔小姐对亲王个人"并没有特殊的爱慕"，而夏特尔夫人"把女儿许与克莱芙亲王，却一点儿不担心将女儿交给一个她不可能去爱的丈夫"。亲事成功了，夏特尔小姐过了门，换了姓氏，但她的感情却没有因此而改变。丈夫炽热的爱情所得到的回报只是礼仪和敬重。

不久，内穆尔闯进了他们的生活。他是个仪表出众的年青公爵。克莱芙公主和他在宫廷舞会中第一次相会。他们两人的共舞赢得了全场的赞赏，彼此一见倾心，都暗自爱上了对方。从此，男的在不逾越贵族礼仪和规矩的限度内，千方百计去追求，女的欲与还拒，感情上掀起了反复的激烈斗争。最后女的为了自拔，毅然向丈夫透露自己内心的感情，请其协助摆脱宫廷的应酬，以避免和内穆尔相会。不料克莱芙公主的这一"坦白"没有取得预期的效果，却反而激起丈夫强烈的妒意，随后又加上某些误会，丈夫对妻子绝望了，不久郁闷而终。丈夫去世后，克莱芙公主仍然拒绝内穆尔的爱情，其原因是她认为内穆尔是其夫的间接杀害者，而且她不大相信内穆尔的爱情能够始终如一。于是她避居修道院，彻底离开尘俗的繁华，后来她活了很短时间便死去。

　　这个爱情故事的情节并不复杂，但怎样去写才算不"粉饰和美化"贵族阶级的道德关系呢？像后来福楼拜写《包法利夫人》那样，把克莱芙公主写成一个欺骗丈夫、与人私通的妇人吗？抑或当故事发展到克莱芙亲王去世的时候，应当让这对有情人结合，最后来一个"美满姻缘"吗？我们还是从当时的历史环境出发来看看作者为什么这样写吧。我们知道，十七世纪的悲剧作家几乎是没有一个人敢于去正面描写"罪过的爱情"的。作品里怀有这种"感情"的人物，总归要受到惩罚。拉辛的《费德尔》中的女主人公，身为后娘，爱上了丈夫的儿子，终至身败名裂，服毒自尽，那便是一例。拉法耶特夫人描写的正是一种"罪过的爱情"，她当然不可能使克莱芙公主与内穆尔公爵私通成功。而克莱芙亲王之死，也是由这种"爱情"所造成的。如果丈夫死去，就让两人美满结合，这无异表明，"罪恶感情"取得胜利。那个时代的作家是不大会这么写的。然而，这是不是就等于"粉饰和美化"呢？我看不能这样说。试设想，如果作者正面写一对贵族男女私通，"粉饰和美化"的程度岂不更大？又设想，如果作者写一对"有情人终成眷属"，岂不是可以被视作"粉饰和美化"当初的"不正当的爱情"？我认为简单地把这出爱情悲剧的主题理解为"美化"贵族的丑恶的道德关系是不妥当的，我们应当透过其表象去揭示这一悲剧的深刻含义。

　　小说中的三个主人公都不算坏人。他们最后还是落得离散夭亡。虽然三人都维持了贵族表面的道德关系，但这种"道德"只带给他们异常的不幸和痛苦。究竟是谁之过呢？是克莱芙亲王当初不该竭力追求夏特尔小姐吗？是没有体验过爱情的克莱芙公主不该婚后萌生爱念吗？是内穆尔公爵不应对克莱芙公主怀有非分的感情吗？似乎是这样，又不完全是这样。仿佛他们都有责任，自食苦果，但看来他们（尤其是克莱芙夫妇）又都十分无辜，很难说他们犯了什么罪过。归根结底，他们的悲剧是由当时的婚姻制度和社会风尚所造成的。

　　十七世纪的法国和中国封建时代的情况类似，在婚姻方面讲究门当户对、遵从父母之命。历史上不少贵族上层人物，为了"国是"，为了自身的利益，或纯然出于个人的好恶，而将自己的女儿许配给在年龄和性格上都毫不相称的人物。不消说，这种风尚造成许多悲剧。当时的女子常常很年轻便嫁人了，朗布绮夫人结婚时才十二岁，博沃夫人也不过十四岁。显然，爱情在这种婚姻中是不占位置的。当时具有洞察力的作家已看出此种封建习俗的荒谬。拉法耶特夫人正是在这种背景下描写克莱芙夫妇和内穆尔的三角关系的。小说作者受自己所处阶级和时代的局限，没有也不可能去直接否定当时的婚姻制度和社会风尚。但是今天我们透过她写的人物遭遇，不是可以直观地看出封建道德杀人不见血的本质吗？

小说鲜明地反映了法国贵族社会对男女的两种不同的道德准则。按照克莱芙公主的母亲对女儿的训诫，一个女子光有美貌和高贵的出身并不足以给自己带来荣耀，她还应该要做到：重视德行所构成的内在美；在婚姻中要保持这种美德；不管怎样，要爱自己的丈夫并接受他的爱；要警惕周围男子对这种美德的威胁。小说中的克莱芙公主正是严格按照这种"规戒"行动的。男子却可以不受这种道德标准的约束。他们讲究的是贵族的血统、勇武，生活上的排场、享乐，待人接物方面的豪放、慷慨，个人的相貌、仪表和对女性的吸引力；如果再加上一点聪明智慧，他们就可算是"完人"了。至于他们在爱情上是否忠诚，那不过是细微末节的事情，他们甚至以有外遇为荣呢！内穆尔公爵的"出众之处"就在于他的长相、风度、谈吐、衣装等赢得了几乎所有贵族妇女的爱慕。他认识克莱芙公主之前已有许多情人，他撇开了她们，一心去追求克莱芙公主。尽管克莱芙亲王是他的朋友，但为了博得其妻子的欢心，他可以不择手段，甚至利用克莱芙亲王去接近克莱芙公主。他可以窃走画像，门外偷听，黑夜潜进他人的花园，这些都不算有失贵族的体统。但女子是万万不能这样做的。对于女子，即便一时抵抗不住诱惑，也是奇耻大辱。为了不陷进这种耻辱之中，克莱芙公主表现出惊人的自制力。她运用装病、自白、隐居等各种不寻常的手段去扼杀那"非分的爱情"。她终于成功了，可是换回来的不是像她母亲所说的"愉快"，而是孤寡、寂寞、凄凉乃至最后夭亡。她在宫廷中所见的尽是朝三暮四的男子，她无法信赖任何人，因此丈夫死后，她仍然坚决拒绝内穆尔的求爱。

她对内穆尔的爱并不抱任何幻想，于是决计离开那喧闹、浮华、充满虚情假意的宫廷世界。作者写到这里便骤然住笔了，给人留下了无穷的回味，主人公巨澜翻卷似的情潮，余波不尽，令读者荡气回肠。作品的力量正在于书写了克莱芙公主洁身自爱的"贞节"，主人公的遭遇激起不同时代、不同地域读者的深切同情。我们从克莱芙公主身上看到的，与其说是"德行的楷模"，倒不如说是封建道德的受害者。顺便说一句，新编《法国文学史》引述了"她是'不可企及的德行的楷模'"一语。那是不确切的。它使人以为小说作者指的是女主人公不委身于其他男子而表现出来的"道德""品行"。其实,这句话较准确的译法是:"她的一生……留下了不可企及的精神力量的榜样。"是的,为了不染于污泥,需要多少毅力和勇气啊!她受封建社会习俗的摆布,嫁给一个自己对他毫无感情的丈夫;而当情窦初开之时,却发现自己纯真爱情没有真正的附托;最后看破红尘,酿成了千古爱情悲剧。我们为主人公的命运深感惋惜的同时,不免对当时的封建道德观念,对那个骨子冷漠、表面虚华的宫廷社会充满了鄙夷之念。不,这不是"对贵族阶级道德关系的粉饰和美化",这是对这种关系的无声控诉啊!

## 三

谈到小说的艺术手段,《法国文学史》指出了"纤巧的形式,细致的心理刻画"两点,然而又说,"这些都是徒劳的"。"徒劳"的说法有点令人费解,是说作者在艺术手法的运用上力不从心吗?抑或是指作品没有取得预期的艺术效果?然而,该小说自问世以来却博得如此强烈的社会反响,这又怎好说是"徒劳"了呢?历代的文评家对拉法耶特夫人及其作品多有盛赞之词,我想这可以作为评价其艺术成就的借鉴。

十七世纪的古典主义理论家布瓦洛说:"拉法耶特夫人是法国最有才智、文笔最出色的女子。"

十八世纪的伏尔泰说:"在拉法耶特夫人以前,人们只不过用浮夸的文笔描写令人不可置信的事物。"

十九世纪的圣佩夫说,这是"令人最喜欢的小说中最早的一部"[1]。

二十世纪的文学史家安托万·亚当说:"作者不限于叙述故事,这在法国小说发展史上是第一次。"[2]

历代文人对小说的艺术成就的评论极多,大家判断的角度尽管不尽相

---

[1] *La princesse de Clèves*,Didier 版,第 7 页。

[2] Antoine Adam：*Histoire de la Littérature Française au XVIIe siècle*,第 193 页。

同，但有一点几乎是一致的，那就是《克莱芙公主》开创了心理分析小说的先河。有些文学史家干脆称《克莱芙公主》是法国文学上的"第一部观察小说""第一部现代意义的小说"。的确，在《克莱芙公主》之前，贵族沙龙文学已创造了不少"风雅"之作。可是，这些小说不是以奇特的情节见长，就是以驳杂的艳丽故事取胜。感情多半矫揉造作，笔调大都渲染夸饰，行文往往冗长拖沓。拉法耶特夫人第一个以独到的观察力，运用精练的文笔，刻画一个贵族妇女的内心世界。她打破了心理分析只作为故事情节的陪衬或注脚的常规。在《克莱芙公主》中，情节的发展是与心理状态的分析紧密糅合在一起的。

作者在小说中叙述一连串的生活事件，表现这些事件引起人物的感情流露或冲动，刻画人物对自己感情的认识和分析，描写人物据此而采取的行动。简言之，"事件→感情→分析→行动"，合起来成了故事螺旋式往前发展的路径。且举一个文学史家喜欢引述的细节为例。在小说的第二部分，内穆尔趁别人不注意的时候，动手窃走克莱芙公主的肖像，却被克莱芙公主偶然瞥见（事件），克莱芙公主顿时心慌意乱，连正在与别人谈话也顾不上了，定神地盯着内穆尔所在的方向（感情）。她内心掀起了激烈的斗争：公开问内穆尔要回自己的肖像吧，这无异让大家知道内穆尔对自己的感情；私下问他要吧，这等于给他机会向自己表白（分析）；最后她终于决定不言语，装出若无其事的样子（行动）。就这样，小说通过一系列细节的描述，逐步将人物的心理活动推向高潮，主人公一进一退、一起一伏的感情波澜紧扣读者的心弦，令人感叹不已。在古典主义小说中，就心理分析方面的艺术成就而言，可以说是无出其右的。此外，它和风雅小说相比，行文紧凑得多，风格也相当凝练，作者笔下虽无绚烂的色彩，但却带有令人咀嚼的韵味。难怪法国文学史家卡斯泰和絮雷尔说："拉法耶特夫人，以她的《克莱芙公主》提供了古典主义风格的一个最纯粹的典范。"后来的法国小说，包括近代的法国小说不少受到《克莱芙公主》的影响，这是许多文学史家所公认的。我们固然不必对法国人所做的评价亦步亦趋，也不必给小说的艺术成就说过多的溢美之词，但对此不给予正面的肯定，那是不公允的。

至于说，"以纤巧的形式，细致的心理刻画来掩盖内容的消极保守"，这样的话几乎成了否定一部作品的俗套。表面上在理，但稍微推敲一下，就会发现它似通而实不通。烦琐、驳杂、花哨的形式和描画可以掩盖真正的内容，但"纤巧的形式和细致心理刻画"如何去"掩盖"呢？刻画得愈"细致"不是愈容易将"消极保守"的"内容"显露出来吗？科学的文学批评应该讲究准确的字眼。①

四

上面我对《克莱芙公主》的思想内容和艺术形式都给予了充分的肯定，是不是等于说这部作品已经达到完美的境地呢？不是的，历代的文评家已经指出过一些不足的地方。我认为小说的根本缺点是没有完全摆脱沙龙文学的影响，其中有些地方还带有浓厚的宫廷趣味。我参考《法国文学读本》以及其他文学史家的著述，试把这些缺点大致归纳如下。

（1）《克莱芙公主》所反映的天地十分狭窄，只在宫廷的世界里兜圈子。书中虽然写了几十个人物，但是始于王侯，止于贵族。而且人物都被置于豪华阔绰、光彩夺目的环境中，人物的谈吐举止也离不开宫廷的典雅趣味。因此，我们今天读来，不免觉得书中好些地方有矫饰的痕迹。

（2）小说接触到贵族社会荒淫、放荡、虚假、欺诈等的弊病，但作者描述这些恶习的时候，显得太"心平气和"了。她囿于"温柔敦厚"的宫廷风气，并没有像莫里哀那样，对贵族社会的丑恶现象进行愤怒的谴责。

（3）小说在细节的安排上也未完全摆脱风雅小说的窠臼。如上面所举偷肖像一节，虽然作者在刻画人物心理方面取得了重大的成就，但这个细节本身却是当时流行的小说中所常见的。此外，克莱芙公主向丈夫表白的时候，内穆尔却刚好潜进花园，因而得以在场窃听。这种安排未免过于"凑巧"，令人产生不真实的感觉。许多的文评家都指出过这一点。

（4）《克莱芙公主》尽管较之当时的贵族沙龙小说简洁、紧凑得多，但仍然带有风雅小说那种"枝蔓丛生"的毛病。小说的主要故事并不复

---

① 顺带要指出的是，新编《法国文学史》谈到内穆尔的爱情的时候，引用了"最强烈的""最自然的""最巩固的"三个形容语。其中"最巩固的"说法也是不准确的。原文是"la mieux fondée"，意为"最合法的""最有根据的"。其时克莱美公主已失去丈夫，而内穆尔尚未娶妻，内穆尔的追求并不逾越道德规范，故有此语。在此之前，小说中的女主人公已反复表示不相信内穆尔在婚后能恒久保持爱情，这里怎么会突然来一个"最巩固的"形容语呢？显然，这是由于误译或引用时疏于核对所致。

杂，可是行文中却插进不少与故事发展关系不大的情节，如宫廷的婚娶典礼、王公贵族的恋爱逸闻等。这种写法虽然符合当时的习惯，但多少会冲淡读者的兴味（当然也有人认为，这能起到令读者生产悬念的作用）。再者，语言方面也受到风雅小说的影响，例如，爱用最高级的形容词等。

以上四点，就是小说的主要"糟粕"吧。那是我们要坚决予以扬弃的。但就全书来看，瑕不掩瑜，它在法国小说史上的地位不可轻易地加以抹掉。

今天法国的普通读者，已经没有多少人去读本国十七世纪的小说了，但对《克莱芙公主》却是个例外。它不但仍然是畅销书，而且还被搬上舞台、拍成电影、译成各种文字，它对读者的吸引力依旧有增无已。据法文版的百科年鉴《什么》统计，至 1981 年，《克莱芙公主》的普及本销售七十七万册，其畅销程度超过十七世纪古典主义作家的任何一部作品，包括莫里哀的喜剧在内。我想，一部小说既然拥有如此广泛的读者，而且历久不衰，我们对它评价的时候，总得考虑这种现象吧。《克莱芙公主》的汉语译本我还未见到，希望早日有人去做这件翻译工作，以飨中国的读者。

附记：此文在《外国文学研究》（1983 年第 2 期）发表后迄今未见到再提出质疑或商榷的文章。

《克莱芙公主》（应译为《克莱芙王妃》）后来由本人偕同余秀梅应约将全书译出，已由广东人民出版社（1986）与人民文学出版社（1994）先后出版。

（原载《外国文学研究》1983 年第 2 期）

# 梁宗岱治学路子引发的思考

为了迎接纪念梁宗岱先生 100 周年诞辰的活动，我们搜集、整理了他的学术成果，并对他的生平做了一番认真的考察。我惊讶地发现，按目前的高教职称评审"条件"，梁宗岱是不够格当教授的。我们且撇开那些不便对照的条件（例如"思想政治条件"）不提，就看看其中的三条"硬件"。

（1）学历（学位）条件。梁宗岱游欧七年，先后进过巴黎大学、日内瓦大学、海德堡大学、佛罗伦萨（旧译"翡冷翠"）大学，但别说是硕士、博士学位，他连学士学位也没得过。当时留洋的学子，哪怕是进不入流的大学，好歹都拿个博士头衔回来。梁宗岱进的是欧洲的名牌大学，但却学而未"成"。像他这等大学未毕业的情况，换到今天，能否够格评上讲师，大成疑问。

（2）论文、著作条件。梁宗岱以"中国诗人、翻译家"[①] 名于世。他出版过两本诗集：新版只有 40 页（连诗人周良沛所写的《集后》在内）的《晚祷》（湖南文艺出版社，1986）；含附录才 78 页、共收 56 首短诗词的《芦笛风》（广西华胥社，1944）。然而今天没有明文规定：诗作可充当论文。他还译过一些名著：法译《陶潜诗选》，诗集《一切的峰顶》，文集《交错集》，罗曼·罗兰的《贝多芬》（旧译"悲多汶"），里尔克的《罗丹论》，莎士比亚的《十四行诗》。每种分量都不大。而他译的《浮士德》和《蒙田随笔》到他去世后才得以结集出版，其中一些译作还是重译本（如《十四行诗》和《浮士德》）。我们的职称评审条件，也没有规定可把译作归入"论文、著作"之列的。幸而，梁宗岱还有著作《诗与真》（商务印书馆，1933）和《诗与真二集》（商务印书馆，1935），不过都不是成体系的著作，而是发表于报刊的零散文章的结集。

---

① 夏征农：《辞海》，上海辞书出版社 2002 年版。

而两本论文集合计才 12 万余字①，还达不到有关规定的著作 15 万字之数。

　　他还写了点论文，但都不是那种"有根有据""符合学术规范"，附有大量参考书目的文章。称得上论文的，他有 3 篇：《屈原》（1941，后由华胥社出单行本）、《非古复古与科学精神》（1942，西南联大《文学季刊》一卷一期）、《试论直觉与表现》（1944，重庆《复旦学报》第一期文史哲）。至于他在报刊上发表的豆腐块大小的短文，显然是不能归入"论文"之列的。这样一算，梁宗岱离当教授的条件还差一截：论文不够篇数。把《诗与真》和《诗与真二集》算在内，也只有 5 篇（部），离文科类的最低标准 6 篇（部）尚差 1 篇（部）。而他的学历是不达标的，按"规定"，文科类还得增加 5 篇（部）。也就是说，光"论文、著作条件"这一项，梁宗岱要当教授还差得远呢！

　　（3）业绩成果条件。按规定，需要承担重大科研课题或获得过某某级别的奖项。梁宗岱没有主持或承担过任何科研课题，更没有获得过任何奖项。因而，他也就不具备"破格"的条件。

　　然而，有一条梁宗岱是符合标准的，那就是外语条件。按规定，要求"熟练掌握 1 门外语"。梁宗岱精通法语、英语，通晓德语，能阅读意大利语；而在职称评审条件中可作为外语算的古汉语，梁宗岱也掌握得不差。虽然他没有考过多少分，但都有书面材料为证：他用法语译了《陶潜诗选》，用英语译了《十四行诗》，用德语译了《浮士德》，而几十首《芦笛风》词可以说明他对古汉语运用的熟练程度。"外语条件"这一项，梁宗岱是超过"标准"的。但超过的部分，却未见有规定可以补其他条件的不足。这样，综合起来一掂量，就不免令人产生疑问：他这"教授"是怎么当上的？

　　凡是了解梁宗岱生平的都知道：1931 年他从欧洲回国，欣然接受了北京大学校长蒋梦麟和文学院院长胡适的聘请，任法文系主任兼教授，兼任清华大学讲师（这是两校互聘教师的一般做法），年方 28 岁。梁与胡适交恶后离开北大，复于 1936 年初接受天津南开大学英文系主任柳无忌的邀请，应聘为南开大学英文系教授。抗战爆发后，平津沦陷，无法在南

---

　　① 梁宗岱：《诗与真·诗与真二集》，外国文学出版社 1984 年版。版权页上标的字数为 124 千。

开待下去，他辗转到大后方，1938 年初应重庆复旦大学之聘，任外国文学系教授。1941—1944 年，梁宗岱受聘任复旦大学外国文学系主任、教授，后因家事离开重庆回广西。1945 年应老教育家雷沛鸿（曾任广西教育厅厅长）邀请，合办西江学院，梁任教授、教务长，其后是代理院长，直至广西解放前夕。广西解放后，梁不久蒙冤入狱；出狱后，1956 年奉命调至中山大学，因脱离教学多年而"暂定"为二级教授，任教至 1970 年。同年，中山大学外语系并入广州外国语学院，梁宗岱随外语系转至广外任法语教授，直至 1983 年逝世。

纵观梁宗岱的从教经历，他曾执教的北大、清华、南开、复旦、中大都是中国有数的名校，梁宗岱能在这样的高校依次占一讲席，总不会是"盗名欺世"而得的吧？然而，拿现行的"条件"去衡量，他却似乎远远达不到"教授"的要求。这种矛盾是不是暗含着某些值得我们思索的问题呢？

## 一、问题所在

第一个问题是对学位的看法和态度。梁宗岱在《我的简史》[①] 中写道："翌年（1926）冬天，转赴巴黎，入巴黎大学文科。觉得考取学位要穷年累月钻研一些专门的但狭隘的科目，不符合我的愿望，决定自由选课，自由阅读，以多结交外国朋友，尽可能吸取西方的文化菁华为主。"后来他便进入巴黎一些文艺沙龙，结识了不少享有国际声誉的文艺界、学术界人物，认识了法国桂冠诗人梵乐希（新译"瓦雷里"）、大文豪罗曼·罗兰。受他们的鼓励，他把陶潜诗译成法文，在法国出书，把梵乐希的《水仙辞》译成中文，刊登于中国的《小说月报》，成就了中法文化交流的一段佳话。30 多年前余光中先生写过《给莎士比亚的一封回信》一文，这虽然是针砭当时台湾状况的戏言，却颇耐人寻味：

> 我们是一个讲究学历和资格的民族：在科举的时代，讲究的是进士，在科学的时代，讲究的是博士。所以当那些审查委员们在"学历"一栏下，发现您只有中学程度，在"通晓语文"一栏中，只见您"拉丁文稍解，希腊文不通"的时候，他们就面有难色了。也真

---

① 收在《梁宗岱的世界》的《诗文》卷中（广东人民出版社 2003 年版）。

是的，您的学历表也未免太寒碜了一点；要是您当日也曾去牛津或者剑桥什么的注上一册，情形就不同了。当时我还为您一再辩护，说您虽然没上过大学，全世界还没有一家大学敢说不开您一课。那些审查委员听了我的话，毫不动容，连眉毛也不抬一根，只说："那不相干。我们只照章办事。既然交不出文凭，就免谈了。"①

幸而有洋博士衔的胡适比余光中说的"那些审查委员"开明些，他不问梁宗岱是否有文凭，更不待梁登门求职，便致电催梁回国任教。到校后，梁氏深得器重。当时胡适住地安门内米粮库四号，为了引进人才，不惜从自己的住宅中腾出独门独户的偏院给他。米粮库四号是一座宽绰的三层大洋楼，楼前是个阔大的庭院，有树木、花圃和散步的广场。胡、梁比邻而居，常有交往。他们并无裙带关系，此前仅有一面之识。至于后来因梁的婚姻问题两人闹翻，那是另一回事，与胡适的人才观无关。

其实，当时追求自己热衷的学问而不顾学位的远非梁宗岱一人。著名历史学者陈寅恪亦曾留学英、日、德、美、瑞士等多个国家，通晓多门外语，可就是没有拿到洋学位。而清华大学却向他敞开了大门。那个年头，无高学位而有真学问的人似乎都不难找到立身之地，如梁漱溟、鲁迅、周作人、郭沫若、华罗庚……而今留学七八年，没拿半张文凭回来，不被人视为"傻瓜"才怪。这等"傻瓜"要敲开高校大门尚且困难重重，更别妄想像梁宗岱那样领受大学院长的特殊礼遇了。

这里丝毫没有劝人不读学位或否定洋学位、高学位的意思。而只是希望，制定人才政策的人，能"网开一面"，给当代的"梁宗岱"、当代的"陈寅恪"留有施展才华的天地。

第二个问题是文科教授应有什么成果才具备资格。梁宗岱应聘任北大教授时，除零星小诗、短文外，只有诗集《晚祷》、法译《陶潜诗选》、中译诗《水仙辞》（后收入《一切的峰顶》)，无半篇学术论文，更没有学术著作。而胡适博士竟聘他为教授，且委以系主任之职，他与余光中讽指的"那些审查委员"实在很不一样。大概他认为，梁宗岱中法文皆通，法译的《陶潜诗选》深得梵乐希和罗曼·罗兰的赏识，中译的《水仙辞》

① 余光中：《给莎士比亚的一封回信》，见余光中《高速的联想》，天津百花文艺出版社1998年版。

令一代爱好文学的青年为之倾倒。而且梁本人还能写诗，具有创作能力，这就够格当北大法文系教授了。因为这些都是实实在在的真功夫，使不得一点花架子。胡适是写学术论文出身的，深知其中的轻重深浅，却并未以此要求梁宗岱，可见他并没有把学术论文看得如何神圣。这难道不值得我们深思？

这里也丝毫没有鄙薄学术论文的意思。许多学术论文的确是对学术有所贡献，能反映作者学术水平的，但千万别把它推到"只此有用，排斥其他"的境地。拿翻译来说吧，按现行的教授"资格条件"规定，只有论翻译的文章才能在高校职称评定中起作用，译作是不算的。以至某些拿不出或从来未发表过任何像样译品的人在喋喋不休地教人如何搞翻译；某些推出过长篇大论、研究翻译的著作或论文的人，出版社却婉拒其译稿，不愿意因其译品而赔上出版社的声誉。近年来，研究翻译的论文、专著与日俱增，花样翻新。除《中国翻译》那样的专门刊物之外，各家外语期刊几乎都登载研究翻译的文章，呈现出一派繁荣景象。可奇怪的是，出版部门的观感却完全是另一回事。这正如最近两篇文章的题目所言：《版权贸易喜人，译著质量堪忧》（《中华读书报》2003 年 11 月 20 日）、《劣质翻译充斥学术著作》（《中华读书报》，2003 年 1 月 15 日）。我真怀疑，外语院校把译作拒于"成果"的门外，将来如何能培养出像梁宗岱那样的翻译大家？

第三个问题是如何看待学术成果的数量。梁宗岱毕生著作不多，这次由广东人民出版社推出的《梁宗岱的世界》丛书，共 5 卷，含《生平》《诗文》《译诗》《译文》《评说》。第 1 卷是别人写的他的生平事迹；第 5 卷为众人对梁及其作品的评述；中间 3 卷是梁的著作和译著。撇开《译诗》《译文》不算，梁宗岱自己的著述只有《诗文》1 卷。这是大力搜求所得，不会有重大遗漏。梁宗岱就靠这为数不多的文字奠定了自己诗论家的地位。至目前为止，关于他的诗学见解，诗家和评论家几乎是众口一词的赞扬[1]，大家都不以"数量"论"英雄"。璧华先生说得好，"他（梁

---

① 参见璧华《前言》，见《梁宗岱选集》，香港文学研究社 1979 年版；陈敬容《重读〈诗与真·诗与真二集〉》，载《读书》1985 年第 12 期；陈太胜《梁宗岱的中国象征主义诗学建构与文化认同》，纪念梁宗岱 100 周年诞辰学术研讨会论文，2003 年；李振声《编后记》，见《梁宗岱批评文集》，珠海出版社 1998 年版。

宗岱）的作品虽然不多，但却能以质取胜，抵抗得住时间尘埃的侵蚀，保持其青春的鲜艳与活力"。

由此可见，凭"论文"篇数来定某人学术成就或资格常常是很不可靠的。据说，当年主持北京大学的蔡元培校长（他也是洋博士呢）仅从一篇文章（《究元决疑论》）就发现梁漱溟是个人才，就敢把北大的讲席交给这位只有中学学历的书生。[①] 他这不拘一格的识才慧眼是何等敏锐啊！对比之下，我们今天的"量化"尺度，不是太死了一点吗？难保不出现"弃周鼎而宝康瓠"的可悲局面。

其实，时至21世纪，人类的生产力大增，无论物质产品生产或是精神产品生产，主要问题已不在于补缺，而在于求精或创新。前辈作家要多写，有时未可厚非，例如巴尔扎克，他要生活，要还债，不得不靠字数、出书数来多赚稿费。而今天的大学教师是不必靠论文数来维持生活的。在这个出版物激增、文字成品铺天盖地的年代，我们的"量化"政策却一意鼓励多产，不知想把学子们赶往何处？我想，如果我们能像梁宗岱那样，能够留下三两篇大半个世纪之后还有人去读、去揣摩的文字，又何必在乎此时此地数量的多寡？

## 二、问题的症结

上文提出了三个供人们思索的问题，其症结起码有两个方面。

一是有意无意地把自然科学和人文学科混为一谈，无视物质产品生产与精神成果生产质的差别。

现行的"资格条件"，对"理工类"和"文科类"教师的论著要求，只有数量上1篇或1部之差。然而，理工类的论文往往是解决了某个科学或技术问题，或取得了某种实验结果的产物。文科类的则不尽如此，尤其是"文艺学"之类的文科，常常是逻辑推演的产物，申述某种看法或反驳某种观点（即如我这篇文章）就可以写成一篇论文。在这种情况下，一篇论文的工作量相当于一本专著或教材，对理工类或许是行得通的，因为理工类专著或教材毕竟通常是归纳前人或旁人的成果，而不是作者本人经过多方研究或实验之后的新发现。而文科类（尤其是"文艺学"类）

---

① 曾百炎：《哈佛办学一怪》，载《鹏程》2003年第3期（摘自《北京观察》2003年第1期）。

的专著和教材，与其同类论文的工作量比较就不可同日而语。前者光是谋篇布局就复杂得多。再说，有创见的文科专著或教材的问世，有时就是一门新学科的建立，索绪尔的《普通语言学教程》便是个好例子。又如我的《词典论》先在《辞书研究》上刊登了 14 篇，后来再补写了 1 章才结集出版。我这"论文著作"量该怎么算呢？如果按在学术刊物上公开发表的论文来算，那我已有 14 篇，超过了最高的要求。如果按专著算呢？那我只得 1 部，也就是相当于 1 篇论文。这是怎样的数字游戏啊！

　　毕竟，精神生产不同于物质生产；在精神生产中，理工类和文科类又有不同特点。就是在文科类中，较接近自然科学的社会科学和一般的人文学科又有极大的差别。

　　二是把"有根有据"的论文奉为唯一的学术成果模式，忽视了文科（尤其是文艺学）中以个人独特认知和体验出发的创见。后一种文论，用梁宗岱（1941）的话来说，取的是"走内线"的路子，固然"容易流于孤漏，流于偏颇，有时甚或流于一知半解"；然而，"走外线"的也容易"沦为一种以科学方法自命的烦琐的考证"，"或穿凿附会"。近现代的西方文论，由于强调"科学""精确"，有些已经"走火入魔"。如鉴赏"美人"，非要把她还原为水分占多少、骨头占多少、各类元素又占多少。这样"精确"倒是"精确"了，但人家读完以后，连那"美人"都不想欣赏了。梁宗岱虽然接受西方教育多年，他的诗论却没有走这样的极端。他始终紧扣作品，而且把阅读和创作经验融汇到文中。他那感情洋溢的笔触，诗化的语言，敏锐而独到的见解，至今还"震动"（陈敬容语）着读者。无怪有论者认为，"梁氏的批评从某种角度说是一份艺术化批评的范本"[①]。

　　既然是"艺术化"，离"科学"自然也就远了。梁宗岱关于诗学的文章大多数写得很短，根本就够不上学术论文的分量，而且多半"无根无据""无所依傍"，没有时下发表在学刊上的论文那种"学术"气味。试问，梁宗岱把但丁与屈原扯在一起比较，拿李白与哥德相提并论[②]究竟出自何书，据自何典？可谁又能否认，梁宗岱的这些"小"文章所蕴含的大智慧？

---

① 姜涛：《论梁宗岱的诗学建构及批评方式》，载《清华学报》1995 年第 4 期。

② 分别见梁宗岱的《李白与哥德》《屈原》，广西华胥社 1941 年版。

这里也丝毫没有否定文论中"走外线"路子的意思，更没有指向"量化"标准制定者的意思。而仅仅想指出：学术问题远比某种尺度来得复杂，梁宗岱的学术路子可以带给我们很多启发和思考。

（原载《学术研究》2003 年第 10 期）

# 关于大学"全球化"的思考

## 引　言

我在"广州迈向现代化对策研讨恳谈会"上提到一组数字：根据国际经济发展的经验，引进外资的规模与对外投资的规模之间存在一定的比例关系。世界平均水平为 1∶1.1，发展中国家的平均水平为 1∶0.13，我国的平均水平为 1∶0.05，不仅大大低于世界水平，也低于发展中国家的水平。而广州的平均水平则是 1∶0.005，这与广州迈向现代化大都市的地位极不相称。[①]我曾就这一点请教了广州市市长林树森：为什么存在如此大的差距？林树森不假思索地答道：其中一个原因，就是缺乏人才。我认为林树森的话，可以说是一语中的。的确，即便我们拥有充足的向外投资资金，如果我们没有相当数量既熟悉国际经济运作，又了解各国国情、法律、文化，而且还熟练掌握外语的人才，那么，扩大对外投资规模只能是一句空话，更不必说要取得投资效益了。

人才从何而来？除了依靠实际工作训练之外，主要还得依靠高等学校的培养。而要培养出具有世界眼光，能在国际舞台上大显身手的人才，大学就必须适应"国际化"或"全球化"的趋势。当今发达国家的大学都不同程度地关注着"面向世界"的问题。今年 4 月，我应邀参加了由英、美、法三国的三所大学发起，在法国举办的"国际教育高峰研讨会"（International Educational Summit），其议题就定为"向全球大学迈进：21 世纪的对策"（Towards the Global University：Strategies for the Third Millennium）。会上我和一些校长进行了交流、切磋，深受启发，认真思考了一些问题。现在略加整理，形成文字意见，聊供参考。

---

① 黄建华：《大力发展外贸经济　加快广州现代化建设的步伐（续）——在广州迈向现代化对策研讨恳谈会上的发言》，载《国际经贸探索》1998 年第 2 期，第 7 页。

# 一、"全球化"的含义

大学"全球化"的提出，并不是出于什么人心血来潮的产物，而是科技突飞猛进、世界经济全球化的必然结果。20 世纪 70 年代已有大学开始考虑这个问题，90 年代全球化的进程加快。我们似应注意这个问题的迫切现实性。就一所大学来说，所谓"全球化"大体有如下标志。

（1）任课的教师来自不同的文化背景，而不限于本国人士。有些大学现在已经从世界范围招募教师。

（2）学生来自世界各地，校园成了小小的"国际共同体"。据统计，目前澳大利亚的国际学生已达学生总数的 9%[1]，"全球化"程度高的大学当然远远超出此平均数。据美国的 American University 校长 Ben-jamin Ladner[2] 最近介绍，该校的学生，从来源上来说，所代表的国家和地区，竟达 145 个!

（3）在读学生的一部分课程的学分应在国外取得。例如法国著名的高等商科大学（ESSEC、HEC[3] 等）就规定学生在学期间要到国外挂钩的大学修习 1/5 至 1/4 的课程。这样做，并不是因本校师资匮乏无法开课，而是要让学生在不同的文化环境中浸染，以便于将来适应跨国性的工作。

（4）课程设置不仅体现民族性，而且具备国际性的内容。有些课程直接采用世界先进的教材和考核方式，且直接用外语教学。

（5）跟国外的大学和学术机构有充分的联系和学术交流，经常有国际合作的科研课题，而且取得显著的成效。

（6）拥有先进的远距离教学手段，把校园里的讲授与"全球性"的传授紧密联系起来。

按以上六点来衡量，我国的高校（即便是其中的最先进者）显然还存在着相当的差距。而要急起直追，迎接 21 世纪"全球化"的挑战，除

---

[1]　参见澳大利亚 Monash 大学副校长 Alan Lindsy 教授于 1998 年 4 月在法国举行的"国际教育高峰研讨会"上的发言稿"The implication of globalisation and technology for the role of academics"。

[2]　笔者于 1998 年 6 月 8 日接待了该校校长一行来访。

[3]　ESSEC 即 Ecole Supérieure des Sciences Economiques et Commerciales（高等经济及商业学院），HEC 即 Ecole de Hautes Etudes Cammerciales（高等商科学院）。

了考虑技术因素之外，更重要的是观念上的转变与更新。

## 二、观念的更新

随着"全球化"时代的到来，资讯手段日趋完善，交通工具不断改进，人的活动范围在迅速扩大：信息传递，无处不达，时间的差距，接近于零；人员往来，朝发夕至，空间的阻隔，不成障碍。21世纪的大学，要对本国、本地区的发展做出有效的贡献，就不能无视以异常速度变化着的世界。如果我们所培养的学生在这方面缺乏精神上、技术上、知识上的各种准备，我们的教育不能算是成功的。为此，所有重点大学都应该从全球视野的角度来考虑自己未来的发展。台湾大学校长陈维昭说得很好："一所合格的大学应该将自己视为世界大学组成星座中的一颗绚丽的恒星。"[①]邓小平同志"面向世界"的名言我们要牢牢铭记。

当今世界，各行各业的知识信息总量都在激增，平均每一年半即增长一倍。有人预计，到2010年时会达到每6个星期左右增长一倍。全球面临着重大的信息革命。不管你愿意不愿意，这场"革命"正改变着我们的思想观念、工作方法、通信手段乃至娱乐方式……自然，我们的教学观念、教学内容、教学方法首先要随之而改变。在下列几个方面，我们应该有自己的预见性。

（1）查询的东西比阅读的东西还要多的时代即将来临，目前的教学目的和方法非彻底改革不可。高等学校的教学，主要不再是讲授某门或某几门知识，而是教会学生凭借工具猎取知识的手段。教学的重点是方法传授与技能训练。教师担负的是引导者和训练员的角色。满堂灌、教师读讲义、学生记笔记等陈腐方式必将遭到彻底唾弃。学生不是知识的被动接受者，而应是富于创造性的学习者。教师也不仅是知识和方法的传授者，还应该是新知识的创造者。培养学生对知识的独立吸收、创造运用和自我检验的能力，应成为教师的主要任务。谁不按此趋势厉行改革，谁就有可能成为教育战线的落伍者。

（2）新旧知识以前所未有的速度发生更替。教师必须与时俱进，稍

---

① 何秀煌：《二十一世纪大学的角色与使命——访台湾大学校长陈维昭》，载《光明日报》1998年5月16日。

一疏忽，便会落后，学生比任何时候都更有可能超越自己的老师。目前在信息科学领域的情况已经大体如此：肩挑大梁，富有成果的不少是二三十岁的青年人，上了年纪的，往往感到追得吃力，难以为继。韩愈所说的"弟子不必不如师"，将来是常见的现象，师生关系发生崭新的变化。旧式的"师道尊严"那一套再也吃不开，"教学相长"乃是常规之理。有鉴于此，必须树立"无常师"的观念，摒弃"论资排辈"的陋习。在这方面，谁率先更新观念、建立起人才选拔的合理机制，谁就有希望跻身未来教育的前列。

（3）大型的群体化、集中化、同步化的工厂式生产，将有相当部分逐渐被由信息工具控制的小型、灵活、多样化的生产所替代。人们的许多工作只需在办公室，甚至在家里就能完成，而不是非到现场不可。与之相适应的教育不可能再像目前依然盛行的那种刻板的、千篇一律的、无视个人特点、"批量式生产"的教育。拿外语教学来说吧，世界上一些学校的新型语言训练室就可以视作未来教育的前兆。那里面装置着先进的多媒体设备，藏有相当丰富的各式各样的资料，或视或听或练，任人随意选择、安排；进度和成绩随时可以自测；本人的薄弱环节可以通过专项的强化训练予以补救；如此等等。见微而知著，我们可以断言，"因材施教"的理想，将在未来教育中得到真正的体现。21 世纪的教学将从以教师为中心的方向转到以学生为主体的方向来。谁充分重视学生个人的不同特点和需求因材施教，谁就能把教育办得充满生机。

（4）校内教学与校外教学的界限逐渐模糊起来，学制长短、授课时间、传授方式高度灵活。全日、半日、晚上、周末，逢一、三、五，逢二、四、六，等等，均无不可。面授、函授、刊授、电台授、电视授、因特网授，等等，样样咸宜。学生不论身处世界任何地方，都可以登记入学，通过因特网或其他媒介可随时随地修习学校所开设的课程。由于远程教学工具为双向设施，因此学生还可以通过荧屏与老师"面对面"交流，提出问题，缴交作业，参加考试，取得学分。教育"弹性化"的结果，必将打破目前把正规学历教育与成人教育截然分开的僵硬模式。在诸多灵活措施中，只有一项不得灵活，那就是严格的考试、考核标准。

（5）未来的社会愈趋多元化和复杂化，各地的经济发展程度不一、优势各异。"中央集权制"的统一模式的教育，必然不能适应未来社会的多样化发展以及各地区千差万别的经济状况。目前，我国正在尝试将一部分部委属院校的隶属关系划转至地方政府，这无疑是一种明智之举。未来的教育不可能遵循中央高度规格化的模式发展。在办学方面，必须既统观全局，又结合本地区的社会、经济、文化发展状况以及自身的情况予以规划。学校必须面向世界，而又要保持民族特点。换句话说，我们不应"固我"，而又不可"无我"。可以预言，无论学校规模是大是小，谁办出高水准的、符合社会需要的、独树一帜的特色来，谁就能在未来的教育中占据重要的席位。

（6）文化消费群体化的主导地位逐渐被个体化取代。例如，音像制品激增，群众有了几乎是无限选择的可能性，几个人甚至几十个人挤在一台电视机前的日子，已经或即将一去不复返。随着周末、休假日延长，老年人数量增加，与职业或生计无关的教育在总教育中的比例将会大幅度增长。这一部分的教育（无以名之，我们暂且称其为消闲教育或乐生教育）也是一种文化消费，寓教于乐与寓乐于教相辅相成。教育制品的生产将成为空前庞大的产业。谁能够不失时机地探索这方面的教育问题，制订出完善的方案，并按需要推出成熟的制品，谁就肯定会获得巨大的社会效益和经济效益，从而反过来促进此类教育的发展。

## 三、严峻的挑战

建设"全球性"大学，绝不是出于赶时髦，而是因为强烈地意识到面临着严峻的挑战。

西方的大学，尤其是英美等国的大学力主"全球化"，不管其主观动机如何，客观上会把一些发展中国家的教育纳入其运行的轨道。如果我们缺乏警觉性，弄得不好，若干年后，就有可能出现如下局面。

（1）英美的文化观念、价值准则凌驾一切，其他的大都逐渐丧失"自我"，自觉或不自觉地以其为皈依。

（2）多元化的世界日益趋向单极化发展。

（3）处于极其优越地位的文化教育，终于孕育出新的经济帝国主义来。

当然，这种不幸的局面是我们所不愿见到的。然而，是不是因为有此担心，我们就不能敞开大门了呢？不，世界发展至现阶段，各国已经不可分隔。我们只有迎上前去，接受挑战，才能在未来的竞争中，占据自己的有利位置。

　　经济的"全球化"，迫使中国企业不得不参与国际市场的竞争。就是为了支持中国企业的竞争，我们也不能无视大学"全球化"的发展新动向，何况目前这方面的人才，我国还异常缺乏呢！而这种"外向型"的人才，关起校门，是绝对培养不出来的。

## 四、相应的对策

　　在目前物质条件不足、观念上还不适应的情况下，全面号召建设"全球化"的大学是不切实际的。但却可以挑选个别学校做试点，为未来早做准备。选为试点的大学应具备如下几个基本条件：①校内管理体制的改革已经完成，各种关系较顺，教学、科研的发展势头良好；②规模适中，过大不易摆弄，且投资太多，过小则典型意义不足；③外语力量较强，是同层次大学的前列者；④校内开设的学科迫切需要且易于进行国际交流（如各门外语、外经贸、国际法、国际金融等）；⑤外籍教师和外国留学生分别占师生的比率较大；⑥具有长期对外交流的传统和经验，外事工作基础较好。

　　对试点的学校应采取如下相应措施。

　　（1）政策上放宽，赋予其较大的办学自主权。目前不易批准的一些对外办学方式应予放宽限制。例如：相互开课，彼此承认学分，颁发联合文凭；易地上课，承认学历，允许学生同时领取国内文凭与国外证书；境外办学，有权颁发相应的学历证件；自主选用与世界接轨的或国际上认可的先进教材；等等。

　　（2）督促试点大学迅速转变教育观念，推行教学改革。例如，将"学"与"术"的科目区别开来。"学"的要求拓宽视野，总体把握，养成独立分析、钻研、发现问题的创造性思维；"术"的要求高度强化专业技能的训练和运用，切实掌握服务社会的过硬本领。实行有关专业和科目的交融，通力合作，培养新一代适应多方面需要的复合型人才。对于可以由电脑处理的覆盖面广的课程（如资料性、知识积累性的基础课程），请最优秀的教师，配以熟练的技术人员，精心制作出质量上乘、性能安全的教学软件，实施不限时间、地点，灵活多样的"机授"，腾出人手来，改善其他方面的教学环境，大幅度提高教学效益。

（3）适度投入，改变投资的重点。这里提"适度投入"而不提"加大投入"，为的是防止以试点为由，向政府"狮子大开口"的不良倾向。而投资重点的变更，指的是从以建设校园为主的投入，转到以建设新教学设施或改进旧教学设施为重点的投入。这几年来，政府为某些学校不断征地，不断修整校园，不断扩大基建规模。这固然给师生提供了较为宽敞、舒适的场所，起一定的作用，但从教学效益方面来说，耗费甚巨，而收效极微。我国虽属第三世界国家，但有的校舍（办公室、教室等）利用方面，其阔气的表现，比第一世界还要"第一世界"。只要考察一下某些学校的课室利用率，就可以知道此言不妄。随着"全球化"的发展，校内外的教学完全可以融通，扩大招生规模并不是非要扩大校园不可。校园内的楼房也无需愈建愈高，愈建愈大。

假如当《四库全书》、《二十四史》、几十年的《人民日报》等都上了光盘的时候，一般的学校还用得着巨大的藏书楼吗？有的教育家甚至断言："30 年之后，庞大的校园将成为历史陈迹。"此话可能有偏颇之处，但除了维持不得不建的项目之外，试点大学应把主要资金投在媒体建设、网络教学、双向设施、评估设施、卫星传输等方面，这才是符合未来"全球化"发展的方向。

（原载《高等教育探索》1998 年第 4 期；又载《教育与现代化》1998 年第 4 期）

# 宠辱不惊　去留无意
## ——离任前的讲话

最后一次讲话，真的有点不知说些什么好。心里有些想法就略为表达一下吧。

首先，我感谢上级领导和省厅的信任和关怀，让我当了十一年半的行政第一把手（任副职的期间不算），还有机会当上了广外大第一任校长，虽然这段时间，我有所付出，也做了一定的牺牲，尤其大学合并、组建这些年，更是大伤脑筋；不过，十几年来我能够为学校、为大家做点事，而且得到了锻炼，那是上级信赖和支持的结果，毕竟不是每个人都有我这样的机会的。

其次，我还要感谢学校班子以及各部处、各院所及系部的同事、老师们，感谢你们给我的支持和鼓励，感谢你们对我的理解和帮助。广外大这几年有了一定的进步和发展，都跟你们的通力合作分不开，没有你们的努力，我必将一事无成。我会珍惜并记住咱们一起共事的好时光。

再次，我还要表示一点歉意。如果我曾经不经意地疏忽了一些人，或是某些利益关系没有协调好，请多多谅解。我作为一名双肩挑的教师，可以说已经尽了自己的力量，我无意伤害任何人，也不搞亲疏关系。和我比较亲近的人，我也没有给予额外的照顾。因此，如果我有什么做得不够的话，那都是无意的，请大家理解。

最后，我征得谢书记的同意，代表她在这里一起表达这样的意思：我们两人虽然不必参加"三讲"活动，但我们欢迎同志们随时审查我们任职期间的一切。至于我们在职期间的工作，就不必在这里回顾了，做得怎么样，还是由大家评说的好。不过，多年以来，我记住了两副对联，这也反映了我的心境，倒不妨趁这个机会说一说。

第一联是：

> 宠辱不惊，看庭前花开花落；
> 去留无意，望天上云卷云舒。

保持平和、宁静、豁达的心境，经得起赞扬、捧场，也受得起误会、委屈。能上能下，去和留都不特别在意，而且都一样高兴，我想我们应当有这样的心态。

第二联是：

> 诗堪入画方称妙
> 官到能民乃是清

前半联是衬托，后半联才是我的着眼之点。我不敢说自己已经做得怎么样，但我是常常用后一句话来勉励自己的。

我说完这番话之后，接力的棒子就正式交出去了。我相信接棒的人会比我跑得更快，也更稳健。我身上的毛病和缺点，想必不会在他身上重现。衷心祝愿广外大在新班子领导下，有一个新的起点，能创造出新的辉煌！

谢谢各位！

建华 2000.6.6

（原载《广东外语外贸大学校报》2000 年 6 月 15 日）

# 记忆筛子里留下来的真

## 开篇的话

主编来电话说，现已约我省的一些名人写点回忆在"干校"的日子的文章，说是为这段历史留下一点记录。我也在被约之列。我跟主编说，我不是名人，没有什么好写的。主编答道，随便写点什么都行，你不写自己可以写写身边的老师嘛，如梁宗岱，如……总而言之，还是希望我动笔去写。

美意难却，而"奉命"之作，却不易着墨。写别人吧，即便"斯人已逝"，可"家属犹存"，记叙得不准确（或虽准确而不合人家的心意），说不定还会惹来麻烦，或引起对方的不悦。考虑再三，还是说说自己吧。"文革"期间，我既不是大学里的党政要员，也不是学术权威，更不是某造反派的头头，而是地地道道无足轻重的普通教师，没挨过斗或受过管制，也没有出头露面去斗过人。那时候或进或退，或劳或息，全都是随大流的行为，一切都那么平庸无奇，我的点滴回忆就只能是一个平凡人的琐碎记录了。

## 书的命运

去"干校"前听了动员报告，说是要做好思想准备：扎根农村一辈子。户口已经迁移，家属也准备同行，那半屋子的书，怎么办呢？有人干脆得很，用小手车通通推到收购站卖掉。我嘛，"觉悟"未到这个程度，反复揣度，总觉得，我国还存在大量文盲，就用不着我们那点儿书本知识？

领低工资过来的人，家里数不上有几件值钱的东西，心目中唯一最珍贵的，就是多年积下来的那几本书了。现在要和它们告别，怎么能不产生难舍难分之感？于是我决定暗自留它一手，分作四部分去处理：一部分实在用不着，预计将来也不会用的，就随大流堂而皇之把它卖掉，以示下放改造的"铁一般的决心";另一部分可能会惹祸上身的（连同一叠旧书稿以及十几本从初中就开始写的日记）拿回父母家存放；再一部分估计无碍而自己又珍爱的，随行带备，劳动之余可慰对书籍的饥渴之念；最后一部分目前用不上但也舍不得处理的，就留在校里，让它们听任命运的摆布。

卖掉的，弃之而不可惜；存放父母家的都是自己"贼心不死"要保存下来的东西，我为它们找了个至为安全的去处：老家是工人之家，"五类"之列，谁也不会去找其麻烦的。带在身旁的自不必说，天天看见感到内心舒慰。倒是留校的那部分，少不免牵肠挂肚，如别心爱的亲人。

那场席卷中华大地的"下放改造"之风过后，回到了原来的位置。心中暗暗庆幸，多年的珍藏的书，一本不失；带在身旁的，完好无缺；留校里的，除尘封之外，故貌依然；我只待回老家取回最珍爱的那部分了。当时，情况尚未太明朗，因而我也不急于去取，反正放在"保险箱"里，早一点取，晚一点取，还不是一个样？

有一天，回到家里，终于开口问父亲，要拿回存放的那箱书籍。父亲开始支吾以对，说不急用就先放着吧，省得搬箱挪柜，弄得家里乱乱的。父亲说这话时，神色有点不自然，我不禁疑虑顿生。

"我自己来搬吧，过后我会把搬动的东西放回原处，收拾好的。"

父亲眼看躲不过我的追问，只好直说："你的那箱书我处理了。"

"处理了!? 怎么处理的。"

"卖掉了。"

"哎呀，那箱东西怎么能卖呢？许多是我写的，里面还有一大捆日记！要卖，我还用得着存放在你处吗？你怎么不通知我一声呢？唉，我真该死，没想到你会拿去换钱。那些东西能换几个钱！"我一边说，一边气得顿足，几乎要哭出声来。

他见我气得这个样子，自己也不好受。于是向我道出真相：原来他没有把我的书稿和日记卖掉，而是分了好几批，一页一页撕下来烧掉了。他说，他虽然不大懂，但看到到处都在"破四旧"、抓反动的东西，不知我的书是啥内容，尤其是那一大批手写的东西，更叫他担心。他这样做，全都是为我好，招来杀身之祸那可就晚了……

面对老爸的诚恳解释，眼看着他那无可奈何的神态，我又能说些什么呢。我只有深悔自己的失算。

就这样，我最珍贵的，认为最"保险"的，而且是无法复得的那部分，就因为"下放改造"而彻底地被"改"掉了。

打那以后，我再也提不起劲儿写日记，这也许就是"改造"的效果吧？

## 想着 ABC

在"干校"里除了劳动之外，少不了政治学习，读报纸、读语录、读毛著、读马列原著……就唯独专业书是摸不得的，"坚持走白专道路，留恋旧生活"的大帽子送过来，你可受不了。

但要我放弃专业，又实在舍不得。怎么办呢？我是外语出身的，起码不要因为拿锄头而忘了 ABC 才好。当时流传有"锄头锄不出 ABC"之说，这其实是一句实事求是的话，可这话就受到严厉的批判：不好好改造，却一心想着 ABC！

然而我想 ABC，倒想到了一个政治与外语兼顾的两全之策：读语录时，看一条中文，就看一条外文，捧着的是汉语，默诵的是外语。读马列著作时，拿着外文来对照，说是为了弄清某些关键的词语（事实也的确如此，有些东西光看中译文迷迷糊糊，一看外文反倒明白了），这样一来，谁也不好说什么，认真学习"政治"嘛。

学习外语的人都知道，不看、不听、不说，用不了多长时间就忘得差不多了的了。幸而我在这"劳动和改造"的场所，还是想到了对抗"遗忘"的方法。后来"重操旧业"时，总算可以勉强接上来。

## 再下放

"干校"终究还是个"知识分子成堆的地方"，劳动活虽然不轻，但还是可以接受的，大家都从拿笔杆转拿锄头，彼此彼此嘛。

然而，还有另一个考验，那是相当难熬的。记得在粤北连平的"干校"里，还要分期分批到农村去"三同"（同吃、同住、同劳动）三个月，期满后，由生产队做出评语，以鉴定"劳动改造"的效果。

我去乡村的时候，正值农闲时分，地里也没有什么农活。农民们就集体上山砍柴以为生计。

早上我的"三同户"，煮了几斤红薯，灌上一竹筒子的茶水。他邀我吃几条红薯算是早餐，然后领我挑着空担子随大队上山。走了十几里地才到达可以砍柴的山头。到目的地后，就开始抢刀砍伐。每人所挑的量有限，一下子就砍足了分量。各人弄好了自己的挑，已是日当响午。我自己动作慢，柴刀好像不听使唤似的。我那一担子，靠的是"三同户"的帮忙才弄好。

一切都收拾停当，农民们便相邀躲进树荫，打开带备的午餐（几条煮熟的红薯），大口大口地吃了起来。吃完午餐，大家仍没有归意，像是不约而同似的，各自选择一块阴凉的地方，打起午盹来了。我平时习惯午睡，这时却丝毫没有睡意，望着自己那担柴火，不免发愁起来。虽然我那担的分量大概只及人家的一半，可起码也有百把斤，路程那么长，我能挑得回去吗？

起程了，我挑着担跟跟跄跄的，随着小队伍在山间小径走着，一会儿就气喘吁吁，觉得担子愈来愈重。"三同户"见我落在后边，便停下来等候。待我赶上时，他叫我停着，一声不响把我那担柴火的几乎一半加到他自己那担上。分量减少到不成样子，可是我挑起来还是摇摇晃晃，实在不好意思。快到村头了，"三同户"再度叫我停下来，把他拿过去的那部分再还给我，然后我们再一起进入村里。他的用意很明白：为的是免得我在众人面前难堪。

经过"三同户"最初的暗中相助，两三个月下来，我也有了长进，总算能体面地挑回和自己身份相称的那部分，顺利地跟上农民砍柴队伍的步伐。

从"干校"再度下放期满，不消说我得到的评语是好的。我心里感激这个帮我渡过难关的话语不多的庄稼汉子。

## 毛主席的"好老师"

在"干校"里，我们这些"臭老九"自然要抓紧机会接受附近农民的再教育。记不清是什么场合了，大概是帮助生产队抢收抢种吧，任务完成得比较好，贫下中农十分满意，给我们写来了感谢信，这封信还要转报给我们的上级，信末有一句概括的话："你们不愧是毛主席的好老师。"

这本来是一句套话，"当毛主席的好战士""做毛主席的好学生"那时候许多人是经常挂在口头上的。我们是当老师的，农民把这话套过来，那是很自然的事。可是我们这些知识分子，也许是太敏感的缘故吧，听了这话都十分不安。当毛主席的老师，谁有这个豹子胆，当场就有人提议把这话改掉。获得这样的"感谢信"，对于我们这些"臭知识分子"来说，已经是受宠若惊，我们真不想为"老师"一词而担惊受怕。如果因此两字而闯下大祸，那够我们一生消受的。

几个人不约而同地说：改，改，改！改什么好呢？大家斟酌再三：还是把"老师"改为"学生"吧。就这样，我们自觉地响应了"先当学生，后当老师"的教导。

## 顺便结婚

"干校"既是"劳动改造"场所，也是"阶级斗争"进行得如火如荼的地方，即便是"革命群众"也不得轻易请假下火线的。我认识的某君，当时已经是大龄青年，婚期一拖再拖，曾经试图请假回城把婚事办了，但一再遭到拒绝，只好强忍"牛郎织女"相思之苦。有一天，机会终于出现了。领导交代他进城办事，购置一些农具和日常用品，这是个大好时机，他向领导递上请假条，我还记得这条子的大意。

> 尊敬的××领导：
>     感谢组织的信任，派我到城里办事。我准备趁出差的机会在城里多逗留两天，与家乡来此地的亲友相聚，并顺便结婚。
>     望予特准。
>     此致
> 敬礼！

这"顺便结婚"后来传为佳话。"无心插柳"，结下了美满的果实，今天儿女已经长大成人了。当时不趁"顺便"，恐怕是不易结成婚的吧。

## 敬而远之

我们"干校"的住地是临时搭建的土泥屋，里面放了一排一排的双床，各占一个铺位，这就是我们的栖息之地。住在本人上铺的是一位连级干部，贫农出身，属于"根正苗红"之类的。他文化不高，心地挺好，虽身为领导，但没有搞什么"特殊化"，而是和我们这样的"普通战士"同劳动，同学习，一起"斗私批修"。

我们平时虽然"共同语言"不多，但倒也能够保持着带有一定距离的互相尊重。他这人什么都好，唯独有一个我们不好接受的习惯：不洗澡。无论多热的天气，劳动后回来用毛巾稍稍把汗擦干，就可以睡觉。他的衣服湿透了汗水，也不肯轻易一洗，而是把它挂在床头，让其自然晾干，第二天再穿上，就又劳动去了。他那衣服的汗臭味，不光熏得我难以忍受，连全室的"五七战士"都为之掩鼻。怎么办呢？如果他是普通"战士"我们可以直言向他建议：请他勤洗澡、勤换洗衣服。如果他是"专政对象"，那就更简单，可以"命令"他改掉坏习惯，不要用自己的"资走阶级臭氧"去熏别人。可他是劳动人民出身，响当当的红色干部，而且还在领导我们劳动的呀！说他的劳动汗水臭，万一上起纲来你担当得了？

大家苦思而不得其策，终于谁也没敢开口。而奇怪的是，气味闻惯了，久而久之就不觉得像当初那么难受。就这样，我们强迫自己接受了"劳动人民"的生活改造。不过，后来宿舍调整，我们庆幸自己能够"敬而远之"。

## 不准"小便"

"干校"据说也是"阶级斗争"的场所，一些"死猫"就不时被揪出来接受"攻心战"。他们遇到无中生有的污蔑之词，免不了加以否认或申辩几句。这时就有人领着"革命群众"高呼："不准×××狡辩！"，众声夺人。记得当时有一名小头头，来自农村，这"狡"字老是发音不准，读如 xiǎo 音。他一领喊口号，我们都禁不住暗暗发笑，因为我们听到的是"不准×××小便！"这使当时浓重的悲剧成分平添了一丝喜剧的气息。后来我们给那位小头头送了一个"不准小便"的雅号。这"不准小便"不正反映了当时一些人的蛮横无理的霸道作风！

**结束语：**

记忆是个大网眼的筛子，许多琐事都从其中溜走了，留下来的以上几条都给时光冲掉了新鲜感。也许平淡无奇正是"真"的体现吧，因为我当时的经历正是大多数"普通五七战士"的经历。

（原载江惠生、黄伟宗主编《英州夜话：知名文化人在英德"五七干校"的日子》，花城出版社 1999 年版）

# 谈高校内部的民主管理

要办好有中国特色的社会主义大学，就要在学校管理中发扬社会主义民主。邓小平同志说得好："没有民主就没有社会主义，就没有社会主义的现代化。"（《邓小平文选》第 154 页）高校是知识分子密集的地方，有条件也有可能按照本单位的具体情况，在党委的领导下，逐步推进内部管理的民主进程。为此我们曾提出"决策民主化、管理条例化、办事公开化"的口号，并着力在实际工作中予以实施。

首先是成立和健全不同类型的各级民主管理机构，如校（院）务委员会、工会、教代会、职称评审委员会、学术委员会、学位委员会、监察委员会、学生工作委员会、外事工作委员会、基金会、学生会等。对各个机构的产生办法、职责、工作规划都做出明确界定，形成条例并公布于众。

其次，各类机构均须严格按照民主程序办事。哪些问题行使审议权，哪些问题行使表决权，出席人数及票数多少方为有效，都有明文规定，照章运作，任何人不得随意更改。

再者，各机构工作的时候，也要发扬民主，广泛倾听会外群众的意见。凡不必保密的事情要做到尽量公开。例如，教代会下的调房委员在分房工作中不但要求委员们平时收集下面的意见，而且表决之前还召开大型的公开会议。凡本校教职工，无论有关的或无关的人员都可以到会申述自己的意见、建议和要求。学校主管领导亲临会场，自始至终进行积极而有效的引导，因此事情取得较为圆满的结果。

我们认为，在党中央和上级机关规定的方针政策范围内逐步推进民主管理，可以产生多方面的良好效应。它是发动群众，调动广大教职工积极性的方式之一，也是群众自我教育的方式之一。参与民主管理亦就是参与改造客观世界的活动，同时这又会成为改造主观世界的过程。为了在某项工作中实现有效的民主，就得首先学习好党和上级部门的有关方针政策。

通过不同意见的表达甚至交锋，那些囿于己见的片面看法或过激观点，得到一定程度的改变，大家看问题的视野比过去更开、更全面了。民主管理也是揭露违纪行为、抵制腐败现象的有效手段之一。我们要求校内各单位做到"经济民主、财务公开"，并接受监察委员会的监督。更重要的是，民主管理乃是实行强有力集中的前提条件。我们并非为民主而民主，推行民主管理，为的是卓有成效地完成学校各项任务。所做的决议靠广大群众参与讨论并经过严格的民主程序形成，换言之，是在真正的民主基础上的集中。这样的决议贯彻起来便有了坚实的基础。

高校各项工作的民主管理离不开党的有关方针政策，为了把握正确的政治方向，事前要做大量的宣传教育工作。这是一项艰苦劳动，并不比校领导几个人关起门来议论一下做个决议来得轻松。但经过细致的思想工作之后，上下便能进一步沟通，师生员工与学校各级领导之间就会有更多的共同语言。此外，民主意识增强后，众说纷纭是必然的事，这时还需要做复杂的协调工作。协调也是领导方式之一，这项工作十分繁难，绝不比单纯的发号施令来得容易。

也有人担心，如此一来，就可能造成局面失控，大权旁落。其实也不然。因为有关学校的大政方针以及全局性的管理条例，均由党委及校务会议在听取各方面的意见之后研究决定；党委会考核任免干部的原则并没有改变。至于职称评审、学术成果鉴定、分房调房、基金分配等各种具体事项，虽然由各专门委员会按民主程序讨论通过，但最后仍由党委书记或校长签署发布。倘若到时发现某一委员会的决议有违反党的方针政策之处，党委或校领导自然可以理直气壮地令其复议，而且正好抓住这个时机进行有针对性的政治思想工作。如果他们的决定并非不合理，只不过是和领导原来的想法有所不同，那么就应虚心听取他们的意见，按他们的决定办。这才称得上民主，而不是"我主"。

（原载《中国教育报》，1991 年 5 月 30 日，后由中国人民大学报刊资料复印中心转载）

# 外语教学也应重视德育

有人称外语是"文科中的理科",意思是说这门学科与意识形态关系不大。语言无非是工具,专业教师在学科中的任务只需把 A、B、C 教好。德育嘛,乃是学科以外的事情。其实,并非如此。这是因为,语言是文化的载体,就其自在形态而言,虽然没有阶级性,但语言的成品(例如诗歌小说、散文)却与意识形态息息相关。稍有经验的外语教师都懂得,学习某一国的语言同时就意味着学习该国的文化。

所谓文化,包含多方面的内容,例如:文物古迹、典章制度、思想观念、生活习俗。总而言之,包括有形(物质)与无形(精神)两方面。外语院校学生对此的了解和吸收可以通过好几种渠道,如教科书中的原文选读;教师的授课,特别是对象国的国情介绍(外语院系一般都开设有关国家的概况课);课外读物;外台广播及其他音像材料;与外国专家及其他外籍人士的直接接触;排戏、歌曲演唱、"外语之角",等等。

上述几方面是掌握外语的常规途径。为了使学习富有成效,我们常常鼓励学生对此加以充分利用。一来,学生便自然而然地沉浸在外国文化的氛围中,这种潜移默化的作用,我们过去并没有清醒的认识,更谈不上因势利导。再加上前几年"全盘西化"风一刮,我们在文化问题上就大大失去了主导权。透过学生中的某些表现,可知问题的严重性,例如个人第一、享乐至上、轻政治倾向、媚洋轻中等。

其实,一国的文化总是精华与糟粕并存,因而吸收与扬弃应该是同时进行的。这就需要我们及时培养学生的鉴别能力,而不应抱着纯语言的观念,任其自流。上面提到的几种文化内容中,有些是一个国家或一个民族的精粹,应很好地认识、领会。例如,就文物古迹而言,埃菲尔铁塔是巴黎的象征,艺术之力的标志,学法语的人不能无所了解。有些则体现该国的民族特性,无所谓优劣。例如,就生活习俗而言,西方人可以当面赞赏成年女子的美貌,而中国人却无此习,学习西方语言的理应知道,以免造成误会。但有些确实良莠并存,而且莠往往多于良。例如,典章制度方面的资产阶级政治构架、思想观念方面的唯个人价值取向,等等。如果任其传播、泛滥，则青年学生中有一些人便极可能失去政治信念，即使外语学得再好，充其量也只能成为"黄皮白心"的英人、美人、德人或法人，于我们的建设事业何益？

我们必须采取稳妥而有力的措施在外语教学中体现重视德育的原则，这是外语院校义不容辞的任务。

首先，我们应鼓励专业教师努力学习马克思主义关于文化问题的论述，深刻认识"一定的文化（当作观念形态的文化）是一定社会的政治和经济的反映"，学会运用马克思主义的观点、立场和方法，有机的结合外语教学及课余活动，对学生做出正确而生动的引导。

其次，我们可以有目的地选用一些国外或境外人士关于揭露西方文化糟粕的言论。这些切身体会，往往有不言自喻的说服力。

再次，我们要运用多种方式，大力弘扬优秀的中国文化，让学生在学习外国语言文化的过程中，时刻不忘自己是"龙的传人"。不但如此，还要通过有意识的中外对比，使学生树立起对华夏五千年文明的自信心和自豪感。

此外，我们要引导学生抵制和批判西方文化糟粕部分所形成的腐朽生活方式，诸如："性自由，性解放"、极端个人主义行为、轻老宠幼的风气、紧张冲突的社会心态、玩世不恭的生活态度，等等。

最后，我们要利用各种适当机会揭示"全盘西化论"的谬误。总之，外语院校的思想教育，绝不能只停留在学科之外的层面上，而必须渗透到学科领域中去。只有学科内外的德育工作配合起来，才有希望取得预期的效果。

（原载《中国教育报》，1991 年 7 月 11 日）

# 晚识的"知己"

在《我和词典》的专栏里，许多知名学者都述说自己如何自小和词典结下不解之缘。可是我却没有这个幸运。小时候读的是私塾，家境贫寒，时读时辍，买几本启蒙课本已费尽九牛二虎之力，哪里还谈得上买词典？再说，那时读书也多半是"贝多芬"（熟背即可取得高分），可以不求甚解，词典自然不是必需之物。

1949 年后，入中学了，读书、作文本来都离不开索解、查考的工具。但不知什么原因——也许是老师疏于指点，也许是自己好玩分心，整个中学阶段我竟不知查阅词典。当时我也算"博览群书"，但囫囵吞枣的居多，其结果是至今还常常碰到一些字不会念。我的作文也颇得老师的好评，但遣词造句往往是依葫芦画瓢，不解其中的真意。例如，"老气横秋"一语，我早就会认，也不大会用错。但倘若问我"横秋"是什么意思，我便无言以对。后来进了大学，词典才成了须臾不可分离的"益友""良师"。我的专业是法语，理解上天天都碰到"拦路虎"，远离法国的环境来学习法兰西语言，除了课堂用心领会之外，课后就只有勤于查阅词典了。"书到用时方恨少"，一两本词典解决不了学习上的多种难题，便只好购备各式各样的辞书。从此愈查愈感到自己贫乏粗疏，慢慢方晓得"不求甚解"所造成的浅薄。

有人说，学习外语反过来会加深对母语的认识。此话一点不假。我在做中译法练习的时候，开始发现自己对汉语的理解并不深透，而致常常造成法语表达上的错误。这时候我才忽然悟到：从前我读本国的著作，自以为"懂了"，其实并没有真懂。我翻开少年时代熟读的《三字经》《千字文》《诗经》"四书"，惊讶地发现：许多词语，我实在不知其所云。由此我才知道：语言是有共通性的，对待母语也只有采取老老实实的态度，才能真正掌握。于是汉语辞书又逐渐成了我学习生活的伴侣。这时已感到"相见恨晚"，深悔当初没有主动与之结识。

毕业后留校任教，要给学生"解惑"，一字一词都马虎不得，辞书又成了我备课的权威顾问。后来由于一个偶然的机缘，我主持了《新简明

黄建华自选集 ｜ HUANG JIANHUA ZIXUANJI

法汉词典》的编订工作，一伏案就是四五年，饱尝了为索源求解而和多种辞书打交道的甘苦。我在《辞书研究》创刊号发表的《法汉词典选词、译义、词例问题初探》一文便是那几年和词典日夕相处留下的一个侧影。这不过是实际工作中的一些体会，谈不上对词典有什么理性的认识。

1979 年赴法国工作，在巴黎住了三年多。当时《新简明法汉词典》已经交稿，我也离开了词典编纂工作，但词典仍然像磁石一样吸引着我。旅法期间我不但搜求各种辞书和关于辞书学的著作，而且遍访法国著名词典家，争取机会当面聆教。我能对词典问题做些理论上的探讨，并发表了多篇有关词典学的文章，全赖前阶段的编写实践和这段时期的学习、钻研。最近，我的《词典论》小册子已经出版，我主编的《英俄德法西日语文词典研究》一书亦已交稿，这都是我奉献给这位晚识"知己"的微薄礼物。知之弥深，爱之弥切，看来我的后半生再也不可能和词典分开了。现在我仍在编词典，同时还继续从事有关词典学的著述。但愿以自己的努力，能把早年虚耗的光阴多少夺回一点。

（原载《辞书研究》1988 年第 1 期）

# 为学之难

　　编辑部约稿，希望我为《名家论要》栏目写点文字，令我颇费踌躇，乃至拖延了近一年才执笔：一则我肚子里的确没有什么成熟的道道儿可以传授给青年朋友的；二则我并不是"名家"，深感愧对这一栏目的称谓。然而，主编的盛情难却，那我就只好不揣浅陋了。

　　记不起哪位古人说过："治外物易，治己身难。"如果把"外物"看作我们所攻的学科，而"己身"则视为个人的道德修养，那么，我想把这话稍改一下："治外物不易，治己身尤难。"而此二者又常常是联系在一起的。

　　难在什么地方？

　　为学之初，未得其门而入，往往心浮气躁，看见人家在哪方面取得成绩就往哪方面赶，什么东西时兴，就冲着什么东西用劲。这时，如何能按照自己的志趣、条件，冷静而又耐心地选准专攻的切入点，一难也。

　　专攻的方向终于确定，用功之后获得了初步的成绩，一般都迫不及待地要"多出成果"：数量，对于许多人来说，是极具诱惑力的。这时，如何能耐得住寂寞，认真追求精品，厚积而薄发，二难也。

　　学问之道，常常是"由博而约，复由约而博"的循环递进过程。一旦学有专攻之后，不少人就囿于原有的领域，不愿、不敢，或毫无兴趣去涉猎其他，不了解现代的学科往往彼此关联，互为推动。这时，如何能开阔视野，使自己不致停留在原有的平台上，三难也。

　　一个人学有所成，往往是成功地运用了某种方法，而且是倾注了巨大心血的结果，因而对自己所熟悉的那一套较为赞赏，对本人所攻的学科有所偏爱，那是十分自然的事。然而，有的人竟致以为，世间上只有自己所借助的方法最正确，自己所从事的那门学科最重要，其余都不值得称道。于是，原先和谐的、彼此尊重的学术气氛便大受影响。这时，如何能做到借人之长，补己之短（而不是以己之长傲视他人之短），使自己更上一个新台阶，四难也。

　　初露头角，在一个小圈子里稍有名气，于是这个"长"、那个"顾问"的头衔飘然而至，聘书、请柬便不时飞来。这时，如何能沉得住气，婉拒不必要的交际、约会，一如既往地保持刻苦钻研的劲头，使自己不致为应酬所困，为浮名所累，五难也。

资历日增，获得一定的学术地位，自然吸引到一些项目纳入自己的名下。社会上有些人认为，只要某某挂名即可，不必由他亲自动手。于是，不"主"又不"编"的"主编"，无须主管也不必操持的"项目主持人"，便日益多起来。这时，如何能做到既"主"又"编"，既主管又操持，凭自己的切实参与带领一班人推动学科的前进，而不是借他人之力，坐享其成地把自己所拥有的"学术雪球"滚大，六难也。

年岁渐长，学术上具备了师长的资格。有些人便以"宗师"自居，容不得可畏的后生对自己的见解发起挑战，殊不知有新的发现，才有学术上的前进。"弟子不必不如师"，应是常规之理。这时，如何能做到扶持后学，让他们在"大树底下好乘凉"，鼓励他们超过自己，欣赏他们的创新，而不是有意或无意地抑制他们（其实也是抑制学术的新发展），弄得"大树底下无小草"，七难也。

这七条难处，既涉及"治外物"，也关乎"治己身"。每一条都是一个很高的阶梯，我自己深感跨越之不易，因此，至今"外物""己身"都只治得个平平的效果，而本人却已快到职业生涯的尽头了。我想，青年人只要踏踏实实、一步一个脚印地攀登，在学术上比前辈站得更高、看得更远，取得更丰硕的成果，那是可以预期的事。作为年岁大一点的人，如果要给年轻人赠一句什么格言的话，我还是想借用郑板桥那一句"学者会自树其帜"。几年前我曾借此为题发表了一篇文章①，读者如感兴趣，不妨找来参看。

［原载《外语与外语教学》1999 年第 10 期；收入《外语名家论要》（外语教学与研究出版社 1999 年版）一书中；后经改写作为《广东外语外贸大学博士生导师文集》（世界图书出版公司 2000 年版）的总序］

---

① 黄建华：《学者当自树其帜》，载《现代外语》1992 年第 4 期。

# 第四部分

# 前言后语

# 关于男欢女爱的古罗马诗作
## ——《爱经》前言

## 新版前言

1997 年元旦，我为《爱经》的全译本（百花文艺出版社）写下了"译者前言"。也就是说，该译本的出版距今已经近 10 年了。初版后不久即第二次印刷，后来，坊间还出现了盗版的本子。由于本人缺乏时间和精力去追究，只好不了了之。此次承蒙陕西人民出版社接纳再版，就趁此机会，说几句交代的话。

《爱经》的真正原文是古拉丁文，因为曾经是禁书，所以流传下来的古抄本极少。据说，英国牛津、奥地利维也纳、法国巴黎各仅存一套，而牛津本只剩一卷，巴黎本却三卷俱全。由于巴黎藏卷最为完备，因此几种主要欧洲文字（英语、德语、法语、西班牙语、意大利语……）的近代译本，都从巴黎本译出。可以这样说，就接近原文的程度而言，法国人的译本应该是最权威的。

要译书，最好是从原文着手，二手翻译，乃是不得已而为之的事。本人虽曾学过一点拉丁语，但只是略识皮毛，距离读懂古拉丁文的水平还相去甚远！于是只好求助于法国人的译本。幸好本人曾在巴黎住过，现时法国还有亲友，为寻找《爱经》的法文版本，不仅自己，而且还让亲友花了好些功夫。因此，在初版的"译者前言"中我这样写道："为了翻译此书，我曾经参考过几个版本和法文译本，择善而从之，绝不敢随便抓到一本，便率尔移译。"

鉴于法文并非《爱经》本来意义的原文，而且本人自信初译时的态度还是认真的，所以这次再版就没有拿外文重新校对，而是仰仗责编，请他多在编辑上下些功夫。不过这新版本和旧版本还是有一些不同之处：其一，附上了插图。附图与本书的原作者、版本以及书中提及的人物密切相关，目的是让读者有一个更鲜明的印象。其二，旧译本的"前言"原是发表于香港《大公报》的长篇文章（1997 年 1 月 28 日至 2 月 4 日分段连载），不知什么缘故，收作译本"前言"时，百花文艺出版社的编者未经本人同意，便删掉了其中的一些文句和段落。现在趁出新版的机会，决定予以补足，好让读者了解其全貌。另外，新版本增加了《恋情集》三卷中各小节的标题，补足旧版本当中的疏漏，重新斟酌、润色一些词句，在忠实原著、维持译文原貌的基础与前提下，使其更加适合现代读者的口味。同时，接受出版社责编建议，趁此再版之际，将书名改为《罗马爱经》。是对是错，是优是劣，就交由读者去评判吧。

时光流逝，冲刷一切，百花文艺出版社的译本在市面上已经找不到了。而我自己连第二次印刷的本子也没有保存下来。感谢陕西人民出版社北京图书策划中心的李向晨先生、郭凤岭先生，使这部译作获得和读者重新见面的机会。《爱经》虽然曾经引起众多的争议，但却是公认的不朽的传世之作。像这样伟大的作品，即便有了前译，再多出一两种译本也是无妨的。我愿意把自己的译品投放到译坛的百花园中，恭请读者和行家欣赏、比照、鉴别、批评。

黄建华

2006 年 7 月 17 日于广州外语外贸大学校园

# 旧版前言

我偕小女迅余译完此书之后，出版社来函嘱托，要写一篇有分量的学术性序言。奥维德是古罗马的经典诗人，他的爱情诗篇几乎译成了所有西方文字，研究他本人及其作品的著述，在西方世界里收集起来，如果不说车载斗量也绝不会是个小数。可惜我本人不是这方面的研究家，无法为此做一篇洋洋洒洒的学术论文，于是就只好从译者的角度写上几行交代的文字。

## （一）戴译与拙译

奥维德的名字对于我国读者来说也许并不陌生，诗人戴望舒早就译出过他的《爱经》。而最近几年，许多家出版社把《爱经》一再重印，有的印数还不少。可以说，这部描绘古罗马情爱的经典作品连同它的作者的名字，已经传遍中国大江南北了。

这次新译的《爱经》，虽则书名沿用戴望舒的译名，但和他所译的《爱经》却是有很大不同的。

首先是分量上的不一样。新译本汇集了奥维德三部主要的爱情作品：

《恋情集》(《AMORES》——法译文：LES AMOURS)、《爱的技巧》(《ARTIS AMATORIAE》——法译文：L'ART D'AIMER)、《情伤良方》(《REMEDIA AMORIS》——法译文：LES REMEDES A L'AMOUR)。戴望舒只译了中间的一部，也就是三分之一左右吧。

其次，新译本做了分篇、分段或分首的处理，还加上了小标题，眉目更清晰。这都不是译者的妄加，而是接纳了奥维德研究家的成果所致。为了翻译此书，我曾经参考过几个版本和法文译本，择善而从之，绝不敢随便抓到一本，便率尔移译。

再次，新译本的准确程度要略高一些，避免了旧译的一些疏误。我译此书到第二部分时，曾恭恭敬敬地把戴译本放在案头作为参考。平心而论，和二三十年代的译品比较而言，戴译可以称得上是严谨之作，错漏的情况不算太多。但也许是因为当时的条件局限，仍不免见到一些明显的误译。兹举一例，以为佐证，请注意下面两段文字：

戴译：只有一个劝告，假如你对于我所教的功课有几分信心，假如我的话不被狂风吹到大海去，千万不要冒险，否则也得弄个彻底。①

新译：如果你对我所传授的技巧还有几分信心，如果我的话不致被狂风吹到大海去，那我就给你这么一个忠告：要么就别去碰运气，要么就冒险到底。

如果读者诸君有懂法文的，请对照下面两种法语的译文，便不难认定戴译之误：

NE TENTE PAS L'AVENTURE OU POUSSE-LA JUSQU'AU BOUT. ②

…OU NE TENTE PAS L'AVENTURE OU CONDUIS-LA JUSQU'AU BOUT. ③

最后，新译比起旧译来，清畅可读得多。一个时代有一个时代的文风，一个时代有一个时代的欣赏趣味。即便戴译全然不错，今天的读者读起旧译的文句来也会不太习惯。这是很自然的事，六十余年的光阴可不算太短啊（戴译《爱经》1929 年 4 月由上海水沫书店初版）。请对照读读开篇的一段文字，似可见一斑：

戴译：假如在我们国中有个人不懂爱术，他只要读了这篇诗，读时他便领会，他便会爱了。用帆和桨使船儿航行的很快的是艺术，使车儿驰行得很轻捷的是艺术，艺术亦应得统治阿谟尔。④

新译：如果我们国人中有谁不懂爱的技巧，那就请他来读读这部诗作吧；读后受到启发，他便会去爱了。凭着技巧扬帆用桨，使船儿

---

① ［古罗马］奥维德：《爱经》，戴望舒译，花城出版社 1993 年版，第 20 页。
② *L'ART D'AIMER*, SOCIETE D'EDITION LES BELLES LETTRES 1994 年版，第 17 页。
③ *LES AMOURS*, CLASSIQUES GARNIERS，版本年代不详，第 181 页。
④ ［古罗马］奥维德：《爱经》，戴望舒译，花城出版社 1993 年版，第 3 页。

高速航行；凭着技巧驾驶，使车儿轻快前进。爱神也应该受技巧的支配。

假如认为开篇的两句未必有足够的代表性，那么，我们翻到下文，随机再抽取一句：

戴译：这是你开端的啊，罗摩路斯，你将烦恼混到游艺中，掳掠沙皮尼族的女子给你的战士做妻子。①

新译：洛摩罗斯啊，正是你第一个扰乱剧场，掠走萨宾女子，给你手下的单身战士带来欢乐。

我做此对照，丝毫没有扬新抑旧、自我标榜的意思。后译比前译的略胜一筹，那是理所当然的事，因为后译者是站在前人的肩上。我的用意无非是说明新译的《爱经》不同于时下的某些译本：与前译大同小异，多了一个新译本却不能增添什么。我敢夸口：即使是最欣赏戴译的读者，如果肯解囊多买一部我这个新译本，这点钱是不会白花的，因为它起码有三分之二左右的译文为旧译本所无。

## （二）情与欲

有人称奥维德的爱情诗作是古罗马文学的一顶珠宝冠冕，每一诗句都闪烁着宝石的光芒。不过，当我们看到"爱"字（AMORES）的时候，可不要以为这又是一部缠绵悱恻的纯情之作，奥维德的作品含有更多肉欲的成分。正因为这样，他成了历史上有争议的诗人。你读读下列诗句，即可知其大胆暴露的程度：

她伫立在我的眼前，不挂衣衫，整个娇躯见不到半点微瑕！我看到、我触摸着多美的双肩，多娇柔的胳臂！美丽的乳房抚摸起来多么惬意！在高耸的胸脯下那肚皮多么平滑！溜圆的臀部多富有弹性！一双大腿多么富于青春活力！然而，有什么必要逐一细数呢？我只看到值得赞美的地方。她全身赤裸，我紧紧搂着她，让她贴在我身。其

---

① ［古罗马］奥维德：《爱经》，戴望舒译，花城出版社 1993 年版，第 7－8 页。

余的，那就不言自明了。（《恋情集》卷一，第五首）

奥维德并非单从男性的角度看待性爱，他还强调男女双方的身心交流，共同享受爱的欢愉，这是诗人的出色之处：

> 但愿女子整个身心感受到维纳斯欢愉的震撼，但愿这种欢乐能与其情郎两人共享！情爱的言辞、甜蜜的私语绝对不要停下来，在你们肉欲的搏斗中，色情的言语自有其位置。（《爱的技巧》卷三）

爱与性原本是无法分开的。今人的"做爱"一词，不也正反映此二者的密切关系？两千年前奥维德就已经深知这一点，他以酣畅的笔墨把心灵之爱与肉体之欢糅合描绘，从而令他的诗作有着难以抗拒的魅力。他不是那种死后才被大众认识的诗人，在生的时候，他就已经声名远播了。

## （三）艺术与技巧

ART一词兼有"艺术"和"技艺"的意思，许多人就把第二本《L'ART D'AIMER》译成《爱的艺术》[①]。戴译虽然把书名译为《爱经》，但对ART一词也是作"艺术"解的，上引的开篇之句可以为证。不过，如果你通读全诗之后就会发现，奥维德所描画的更多的是"形而下"之爱，诗人以"导师"的身份出现，自诩向青年男女传授技巧：

> 希腊人中精于医术的，是波达利里俄斯；勇武出名的，是埃阿科斯的孙子；长于辞令的，是涅斯托尔；犹如卡尔卡斯之擅长占卜，亦如拉蒙之子之善使兵器，再如奥托墨冬之长于驾车；我也一样，我是爱情的专家。男子汉哪，请来歌颂你们的诗人吧，赐我以赞美之词，让我的名字在全世界传诵。我给你们提供了武器，即如伏尔甘给阿喀琉斯供应兵器一样。阿喀琉斯已经获胜，希望凭着我的赠言，你们也会成为胜利者。但愿所有靠着我的利刃战胜阿马宗女子的人，在他们

---

① 《中国大百科全书·外国文学》（中国大百科全书出版社1982年版）也采用此译法，见该书第85页。诗人周良沛也是赞同这个译法的，见《爱经》的"新版前记"（花城出版社1993年版，第5页）。

的战利品上写上："奥维德是我的导师"。(《爱的技巧》卷二)①

诗中交代了猎爱的场所、示爱的方法、衣装打扮、宴席上的举止、情书的写法、许诺与恭维、索礼与送礼、逃避监视、掩饰不忠，等等，甚至连"床第之事"也画上了浓重的笔墨：

> 请相信我吧，不要急于达到快感的高潮；而要经过几次迟疑，不知不觉慢慢地达到这种境地。当你找到了女子喜欢领略人家抚爱的地方，你不必害羞，尽管抚摸好了。你就会看到你的情人双眼闪耀着颤动的光芒，犹如清澈的流水反射太阳光线。接着便传出呻吟之声，温柔的细语，甜蜜的欢叫以及表达爱欲的言辞。但不要过度扬帆，把你的情人甩在后面，也不要让她超过你，走在你的前头。要同时赶到临界的地方；当男女二人都败下阵来，毫无力气地躺卧着，这时候的快乐真个是无以复加！当你悠闲自在，不必因恐惧而不得不匆匆偷欢的时候，你是应当遵循上面的行动规矩的。而当延迟会招致危险的时候，那就得全力划桨，用马刺去刺你那匹全速飞奔的骏马。(《爱的技巧》卷二)

由于其描绘范围的广泛，有人便把奥维德的诗作称为"爱之百科全书"②。既是"百科"，自然就更接近于"技艺"，因此，这里把诗篇的名字译为"爱的技巧"是恰当的。不过，如果这是纯然的技巧，则奥维德的诗作便无异于时下"如何交异性朋友""性的知识"之类的常识读物，这过了时的古代知识对于今天的读者便不会有多少吸引力。奥维德虽以"传授技巧"自居，而这却是通过艺术或借助艺术来传达的。哪怕是最常用的"技巧"（例如，赞美自己的对象），他都能娓娓道来，把你紧紧地攫住：

> 如果你很想保持你情人的爱情，那你就要做到让她相信你在惊叹她的美丽。她身披提尔产的紫色外套吗？你便大赞提尔紫外套。她穿

---

① 本段提到的多名神话人物已在译本中加注交代。

② 参见 A. -F. SABOT, *OVIDE*, *POETE DE L'AVENIR DANS SES OEUVRES DE JEUNESSE*。

着科斯岛制的布料吗？你便认为科斯布料对她正合适。她金饰耀眼？你便说，她在你眼中，比黄金更宝贵。假如她选择毛皮，你便称赞说，她穿起来真好。假如她在你面前出现，只穿单衣，你便喊叫一声："你撩起我的火焰！"再轻声地请求她，当心别冻坏了身子。她的头发简单分梳？你就把这种梳法夸赞。她头发用热铁卷曲过？你就应该说，你喜欢卷发。她跳舞的时候，你称赞她的手臂；她唱歌的时候，你欣赏她的嗓音；她停下来的时候，你便惋惜地说，她结束得太早。（《爱的技巧》卷二）

总而言之，奥维德传授的"技巧"是和艺术密切相连的，唯其如此，他的诗作才会那样历久不衰。

（四）真情与假意

奥维德才刚刮了一两次胡子的时候，也就是十六七岁的光景吧，就写起情诗来了。他自感丘比特之箭留给他的灼痛，爱神始终占据着他的心胸。他推崇不牵涉任何交易的爱，而厌恶情爱中的买卖：

请以毫无理性的动物为榜样吧：你看到禽兽的灵性比你更通情理，你会感到羞耻。牝马不向雄马索取任何礼物；母牛不向公牛要什么东西；牡羊不靠赠物去吸引逗它欢心的雌羊。只有女人才乐于去剥夺男人；只有女人才出租自己的夜间时光；只有女人才把自己租赁出去。她出卖令两人都感到快乐、两人都想要的东西；她既得到了钱，还获得了享乐。爱神是令两个人都同样称心惬意的，为什么一个出卖，另一个购买呢？男人和女人协同动作而获得的感官之乐，为什么它令我破费而却使你得益呢？（《恋情集》卷一）

然而，奥维德却不是那种一往情深、无私忘我的诗人。他更多地把爱情看作一种技艺，能学可传。当他以传授者自居对读者进行说教的时候，就显得异常地冷静。而他所传授的技艺则充满取巧的成分。且看他如何教人处理跟对方女仆的关系：

一旦女仆在这风流案中有一半的份儿，她就不会成为告发者。翘膀粘上胶的鸟儿不能起飞；困在巨网中的野猪不易逃离；上钩受伤的鱼儿无法挣脱。你对你已经展开了进攻的人儿要步步紧逼，直到你取胜之后才好离开。但是，你可千万别暴露自己！如果你将自己和女仆的关系好好地隐藏起来，那么，你的情妇的一举一动便随时知晓。（《爱的技巧》卷一）

诗人还鼓励求爱的人大胆起誓，不必担心受惩罚：

请大胆地许诺；许诺能打动女子；你就拿所有神祇作为见证，借以证实你的诺言吧。朱庇特，高踞天上，笑看情人发假誓言；他命令风神的各路来风将誓词带走，把它吹得无影无踪。（《爱的技巧》卷一）

甚至连床笫之欢，他也怂恿人家装假：

即使是天性令其享受不到维纳斯之欢愉快感的人，你呀，你也要用冒充的声调，假装感受到这种甜蜜的欢乐。这个本该给男女都带来快乐的部位，在某些年轻妇女的身上却全无感觉，这种女子是多么的不幸啊！不过，可要注意，这种假装千万别显露出来。你的动作，你的眼神都要能瞒过我们！（《爱的技巧》卷二）

不管这"技巧"如何娴熟，谈爱的人虚情假意到这种程度，该是多么可怕啊！虽然奥维德这样写的时候，笔端也略带揶揄或嘲讽的调儿，让读者可以从中领略作者的一点幽默感，但总的说来他还是流露出扬扬自得的口吻居多。奥维德从旁说教的时候，可以说，他所写的多半是缺乏真情的爱；而他所津津乐道的"技巧"，则不少是哄骗人的技巧。这位两千年前的古罗马爱情诗人，历代评论家曾给予他很多盛誉，而他的诗作却极少被选进学校的教科书，究其原因，我想与此不无关系。

（五）多情与薄情

我们的多情诗人，笔下自然也描绘了不少忠贞不渝、刻骨铭心的爱情故事：狄多娜，爱上特洛伊王埃涅阿斯，因后者不听挽留扬帆远去而失望自杀。海洛在灯塔上点火，指引晚间泅水渡海峡与之相会的情夫。一个暴风雨之夜，灯火被风吹灭，情夫不辨方向淹死。次日海浪把尸体冲到灯塔脚下，海洛在绝望中投海自尽。诗人自己也一再强调，生活中离不开爱。

> "不必为爱而活着。"如果有神灵对我说这话，我是不会接受的，因为美人儿带给我们的痛苦也是甜蜜的呀！（《恋情集》卷二）

然而，奥维德所说的爱情，更多的是飘忽无定、见异思迁之爱：

> 一种完全满足、得之极易的爱情，我不久就会对之腻烦，它会使我不适，即如过甜的菜肴令胃部不受用一样。（《恋情集》卷二）

诗人可称得上是百花丛中的浪蝶，他不停地从此花采至彼花，在诗中还以大量的笔墨书写这种轻浮的感情：

> 因为我没有力量也没有本领来控制自己的感情。我就像一叶小舟，随急速的水流而飘荡。
>
> 激发我爱意的，并不是某一特定类型的美人儿。我爱恋不断的原因有千种百种。一名妇人羞怯地俯首低眉？我就为之动起激情，她的腼腆成为我掉进去的陷阱。另一名显示挑逗之意？她便吸引住我，因为她不是个新手，她令我想到，一旦在柔软的眠床上，她会显示出多姿的动态。第三名严肃有余，像萨宾女人那样一本正经？我就想，其实她巴不得去爱，只是深藏不露而已。你学问高深？我因你罕有的才能而倾倒。你一无所知？我因你的单纯而欣喜。……你呀，个子高大，活像古代的女英雄；凭你硕大的身躯，可以占满整张睡床。她呀，身材娇小，可以随意拨弄。二者都叫我入迷，大小都合我心意，你瞧这一个不施粉黛，我便想象：她打扮起来，可能更加美丽。另一个已经浓妆艳抹，她自然倍添魅力。肤色白皙的，吸引我；肤色透红的，吸引我；就是琥珀色的皮肤，也无损于行爱的乐趣。乌黑的秀发飘在白净如雪的颈项上吗？我就想起，勒达也是因她那头黑发而受赞赏。头发金黄吗？曙光女神就靠橘黄的秀发而取悦。总有某些方面令我动情。稚嫩之龄把我深深吸引；成熟之龄叫我动心。前者凭娇美的玉体而取胜，后者却有的是经验。总之，罗马城人们所欣赏的所有美

人儿，我都贪婪地爱上，一个也不例外。（《恋情集》卷二）

另一处写得更露骨：

　　一两个情人，并不足够；许多情人，更有好处；这不大引起嫉妒；有经验的老狼就在羊群中吃饱。（《恋情集》卷一）

　　你瞧，这叫什么爱情？这简直是对爱情的亵渎！诗人虽然也承认这属于"恶劣的品行"，这种做法是"罪过行为"，但笔锋之处，总流露出作者对这种卑劣情爱的谅解和赞赏。多情的诗人原来是个薄情郎。无怪他在《爱的技巧》中一再教人家如何去掩饰自己的负心行为了。

　　（六）神与人

　　如果我说奥维德是个神话诗人，这话一点也不为过。我粗略地统计了一下，就本译本的三部诗作中，奥维德提及的神话人物，就有三百名左右。不过，在满篇神灵的诗作中，读者却感觉不到多少"神气"：

　　或许神灵无非是个空名，我们只是无端地对他们敬畏，百姓的天真信奉才使神灵显赫逼人。（《恋情集》卷三）

　　在奥维德的心目中，天上的神祇并没有什么超凡脱俗的地方，而是具有普通人一般的七情六欲。凡人的失误，凡人的痛苦和懊悔，他们无一不有。请看诗人叙述战神玛尔斯和维纳斯成奸、如何被维纳斯的丈夫火神伏尔甘巧捉的故事：

　　我们来讲一个整个天上都熟知的故事，即关于玛尔斯和维纳斯的故事。由于伏尔甘的妙计，他们两人被当场抓获。玛尔斯战神狂恋着维纳斯，凶猛的战将成了俯首的求爱者。维纳斯对这位指挥战争的仙人并没有粗暴相对，也并非铁石心肠；因为没有任何女神比她更温柔的了。据说，这位爱开玩笑的女子，多次取笑丈夫的拐脚以及因火或因劳作而变得坚硬的双手！同时她还在玛尔斯面前模仿伏尔甘的动作。这在她身上倒十分好看，她的美色更添千般娇媚。

开始时，他们两人通常都掩饰自己的幽会，他们的罪过情欲满含保留和羞耻。由于太阳神的揭露（谁逃得过太阳神的目光呢？），伏尔甘了解到妻子的行为。太阳神哪，你作出了一个多坏的榜样！你倒不如向维纳斯索取报酬。为了报答你的保密，她也会献给你一点什么的。伏尔甘在床的四周布下了令人觉察不到的大网。他的杰作肉眼是看不出来的。他装作要动身到利姆诺斯去。一对情人便来幽会，两个赤条条的，全落在大网之中。伏尔甘唤来诸神，给他们看看这一对被俘者所呈现的美妙形象。据说，维纳斯几乎忍不住流泪。两个情人无法遮住自己的脸容，甚至不能用手遮盖自己不愿别人看见的部位。（《爱的技巧》卷二）

读者不难看出，奥维德笔下的神，其实是人，有着血肉之躯的活生生的人！

（七）书之祸与人之祸

从上文的简略介绍中可以知道，奥维德诗作所歌唱的恋情并不全是纯洁无瑕的爱情。在古罗马时代，这样的诗篇给诗人惹祸，那是很自然的事。说到这里，我们不得不交代一下诗人所处的时代，以及诗作成书的时间。

公元前43年，奥维德生于罗马附近的小城苏尔莫的一个骑士阶层家庭。他成长的时候，血与火的年代已经过去，古罗马进入了鼎盛时期。年轻人再也没有投身战场建立军功的机会。而由于奥古斯都皇帝独揽大权，在政坛上建功立业的机会也不太多。唯有文学，它给了年轻人纵横驰骋的天地。奥维德自幼喜爱诗歌，虽然他父亲一再警告他，不得从事这种并无实际效益的事业，他还是全副身心投了进去，他的天才没有因此而受到抑制。

奥维德18岁左右开始写《恋情集》，10年后正式发表，当即获得巨大的成功。40岁左右，他的《爱的技巧》问世，为他赢得了普遍的赞誉。奥维德的诗作正是当时罗马战后生活的写照：奢华、逸乐、颓废，许多人沉浸在不健康的情爱追逐之中。他的诗篇显露出某些难得的鲜明特点：细腻的性心理描写，巧妙的寓意和对比，神话故事的发掘和妙用，奔腾直泻的酣畅笔调，如此等等。

然而，奥维德的诗作毕竟包含肤浅、庸俗甚至粗鄙的内容，因此他在受到赞扬的同时，亦招致某些人的严厉抨击和指责。人们批评他所写的主题，以及处理主题的方式。据说为了做出回应，他于公元2年（或3年）写出了《情伤良方》。就诗言诗，后一部作品比起前两部逊色多了。文笔的自然和诗句的活力都大大不如前者。其主要弱点是受灵感驱使的分量减弱。很多时候，诗人尤其注意为自己辩解或洗刷，他往往把别人的批评视作对他本人诗才的嫉妒：

> 恼恨也罢，刻骨的嫉妒也罢，我早已名扬四海。只要我笔调不改，声名还会更为显赫。你太操之过急了。且让我多活一些时光，往后你还会受更大的嫉妒之苦。……而今我乘坐的快马只是在中途歇息而已。够了，无须与妒忌再多周旋，诗人啊，握紧手中的缰绳，在你自己定下的天地里驰骋吧。（《情伤良方》）

公元8年，即《情伤良方》发表后几年，诗人突然被奥古斯都放逐到黑海东岸的托弥，当时那里还是一片蛮荒之地。

流放的原因是什么呢？历史学家对此有诸多不同的解释。其中一个通常的说法是，奥古斯都为了纠正战后一度泛滥的奢靡风气，建立新秩序，于是选了这位顶风而行的轻佻诗人开刀。但这种解释并非人人都信服。有史家说，放在当时的罗马社会来看，奥维德谈情说爱的诗歌，其实算不了什么伤风败俗之作。那时候的罗马，婚外的情爱乃至姘居，都几乎是合法的事。"一个已婚的男人，除了自家的妻室之外，可以有一名或多名情妇或姘头，谁也不觉得奇怪。"[1] 为什么偏偏奥维德的几篇诗作，竟惹此弥天大祸呢？

于是又有另一种说法：当时暗地里的宫廷斗争正烈，奥古斯都正大力逐一清除有可能危及其位置的人。奥维德与多方面的人士都有往来，掌握的"机密"太多，奥古斯都不得不把他清除出去。换言之，奥维德本人无非是宫廷斗争的牺牲品。所谓他的诗歌有伤风化，完全是表面的理由，是下毒手的借口。

那么，诗人的被放逐究竟是书之祸，还是人之祸，抑或是二者兼而有

---

[1] OPHRYS 1976年版，第44页。

之呢？我们这里就只好存疑了。

不管真正的原因是什么，诗人过了约十年的流放生活，终于以贫病之身客死他乡。他在流放期间仍然继续创作，苦难没有压倒诗人，他的诗才成了他自己最大的慰藉。他的故土要埋没这位天才诗人，而他的诗篇却在"蛮族"当中大受赞赏。

## （八）诗体与散文

诗人在《恋情集》的开篇中就写道：

> 我本想把兵戎、战火写成庄重的诗句；前者宜于合律成诗，后者足与前者相比。据说，丘比特笑了起来，偷偷地截掉了一个音步。

对于这句话，我加了如下的注释："写战争题材的史诗常用六音步的诗行，而情诗之类的抒情诗体则多用五音步诗行，故有此说。"

由此不难知道：奥维德诗作的原文是严格的格律体。为什么我（当然还有戴望舒）却译成了散文体呢？是贪图轻松？就我来说，抑或只是想步戴译的后尘？

我手头上也的确有一个诗体的法文译本，我拿它来与其他的散文体的法文译本对照读了一下，发现诗体的译本为了照顾押韵和音顿，不乏削足适履或生硬充塞的地方。我还是赞成周良沛就戴译《爱经》所说的一番话：

> 从《爱经》现有的译文来看，我认为还是译成现在这样子好。否则，诗行中那么多典，那么多叙述、交代性的文字，仅仅分行书写，并不能使之诗化，诗人在译它时，是不会不考虑这些的。①

戴望舒是"考虑到这些"才译成散文，或者只是根据散文体的法文本译出。我未做深究，不敢妄说。

就我来说，译成散文体，主要是从法文本所致。而且我认为，如果有谁真正熟谙古拉丁文，而且又能参考其他诗体译本，倒无妨尝试以诗体来

---

① ［古罗马］奥维德：《爱经》，戴望舒译，花城出版社 1993 年版，第 6 页。

译。我自己功力不逮，这项工作就只好留给他人去做了。在诗体译本尚未问世之前，就请读者暂时阅读我这个散文体译本吧。但愿你们不致感到味同嚼蜡！

（九）注与译

上文提到，奥维德这三部诗作，光是涉及的神话人物，就达三百名左右，加上地名以及其他典故，要注释的地方也就更多。西方读者熟悉这些情况，也许一看便能捕捉到专名后面的意象或激发起丰富的联想。但对于中国普通读者而言，如不做任何交代，则他们势必如丈八金刚，摸不着头脑。不过，我考虑到，这是文学作品，而不是学术著作，注释太详，会令读者望而却步。因此，我采取了简注的办法，只限于如不加注则读者有可能掌握不了的部分。有的人物，我甚至在行文中就把其身份点出来，省去文末的注释。例如：提及玛尔斯的时候，我写上"战神玛尔斯"，提及奥罗拉的地方，我写上"曙光女神"；遇到地名，是山，是河，是泉，我都在译名中点出，不必读者费猜想。

然而，即使这样，我加的注文，仍然达六百条左右。不是我的"学识渊博"，而是我受的诱惑太大，因为我手头的法译本，除了诗体本之外，都有极其详尽的注释。其中一套，注文达1250条，密麻麻的小字体印了八十余页。这不消说，是人家的研究成果。我如照译，一则会牵涉版权的问题，二则其中许多内容也不是我国一般读者所必需的（例如引证古希腊文的出处），于是我就拿不同的注释来做个对照参考，再查阅几本神话辞典，自撰简短的注文。我这里不敢掠他人之美，我得坦率地承认：如无法文译者所下的功夫，有些注释，我是无法去加的。写到这里，我不免对周良沛先生关于戴译的一段话产生了一点疑问：

> 译者写了400多条注文，在这本译本中，占了全书很大一部分篇幅，注文涉及古罗马的历史、传说、神话及那时的政治、风尚习俗，显示了译者渊博的学识和做学问的认真。光读这些注文，也大有收益。①

① ［古罗马］奥维德：《爱经》，戴望舒译，花城出版社1993年版，第6页。

周先生还说："书也可能是根据法文转译的。"倘若果真如此，戴望舒大概不会不参考法译家的注释，如此一来，所谓"渊博的学识和做学问的认真"就势必要打折扣。因为，如果我尽量摘译或借用法译家的注释，要让注文占全书更大的篇幅，也并非难事。只是这样注来，读者是否会不耐烦，那就很难说了。

我这样提出疑问，并无贬抑前人的意思，而只是想还事物一个本来面目而已。尚希戴望舒诗歌的欣赏者（其实我自己也是其中一个）鉴我，谅我！

1997 年元旦于广东外语外贸大学校园

［原载香港《大公报》1997. 1. 28—2. 4，后全文经编辑删节作为《爱经》（百花文艺出版社，1998）的译序］

［新旧两版前言原载（古罗马）奥维德著《罗马爱经》，黄建华、黄迅余译，陕西人民出版社 2006 年版］

# 关于对夜幕人生的思考和感受的散文诗集
## ——《夜之卡斯帕尔》译序

## 初版译序

　　1841 年 4 月 29 日，一名默默无闻的诗人在巴黎辞世了，他的葬礼不像同时代的雨果那样赢得全国举哀，万人空巷，跟随灵柩的只有孤零零的一位友人。当时风雨交加，在墓地上念祷文的神甫不等棺材抬到便径自离去了。这位寂寞的诗人只活了三十四岁，他的传世之作《夜之卡斯帕尔》在友人的帮助下于死后次年才得以出版。其时文坛上群星灿烂，没有多少人注意这颗暗淡的小星。雨果虽曾答应要为他写几行耐久的文字，可终于没有执笔。唯有同时代的批评家圣佩夫独具慧眼，称他为"落到岩石上的种苗""少尉时就阵亡的大将"。这位潦倒终身的英才在我国似乎尚鲜为人知晓，而在法国他已进入文学辞典，被视为怀才不遇的最知名者了。

　　他全名叫路易－雅克－拿破仑·贝尔特朗，一般就称路易·贝尔特朗，笔名叫阿露佐斯·贝尔特朗。1807 年 4 月 20 日生于意大利的切瓦，父亲是原籍洛林的法国军官，母亲是意大利人。七岁左右移居法国的第戎，从此就在那里生活、成长。"我爱第戎，像孩子爱喂奶的乳母，像诗人爱撩起情思的姑娘。"诗人从第戎的古代遗物和自然景色中孕育了灵感，吸取了养分。1827 年在第戎完成了学业，便加入当地的文艺圈子，在本地的刊物《外省人》发表诗文，这些作品中的一部分后来经过修改收在《夜之卡斯帕尔》里，可在当时并没有产生什么影响。

　　1828 年末他初赴巴黎，进入雨果、诺第埃等人的文艺沙龙，受到了热烈的欢迎。本来可以指望从此脱颖而出，只是他生性孤傲，加之贫病交加，羞于求助他人，不久又只身回到了故乡。他在第戎曾参加了一些共和派的政治活动，发表过若干论战性的文章，还写了歌舞剧《轻骑兵少尉》，但都未见成功，结果还是湮没无闻。

　　1833 年他再赴巴黎，其时已身染肺病，反复发作，不时住院，为生活计，不得不胡乱干些零活。当时他的朋友已经不多，他孤高的性格竟使他拒绝友人伸出的援助之手。最后只剩下雕塑家大卫·当热（1788—1856）算唯一的知己，送他至最终的归宿之处的便是这位艺术家。贝尔特朗临终前给这位朋友写了这样一张字条：

> 亲爱的大卫，我的恩人，我们还能再见吗？我正处于危险状态中，我想这是最后的限期了。祝愿你长寿、幸福……

他还惦念着他的《夜之卡斯帕尔》。这部作品屡遭出版商拒绝，最后虽然被接受，但一直拖延不出，而且被多处改动。他想要回这部作品再修改一次：

> 如果我一个星期之后还活着，请把我的手稿交回给我。要是那时我已离开人世，我就把手稿、把整本书遗赠给你，同时也献给仁慈的圣佩夫，他认为怎样合适就怎样删削改动吧。

他终于来不及再看一眼他的手稿便辞别人世了。他短短的一生可以说黯然无奇，全没有他作品中所表露的变幻莫测，神奇诡秘。

文学史上常常有这样的情况：某些作品发表时名噪一时，过后却落进被遗忘的深渊；某些作品当时默默无闻，后来却散发出奇光异彩，经久不衰。《夜之卡斯帕尔》属于后一类。据法国的评论家统计，受他影响的文学大家达几十人，这里不妨列几个读者较熟悉的名字：波德莱尔、魏尔仑、兰波、马拉美、法朗士、阿波里奈、艾吕雅、布勒东、纪德、尼采……象征主义和超现实主义的作家群中的不少人都公开宣称贝尔特朗是他们的前驱者。马拉美称他为"我们的兄长之一"；布勒东认为"贝尔特朗是过去的超现实主义者"。总之，《夜之卡斯帕尔》在法国文学史上的地位已得到了公认。它究竟凭的是什么呢？

一个时代有一个时代的主流艺术形式、欣赏趣味。在他那个时代，可以说贝尔特朗是不合时宜的作家。

从形式上来说，他写的是诗体散文或散文诗。作者曾表示，他"试图创造一种新的散文品种"，这在当时是不多见的。十九世纪上半叶雄踞法国文坛的主要是浪漫派的诗作，《夜之卡斯帕尔》可称得上开一代风气之先。他摒弃了押韵的格式、夸张的声调、直叙的形式，而以简练的、跳跃的，甚至浓缩的散文体呈现给读者。自此，散文诗这一文学新品种才逐渐在文苑里占上一席重要的位置。1862 年波德莱尔出版了他的散文诗集《巴黎的忧郁》，公开承认他从《夜之卡斯帕尔》中受到启发。1873 年兰波完成《地狱一季》，1886 年发表《彩图》集，那都是继《夜之卡斯帕尔》之后的重要散文诗作。到了二十世纪，许多著名诗人都写散文诗，如克洛岱尔、圣琼·佩斯、勒内·夏尔……有的甚至以写散文诗为主。可惜《夜之卡斯帕尔》问世太早了，读者还不习惯这种诗不像诗、散文不像散文的文体；然而作者的卓越之处，正在于此，故贝尔特朗有"法国散文诗之父"的称号。

就艺术风格而言，贝尔特朗的散文诗常常庄谐兼并，或寓庄于谐，或寓谐于庄，读者往往可在他的作品中找到暗含的俏皮、幽默，这是突破当时浪漫主义诗作的地方。诗人在《夜之卡斯帕尔》的"序言"中写道：

> 艺术犹如一枚像章，总有正反两个方面：比如，正面酷似 P. 伦勃朗反面，则像 J. 卡洛。伦勃朗是个白胡子的哲学家，他蜗居在自己的陋室里，全盘思绪沉浸于思考和祷告之中，闭目凝神，独自与美、科学、智慧、爱情的精灵交谈，为探寻自然的神秘象征意义而日渐憔悴。而卡洛却恰恰相反，他是个放浪形骸、夸夸其谈的士兵，在广场上招摇，在酒馆里闹嚷，抚弄波希米亚人的姑娘，凭长剑与火枪起誓；唯一操心的事情，是把小胡子梳理得油光可鉴。

诗人将这两方面结合得很好，而又不走极端。这可以说是本书主要的艺术特色。

从题材内容看，书中充满了对黑夜、妖魔、鬼怪、幻梦、巫术、仙女等的描写，明与暗、梦与真、情与理、虚与实、生与死、古与今糅合在一起，迷离恍惚，一反浪漫派作家那种江河直下式的抒发。书中标题所用的"奇想"一词正好反映了它的基调：全书弥漫着浓重的怪异、神秘的气氛。远离当代的中古题材，游离现实的梦境世界，给读者以幽思遐想、纵横驰骋的广阔天地。加之作者采用了凝练的艺术手段：将叙事的时间环节省去，给读者留出想象的空间，从而使作品的内涵显得愈加丰富。

《夜之卡斯帕尔》随着时间推移而愈受赏识，散文诗体已在全世界日益流行，贝尔特朗已不只是法国散文诗之父，而成为现代散文诗的先驱了。我相信，正在努力探索的中国诗人是会认真鉴赏它，从中获得不少艺术借鉴或思想启迪的。但愿我的译文能大体地传达原作的精神，不致色味俱失，令读者产生"嚼蜡"之感。

　　本书是全译本，按帕约出版社 1925 年的版本和伽利玛出版社 1988 年的版本比照核对译出。贝尔特朗虽不算是文笔晦涩的作家，但原作费解难译的地方也颇多，我不敢自信译文没有讹误之处，仅诚恳地希望专家和广大读者批评指正。

1988.7.18 于广州外语学院

# 再版译序

《夜之卡斯帕尔》的初译本于 1990 年在花城出版社出版，至今十余年了。初版译本印数才一千九百册，就中国的图书市场来说，实在少得可怜。不过此书在作者本国，境遇更糟，初版合同才定了八百册的印数，而且从合同签订之后，几经周折，延搁了六年才得以出版。其时作者离开人世，已经一年半了。

我们这位"苦命"的诗人，可以说终其一生，并未享受过人间的乐。他作为男丁，二十岁已成为家庭的支柱，一母一妹，正等待他接济、供养，而他却没有稳定的职业，连自己都无以为生。全副心血寄托在这本唯一的诗集上，而出版商却并不赏识，最后在贫病的煎熬中，郁郁故世。死前，连自己的作品也未见到。

他的可悲的遭遇，虽然可以归因于"命运不公"，但一定程度上，也是性格使然的。他已一度当上勒德雷尔男爵的秘书，男爵与他家是世交，而且对他爱护有加。他本来靠着秘书的职位可以过着不愁冻馁的生活，可是他习惯不了秘书的刻板工作，竟主动辞去。他落魄巴黎的时候，没有一件光鲜的衣服，没有一双像样的鞋子，因而羞于会友，但却不愿求助他人。他把自己禁闭起来的时候，像是失踪了似的。关注他命运的人都不能不为他担心。他的一位亲密的诗友 C. Brugnot 就在致他的信中写道：

> 我亲爱的贝尔特朗，你这样做是徒然的，我无法习惯于让你在那里孤独地禁闭自己。尽管你固执地坚持沉默，我仍然认为，这主要归因于你精神上的痛苦，而不是你忘记了深爱着你的人们……（接着信里预想彼此相见可能共度的好时光）我亲爱的贝尔特朗，请别在爱愁和苦恼中消耗自己。想想我们吧，给我们写信，你会得到宽慰的。

然而，贝尔特朗并没有听从友人的劝告，更不接受人家的关怀，终于带着一副傲骨度过了短短的、寂寞而又凄凉的一生。如果他没有留下《夜之卡斯帕尔》，这辈子算是白活了。

作者的命运如此平淡无奇，没有多少可以着笔的地方，那就多交待一下他的作品的遭遇吧。

1828 年 8 月 1 日贝尔特朗在给母亲的信中写道：他在此之前曾把诗集《田园风俗画》交出版商出版，可出版商后来破产了，因而未有结果。1833 年《田园风俗画》最后定名为《夜之卡斯帕尔》，另一名叫 E. Renduel 的出版商承诺接纳。1833 年贝尔特朗的母亲在写给儿子的信中留下过这样的字句："我让你想想，我们得知你的作品获得成功，是怎样的感动和怎样的高兴。"

然而，贝尔特朗母亲的高兴未免为时过早了。有关出版事宜的谈判竟持续了三年，内中的原因尚不大清楚。有的人认为，由于出版商要作者修改某些不合事宜的地方，作者有为难之处。另一种说法则是：作者总觉得自己的作品不完善，不断改动，而致拖延。总之，到了 1836 年大概是 5 月间，出版合同才真正签订下来。

合同中有三点值得在这里交代一下：

（1）此书的第一版稿费为一百五十法郎，也就是说作者是以极其低廉的价格把稿子让给出版商的。

（2）此书第一版所定的印数是八百本，可见其发行量极小。

（3）此书出版后，给作者的样书数为十五本，与国内目前的情况大同小异。

合同签订后，作者就一直翘首渴望他的手稿变成铅字的成品。薄薄的一本小书，排印无须花多少时日，原定于 1836 年当年即可见书，到 1837 年仍无着落。1837 年 9 月 18 日贝尔特朗写信给其挚友雕刻家大维说，他仍然希望于当年秋天能见到此书。然而作者又一次白等了。

面对出版商的拖延，作者的友人背地里另外联系出版商，打算将手稿转移至昂热印行。也许贝尔特朗对友人的一番好意并不知情，而且对 E. Renduel 并未完全失去信心。他于 1840 年 10 月 5 日亲自造访 E. Renduel，望尽最后的努力，促成此书的出版。这次访问不遇，他给出版商留下了一首十四行诗，诗的大意是这样的：

> 葡萄成熟了，
> 天气晴朗温和，
> 欢乐的人群正等待着收获。
> 我叩响你紧闭的门，

你还在沉睡吗？

是采摘的时候了。

我的书就是那葡萄树，

树上垂着一簇簇金色的果实。

我已把邻人请来，

他们准备了篮子和小刀，

而榨果机也正等待着开榨。

　　而此时出版商正准备退出经营，"葡萄的收获"眼看无望了。贝尔特朗身体日差，其时正反复住院。他于次年（1841 年）4 月 29 日辞世。他在临终的前夕（或许是断气前的两天）还写信给自己的友人，希望再对《夜之卡斯帕尔》做少许的修改。然而他一切都来不及做了，留下了深深的遗憾后便告别了只带给他苦难和忧伤的尘世。他去世一年半之后（1842 年 11 月）这部散文诗作才终于和读者见面。1828 年算起至 1842 年，一本短短的诗集，竟折腾了十四年之久！

　　诗集问世之后，当时并没有产生多大的反响，后来才逐渐被人认识，它在文学史上的地位终于慢慢确立起来了。这位新文体的创造者，我们要给他的作品下一个概括性的评语，实不容易。这里只简略地提一下某些法国评论家所指出的其诗作显露的某些主要特点。

　　首先是作品想象的跳跃性。作者叙事的时候往往打破严格的时空顺序，古今糅合，上下交错，抽去了严格的逻辑线索，给读者留下了神游的广阔空间。在这方面，也真是"文如其人"。据熟悉作者的亲友反映，贝尔特朗是个即兴式的诗人，不善于周密思考，也没有按部就班创作的习惯，灵感一来，随便抓一片小纸头就写：旧信封、报纸角、破纸片……什么都合适，有时甚至连书页也撕下来。他那小书桌乱成一团，搁满了写着蝇头小字、谁也辨认不出他写的什么的残页片片。

　　其次是他作品所显露的画像，也就是中国人常说的"诗中有画"吧。不过这画不是"山水"，也不是"活动美人图"，更与当时浪漫派大师 Delacroix 那样的作品无关。正如作者在其序言中所交代的：它是伦勃朗（荷兰画家、雕塑家，1606—1669）与卡洛（法国雕塑家、画家，1592—1663）的混合。伦勃朗是个"白胡子哲学家"，"全盘思绪沉浸于思考和祷告之中，闭目凝神，独自与美、科学、智能、爱情的精灵交谈"；卡洛则"是个放浪形骸、夸夸其谈的士兵，在广场上招摇，在酒馆里闹嚷，抚弄波希米亚人的姑娘……"。"而本书的作者正是从这样两面性的角度来观察艺术的"。

这样，贝尔特朗诗作所呈现的画面自然是中世纪的画家的奇思妙想。事实上，作者曾经大量观摩过这类画家的作品。

第三是作品的浓重的黑夜场景。略为翻阅各篇诗作便可知道，全书几乎有一半作品是涉及夜景的。

此次借再版的机会，尽量参考有关资料，根据原作的精神，多做些交代，并以更好地"包装"，呈献给读者。

2004.4 于广外大校园

［初版译序与再版译序原载（法）路易·贝尔特朗著《夜之卡斯帕尔》，黄建华译，花城出版社2004年版］

# 《圣经人物辞典》前言

　　阅读西方著作、学习或研究西方语言，往往都会遇到一些与《圣经》有关的人物或典故；如果对此毫无了解，就很难说得上全面深刻地认识有关的著作和语言。我们试编出这本《圣经人物辞典》，是为了适应此种需要。

　　一个国家、民族或地区的语言、文学和学术免不了受当地宗教文化的影响，这可说是人类文化发展史上的共同规律，东西方社会莫不如此。我国历史上曾先后受儒家、道家、佛家等思想文化的深厚影响，至今在各种文学著述中，仍可见其语言痕迹，亦往往提及其中的人物，我国人民习闻常见，不以为奇。但外国人士学习我国语言文化，就不得不对此有所了解。例如，"观音菩萨，年年十八"一语，总得知道"观音"是什么才能透彻理解。我们接触西方文化，其理亦同。由于历史上的多种原因，《圣经》所代表的文化传统对西方社会的影响可以说几乎无处不在。《圣经》作为基督教经典，《中国大百科全书》的"宗教卷"中已有详细介绍，毋庸赘言。但圣经同时还是一部公认的世界文学名著，而其中相当多的内容还为史学家提供了极其珍贵的资料。《圣经》全书合计六十六卷（就基督教认定的《圣经》而言），其内容包括历史、法律、诗歌、格言录、传记、先知教训与预言、耶稣及使徒言行、使徒公函及个人书信等；题材广泛，内容丰富，牵涉人物亦众多。全部《圣经》除不可避免地具有其宗教含义之外，可以说是一部生动多彩的多卷"文集"。作者既非一人，著作年代也不一，最早的一卷约成书于公元前 1000 年，最晚的一卷约竣稿于公元二世纪。全部《圣经》的写作历时 1200 年左右，可以说是人类历史上编著费时最长的一部巨著。原文《圣经》中绝大部分的篇章皆笔调优美，行文流畅，用词精当，结构严谨，特别是其中的诗歌、格言录等一类的文字（如《诗篇》《雅歌》《箴言》等所谓"智慧文学"的各卷），其韵律之工、节奏之美以及修辞手法之巧妙，充分显示了近东一带古代诗体文学之崇高意境与水平，可与东西方古代任何杰出诗作相媲美。至于《圣经》中其他许多散文包括历史、传记、书信、预言等也大都达到了相当高的水准，不失为具有文学风格的佳作。中世纪以来《圣经》被译成欧洲诸国文字，各种译本也大都出自语言文学造诣较深的学者之手，既保存了原著的风格，又对丰富本民族的文学语言起到了积极的作用。如著名的 1611 年英王詹姆士一世钦定的《圣经》英译本，其文体之雅，辞藻之美，至今脍炙人口，对后世英语语言、文学影响极大；著名宗教改革家马丁·路德 1522 年完成的《圣经》德文译本，由于其译文水平臻于上乘，对尔后德文语言及文学的规范化与提高，亦起到了十分重要的作用。正因为《圣经》原著或译文具有高度的语言和文学水平，流传又如此之广，以致历代西方各国不少文学家、艺术家竞相采用其内容或题材，引述其人物或典故，从而创作出大量极为优秀的文学作品，包括诗歌、剧本、寓言、小说、绘画、雕刻、音乐等；几个世纪以来，蜚声于世界文坛与艺林之中，为世界所瞩目，成为人类文化宝贵财富的一部分。若干社会科学家，包括历史学家、语言学家等亦援引《圣经》的史料与语言作为研究的佐证。鉴于《圣经》在西方社会为广大群众所熟悉，不少思想理论家，包括哲学家、社会改革家甚至无产阶级导师马克思、恩格斯、列宁等，在他们的经典著作中亦免不了常常借用《圣经》的人物、典故，以比拟方式，赋予新的含义来阐明自己的观点。这里不妨略举数例。

马克思在其经典名著《资本论》中就曾援用《旧约·创世纪》中有关上帝在伊甸园指示亚当、夏娃不要去碰能令人辨别善恶的果树的故事；在《路易·波拿巴的雾月十八日》一文中也借用《圣经》人物中的先知哈巴谷之名作为比喻，以揭示英国哲学家的本质。恩格斯也在《流亡者文献》中借用"童贞马利亚"的故事，点出巴枯宁主义者的无神论的实质。列宁在其《国家与革命》的第二章中，就引用了"为了一碗红豆汤而出卖自己的长子权"这一《圣经》中的典故来批判少数出卖无产阶级利益的机会主义者。

为了说明了解《圣经》人物确有其必要性，此处再从马克思、恩格斯的著作中摘引数例：

他第一次当路易－菲力普蒲王朝的大臣时，穷得和约伯一样，而离职时已经成了百万富翁。（马克思：《法兰西内战》第39页）

杜林先生以为，他只要提出这样的问题，就可像从前约书亚吹倒耶利哥城墙一样把马克思的大厦吹倒……（恩格斯：《反杜林论》第212页）

波拿巴恢复了祭司长撒母耳在梵蒂冈的权力以后，便可以指望以大卫王的姿态进入土伊勒里宫了。（《马克思恩格斯选集》第637页）

现在这一代人，很像那些由摩西带领着通过沙漠的犹太人。（《马克思恩格斯选集》第468页）

但是，除了少数例外，国民会议的波提乏们在外省碰到了为数不多的约瑟。（《马克思恩格斯选集》第461页）

无须多引，管中窥豹已可见一斑。至于西方一般学术著作涉及《圣经》人物典故的为数极多，举不胜举。如英国的爱德华·吉本（1737—94）的史学名著《罗马帝国衰亡史》，英国作家赫伯特·乔治·威尔斯（1866—1946）的史学巨著《世界史纲》，以及欧美国家一些现代作者所写的一般著作，例如美国出版的《人与国家》等等，书中出现了大量与《圣经》有关的人名典故。单以《世界史纲》为例，据粗略统计，书中涉及《圣经》的内容和典故不下百余项，《圣经》人物被提及者亦达数十人次，其中如耶稣、保罗、彼得、马太、约翰、路加、马可、亚当、夏娃、亚伯拉罕、摩西、大卫、所罗门、以赛亚等知名《圣经》人物均一一散见于各篇章之中，有的还多次提及。

说到西方文学名著与《圣经》人物典故有关的，更是汗牛充栋，不胜枚举。以英国为例，据统计，著名文豪莎士比亚（1564—1616）在他众多的剧本中，采用《圣经》典故平均每部竟达十四次之多。例如，在《威尼斯商人》第四幕的对话中就先后引用《旧约》著名人物、先知但以理以及《新约·马太福音》中的配角人物巴拉巴及其有关情节。英国诗人弥尔顿（1608—1674）的三大名诗《失乐园》《复乐园》和《斗士参孙》中，不但采用了一些《圣经》人物的名字如亚当、夏娃、参孙等，而且主要情节均系取材于《圣经》，借以表达作者在颠簸动荡的人生中欲树立一位反叛者的雄伟形象。英国著名作家约翰·班扬（1628—1688）

的长篇寓言小说《天路历程》，更是全部以《圣经》故事为依托，大量引用《圣经》语言，采用梦境寓意的表达方式来揭露英国王政复辟时期上层社会的贪婪与淫乱，抒发作者对英国当时统治阶层的强烈不满与愤怒。英国杰出浪漫诗人乔治·拜伦采用《圣经》题材而创作的诗篇名剧亦多，单以神秘诗剧《该隐》为例，从剧名到内容就都是从《圣经·旧约·创世纪》中移植过来，借以表达作者对勇敢叛逆者的赞颂。至于欧洲大陆的其他许多著名诗人、剧作家、小说家引用《圣经》典故或题材而创作出来的佳作亦为数不少。如德国大文豪歌德的著名诗剧《浮士德》，剧中的《天上序幕》和第二部结尾便脱胎于《旧约·约伯记》。席勒的剧作《强盗》，是据《路加福音》"浪子回头"的故事写成。海涅的《新诗集》中有一首诗，题为《亚当一世》。当代德国作家托马斯·曼的长篇小说《约瑟及其诸兄弟》，包括《雅各的故事》《年轻的约瑟》《约瑟在埃及》《赡养者约瑟》，便是借《圣经》的传说抨击法西斯分子。

法国著名悲剧作家拉辛创作的剧本《以斯帖记》和《亚她利雅》，径直以《圣经》人物为剧中的主人公。而《圣经》人名演变为常用词语的亦屡见不鲜。如"犹大"，即"叛徒"之意；"约拿"，即"命途多舛之人"；"以实玛利"，即"被排斥、被放逐的人"；"所罗门"，即"智者的象征"；如此等等。可见其对西方语言影响之深。

上面挂一漏万的列举，无非是想说明《圣经人物辞典》的编纂实在必需。下文交代一下本辞典的特点。

（1）本辞典尽量将《圣经》中出现的人物全部收录，通过通读《圣经》全文摘引出来，避免目下有些涉及《圣经》人物的辞书多半只收家喻户晓者的缺陷。就有限性的专门辞典而言，"全"是一个非常重要的点，有些次要人物读者虽不一定需要参考，但在阅读过程中如遇一名，经查本辞典而未见收录在其中，即可知其为非《圣经》中的人物，亦就起到排除疑惑的作用。何况，一般难于查其"身世"的，往往是次要人物。

（2）本辞典附上英汉人名索引，即对英语工作者、翻译人员，亦有参考作用。《圣经》人物，《圣经》中已有固定译法，译者只能遵循约定俗成的译名，现在出版的《英语姓名译名手册》许多都不符合《圣经》上的译法，不能遽而从此，更不能随便自译。本辞典放在案头，即可解决这个问题。

（3）《圣经》中的人物译名，新教（我国一般称基督教）与旧教（即天主教）差别极大，而且解放前后以及海内外的译本亦有一些不同。本辞典以联合圣经公会1983年版的现代中文译本《圣经》以及我国1982年再次印刷的《新旧约全书》和合译本的人名为主条，并收录了天主教的全部译名，还酌量收录了一些早期译本的译法，这样无论涉及基督教或天主教的译名都反映在本辞典之中，从而补救目前一些辞书只注意收基督教的译法之片面。

（4）本辞典尽可能交代《圣经》人名的希伯来原文的含义。此种含义是大致而言的，有些只因与希伯来文某一词的发音相近才有此推测。编委会中无人通晓希伯来文，只能据英文、法文的资料以及其他有关材料编写，未必十分贴切，但也算聊备一格，可供参考之用。此点为国内一般同类辞书所无。

（5）本辞典不以宣扬宗教为目的，更不偏向新教或天主教任何一方，遇到两教对某一人物有不同说法的，我们便"兼收并蓄"。但新教与旧教所认定的《圣经》卷数不尽相同，而且卷次编排亦略有小异，我们只能从一为主（即从新教），但应该说两教都认同的人物，大体已经尽收。

最后提一下本辞典所采用的资料。由于《圣经》这一典籍的独特性，社会上一般文献资料所能提供的情况不多，我们只能依靠基督教本身所拥有的材料，主要是西方基督教学术界所编纂的辞书与有关的文献，自然更直接引用《圣经》的内容。由此，有关本辞典中各词条所述人物的背景、身世，和对他们的评价以及由此而涉及的宗教意识、信仰、观点等，正因为从学术出发，我们都只能按照所能获得的资料，照原意整理摘述，提供素材，而不能随意更改，因为对宗教意识的评论毕竟非本辞典的职责范围。因此关于本辞典中出现有关宗教信仰的提法并不代表我们全体编纂人员的观点，这一点我们深信广大读者是一定能够体会的。我们也同样相信广大读者，包括非宗教界以及宗教界的人士在内，遇到辞典中涉及的宗教观的问题，也一定能根据我国宪法信仰自由的原则，运用自己认为正确的观点去认真对待，决定取舍，这里也就不必赘述了。

本辞典得以成书，全赖多方人士通力协作，而尤为难得的是，某老教授曾担任本辞典的顾问工作，并亲自改稿，订正多处，但发稿时却一再坚持要求不列其名，我们只好尊重他本人意愿，谨借"前言"的篇幅，向他表示崇高的敬意和由衷的感激之情。此外，在电脑输稿方面，还曾先后得到了水落泉、陈小力、魏敏三位女士的无偿协助，我们一并向她们表示深切的谢意。

由于我们水平不高，而且经验缺乏，错误与不当之处恐怕难免，诚恳希望广大读者予以批评指正。

《圣经人物辞典》编纂组

（原载黄建华主编《圣经人物辞典》，花城出版社1991年版）

# 两颗巨星相遇后的留痕
## ——序《乔治·桑情书集》①

一

19 世纪，法国文坛上的两颗浪漫主义巨星相遇了，撞击出闪烁的火花，留下了惹人注目的痕迹。一个是追求女性自由、不甘忍受封建主义羁绊的女小说家乔治·桑（1804—1876），一个是才华横溢、放浪形骸、人称浪漫派的"宠儿"的诗人缪塞（1810—1857）。两人结成临时伴侣，卷进了猛烈的感情风暴之中，前后经历了三年（1833—1835）的爱情纠葛，这给两人的生活和创作刻下了不可磨灭的印记。

乔治·桑的《一个旅行者的信札》就在和缪塞相好的期间问世，后来结集出版，其中不少书信简直可以说就是写给缪塞的情书。《她和他》则是这位女作家为自己这段生活辩护的作品。

缪塞所受的影响更为明显：著名的《四夜》诗，没有谁不认为与这一段爱情经历密切相关；《回忆》一诗，有人说是他与乔治·桑恋爱的总结；小说《世纪儿忏悔录》鲜明地反映了这段不幸的爱情经历。

没有这两颗心灵的撞击，也许两人的某些作品就不会产生，或者即使产生了也会显示出不同的色彩。总之，两人的《爱情信札》能够帮助我们更深入地了解这两位作家的感情生活以及他们的一些作品，那是毋庸置疑的。

二

历来编印成书的信札大体上有三种：一是尺牍之类的各种程序的书信范例汇辑；二是书信体的文学创作；三是名人（或虽不出名而实有其人）

---

① 编者曾把书题改为《乔治·桑情书选》，不确。

的书信汇集。第一类以实用为其目的，这里且不去说它，这本《乔治·桑情书集》（以下简称《情书集》）当然不属此类。第二类是想象之作，信中的人和事都经过虚构安排，其情节脉络清晰可寻，因为它真正的交流对象不是对方（接信人），而是一般读者。第三类信中的某些内容只有当事人才知其详情，因为通信的双方彼此熟悉，不少事情只提半句对方便知究竟。第二类和第三类的主要区别之外是一为虚（虚构），一为实（真实）。毫无疑问，这本《情书集》是第三类。只要看看信封的日期、邮戳，信中谈及某些与爱情无关的琐事，以及行文的误笔和缺漏之处，便可知晓。的确，乔治·桑与缪塞交往的信件，生前都密封托存与另一个人手中，两人死后才启封问世。（本集最后一封信已透露出这一安排）唯其是真实之作，这本《情书集》也就具有非常高的史料价值。作家的心境、当时的人情风物、某些作品的写作原委以及出版经过都可以从中窥见一二。集子中还有缪塞亲笔画下的乔治·桑肖像，女小说家当时的风貌跃然于纸上。因此，这本《情书集》自然也就成为作家研究的珍贵资料。

三

然而两人的《情书集》不仅仅有史料价值，它还是极其优美的文学作品，具有很高的欣赏价值。因为它出自两位名震一时的大作家之手，而且是发自内心深处的掀魂动魄的呼声。请读乔治·桑致缪塞信中的这一段：

> 我的朋友，愿上帝保持你现时的心境与精神状态。爱情是一座圣殿，那是恋人给一个多少值得自己崇拜的对象建造的。殿中最美的倒是祭坛而不是神灵。为什么你不敢去冒冒风险呢？无论崇拜的偶像是长久树立抑或转眼间便告粉碎，但你总算建立起一座美丽的殿堂。你的心灵将会寄托其间而且将会令其圣香缭绕。像你这样的心灵想必会产生伟大的作品。神灵或许会更换，而神殿将与你长存。

显然，这与其说是情书，倒不如说是关于爱情的哲学思考。再看缪塞附在信中的小诗：

> 是你教给了我，可你已经忘记，

记否我心中曾充满了柔情，
美丽的情人啊，在那幽深的夜里
我流着泪扑向你袒露的双臂！
你记忆一旦失去，往事从此消逝。

这甜蜜的爱情，它曾在生活长流中
把我们两颗交融的心融进深吻里。
是你教给了我，可你已经忘记。

　　像这样的轻盈美妙的佳作，是完全可以和缪塞正式出版的诗集中许多短诗媲美的。

　　总之，本集子中既饱含诗情，也充满哲学意味，蕴藏甚丰，细心的读者总能从中领略点什么。

## 四

　　乔治·桑与缪塞都在信中提到了拉图什（同时代的法国作家）的一句名言："世上两个相爱的人儿到天上便化为一名天使。"

　　的确，历史上好些情人的名字是合而为一的。在英国，提到罗密欧跟着就会提朱丽叶；在法国，谈及爱洛丝就不会不提阿贝拉尔；在中国说起梁山伯谁也不会忘掉祝英台……缪塞与乔治·桑这两个名字也多少是连接在一起的，只不过两人结合短暂，转成怨偶，终至分手。当初双双携手赴意大利，如同新婚夫妇消度蜜月。不久，彼此因性格不合，发生争执。随后，缪塞得病，乔治·桑精心看护。她请来了一位名叫帕杰洛的意大利医生。一天，缪塞在病床上背转身去，却透过镜子看见了帕杰洛与乔治·桑拥吻。于是一场争风吃醋的风暴爆发了，缪塞旋即离开威尼斯独自回巴黎。可两人在感情上依然藕断丝连，不能自已。《情书集》为这段生活前前后后的状况提供了书面佐证。

　　这段爱情瓜葛究竟孰是孰非，评论家们的意见历来不一。有的人曾大黑乔治·桑：一个有夫之妇，引诱比她小六岁（《情书集》上写的是小八岁）的少年，到了异乡，复又抛弃他，转而委身于第三者。于是"荒唐""淫荡""可耻"之类的责备之词便加到乔治·桑的头上。不过，亦有人同情乔治·桑而指斥缪塞：一个浪荡子，常以喝酒和找女人为乐事。乔治·桑与帕洛杰相好之前，他已另有所向。后来纠缠乔治·桑只是由于他妒忌，一旦再得手，转而又对她百般折磨。于是"乖张""偏狭""妒忌"之类的非难之词又落到缪塞的头上。

究竟谁是谁非呢？现在两人的信件都展示在大家面前，就让读者自己来判断吧！不管怎样，信中所反映的感情的曲折变化，足以为爱情心理学的研究提供第一手材料，一般读者也是可以从中吸取经验教训的。

［原载（法）乔治·桑著《乔治·桑情书集》，余秀梅、黄建华译，漓江出版社1991年版］

# 《蒙田散文》译序

我偕小女迅余选译完《蒙田散文》之后，该为译本写个前言了。时下兴请名人题词作序，我们却无此非分之想。一则实在不谙接近名人的门径；二则总以为文章（或译文）能否流传久远，全靠其自身的质量，名人也帮不了多少忙；三则眼看目下一些名人的"序言"，仓促成篇，脱离所序的作品，只发泛泛之议，未必能起多大的导读作用。这兴许是名人应酬太多，无暇细读原作之故。有鉴于此，就由我自己来写几句开篇的话吧。

我曾经说过："蒙田作为 16 世纪后半叶的法国散文大家，他的名字在我国不算陌生，如果我仅用寥寥几笔去叙述他的生卒年月及生平大事，写了等于不写，因为《简明社会科学词典》《辞海》等书已有所说明，而《中国大百科全书》外国文学卷的介绍总会比我要写得详尽得多，读者径直去参考上述的工具书便可以了，我何必为此再花笔墨？但如果要展开阐述，一则篇幅不许，二则我自己缺乏研究，驾驭不了这个庞大的主题。"① 既然如此，我这序言写点什么好呢？那就交代一下翻译过程中的一些考虑吧。

## 书　　题

本书的法文原名为 *Essais*，这个词含有"试验""尝试""试作"之意。随感式的散文冠以"essais"为书名，就我所知，蒙田是第一人。目前一般以"蒙田随笔""蒙田随感录"或"蒙田散文集"译此书名。我国早年翻译蒙田作品的首推梁宗岱先生，《蒙田试笔》是其原拟的译名。我接手宗岱师续译蒙田部分作品时，出于从众的心理，还是采用了"蒙田随笔"的译法，但我已经指出，宗岱师以"试笔"译 *Essais*，其实是恰

---

① （法）蒙田《蒙田随笔》，梁宗岱、黄建华译，湖南人民出版社 1987 年版，"译者序言"。

到好处的。① 此次用"蒙田散文"的译名，是要与丛书的各本相统一。

蒙田从不把自己的作品看作传世之作，他在《告读者》的开篇中就已指出：他写此书的目的是奉献给自己的亲友，以便他们日后能够重温他的为人和个性的一些特征，由此而获得对他更全面、更真切的了解。蒙田后来所引述的贺拉斯的诗句我认为正反映了他本人的写作心境：

> 他像告诉知心朋友那样，
> 把秘密都倾注在写作上。
> 作品是他苦和乐的知己。
> 一生的境况都描绘出来，
> 犹如记在许愿的神牌上。（见《谈看待自己》）

他在第 3 卷的第 9 章中更做了明确的交代："我写此书只为少数人，而且不图流传久远。如果此书的题材足以耐久，那就应当使用一种较为稳定的语言。"（见《我的书》，"较为稳定的语言"指的是拉丁语。当时作为法兰西民族语言的法语尚在形成时期，不少重要著作仍用拉丁文写成）今天有人认为蒙田关于写此书不是为了"赢得荣誉"的表白"有点矫情"，这种看法是否正确姑且不论，但蒙田不故作高深、不进行说教、不自我拔高的平和谦逊态度，总可以衬托出"试笔"的译名正接近作者的原意。

蒙田也不把自己的作品看作定型之作，他总认为自己是在不断探索，不断尝试，也不断改变自己：

> 即便就我自己所写的东西来说，我也有许多时候体会不出原先的想法。我不知道自己想说什么。我费神去修改一下，要放进一点新意思，因为已失掉原来更有价值的含义。
>
> 我不断前进，复又折回，反反复复。我的思想总不能笔直前行，它飘忽无定，东游西逛。
>
> 宛如大海上一叶扁舟，

---

① 参见（法）蒙田《蒙田随笔》，梁宗岱、黄建华译，湖南人民出版社 1987 年版，"译者序言"。

在狂怒的风暴中漂流。

———卡图卢斯”（见《飘忽无定》）

由此可见，蒙田呈现给读者的并不是周密的、前后一贯的思想。蒙田并不讳言：“我在这里利用各种机会尝试运用自己的判断力。倘若是我完全不熟悉的问题，我就试着应用判断，像是远远探测徒步涉水渡河……”（见《尝试判断》）这些话都可以视作“试笔”译名的恰当注脚。

## 选　　集

既然1987年就已出了宗岱师和我合译的《蒙田随笔》选集，今天另起炉灶再出一个选集，是否有此必要呢？这得从原选集说起。1987年的《蒙田随笔》分梁译与拙译两部分。梁译只涉及蒙田原书的第1卷，以全章（或一章的大部分）照译的居多，实在称不上是“选”。这是很自然的事：宗岱师原来要搞的是全译本，后来遇上“史无前例”的风暴，译稿才剩下残页片片。拙译部分确实“选”了一番，而且每篇都较为简短。这样，两部分合起来就显得非常地不和谐。此外，文笔上的差异，译名的前后不一，注释的详略不同，等等，都给人这样的印象：这是一个临时凑成的合集，与严格的选集相去甚远。近年来，有十余家出版社推出了名称不一的外国名家散文集，其中蒙田的散文，大都从拙译的部分抽取，或许可以说明，拙译“选”的意味较浓，我心里一直在想，重新搞一个名副其实的选集，实在有此必要。承蒙浙江文艺出版社约稿，给了我认真去选一下的机会。此次的集子虽然仍由两个人执笔，但事前有了很好的商定，事后做了仔细的统一工作，可以称得上是浑然而为一体的。

那么，我们是怎样去选的呢？办法很简单：根据原书各卷各章的顺序，依次选出，于各段之首冠以小标题，提示每段的内容。一部分小标题参考了法国选家的立题而定，另一部分从所选段落的文字摘取，若这两方面都找不到合适的，那就只好由译者自撰了。

我们又按什么标准来定出选段或选文的呢？大体有如下四点考虑。

（1）选较著名的段落。法国选家已选的，许多就成为这次选本的重要依据。

（2）选较贴近中国读者的内容。蒙田散文中不少涉及古人古事，我国读者无相应的文化背景，一般不好理解，而且也不会感兴趣，我们选时对此类只好割爱。

（3）选定几章全章照译。如果全书都是选段，读者就无法看到蒙田作品中全章的面貌如何。因此我们每卷都有几章是照选的，如第1卷的第8章《谈闲散》、第22章《此得益，则彼受损》、第53章《关于恺撒的一句话》；第2卷的第26章《谈大拇指》，第3卷的第3章《谈三种交往》。尽管我们选全章时尽量选简短的，但考虑到各卷都要有入选内容，因此，各章的长短有时差别极大，蒙田原文如此，只能从之。

（4）《蒙田随笔》已选过的尽量不用，但个别段落实在太有代表性了，只容许极少量入选，而且凡选用的，都对照原文重新校阅过，这样，应不致有改头换面去赚取稿费之嫌吧。

浙江文艺出版社约稿的时候，不知道"译林"正要推出《蒙田随笔全集》，后来知道了，我曾告诉有关编辑打算中止选集的翻译工作，心里想，既然全集已出，何必再搞选集。编辑则认为各有侧重，现在看来不无道理。

一是，蒙田散文的分量不轻，全集共一百万字左右，其行文枝蔓丛生，飘忽无定，一般读者未必能抓住要领，我甚至怀疑，有多少读者能有勇气从头至尾去阅读一遍。正因为如此，选集就能起很好的导读作用。

二是，就我所知，全集的翻译由多人执笔，也存在我第一本选集那种有些方面不统一的问题。这样，一本文风前后一贯的选集，自有其单独存在的价值。大凡文学名家的作品，只要不是粗制滥造的抢译或厚颜无耻的剽窃，多出一两个不同的译本是无妨的。全集与选集并存可供读者比较和借鉴。如果读者读完选集还不满足，进而想窥其全豹，岂不更好？

## 译　文

本选集参考八个原文版本（其中四个为全文本，三个为选本，一个为英文译本）而定，分段及注释的处理亦然；遇到各版本不一致的地方，就按个人的认识，择善而从之。由于蒙田散文是16世纪的文字，有些地方分段太少，眉目不清，我们便按今文的要求，做了分段处理。如果原作者还在，这样做，我想他会赞同的，因为文学译品的最大目标归根结底是向广大读者传达原作的精神。

蒙田在行文中引述了不少古诗，这些古诗绝大部分原文为拉丁文，而今人的版本又都附了法文的译文或注释，这些文字各个版本有时不尽相同，我们只能按自己的见识，择认最佳者作为翻译的依据。既是古诗，我们也尽可能用格律体来译，使其多显一些古朴之气。在这方面，由于水平有限，我们是颇费了一些功夫的。请看两个小译例：

> 他看到，维生的必需，
> 世人几乎都有了保障，
> 有人享尽了荣华富贵，
> 还因儿女声誉而增光。
> 可众人依然心烦意乱，
> 连声抱怨，充满忧伤。
> 他明白全坏在容器上，
> 器皿肮脏，盛物变质，
> 哪怕你灌进玉液琼浆。（见《关于恺撒的一句话》）

> 爱国爱国，爱其现状：
> 国为王国，则爱王权；
> 寡头统治，民主管理，
> 爱无分别，既生于斯。（见《恶去不一定意味着善来》）

后一首小诗，有一个译本的译文是这样的：

> 照国家的原样爱国家吧：
> 是王国，就爱君主政体；
> 少数人统治，或共同管辖
> 都必爱，因是上帝创造了它。

译诗至难，上面两首，孰优孰劣，见仁见智，我作为译者之一，更不便发表议论。但后一首的后半句"因是上帝创造了它"，显然是译错了。法语原文为"car Dieu t'y a faict naistre"（古法语的拼写法），直译起来就是"因为上帝使你生在这里"。我举这个小例子并没有自己译得比别人高明之意（译文某个地方出一点小错，在所难免），而是想说明：译得像诗而又不脱离原文，我们虽费了一番斟酌，但却未必尽如人意。

本集子专名的翻译尽可能统一，有定译的，不再自译。专名第一次出现时加简要的脚注，以有利于理解原文为限，不旁及其他，再次出现时则不另加注。原文为拉丁文的古诗，我们也只在第一处交代其原文的文字，下文就不再重复交代，以节省篇幅。

［原载（法）蒙田著《蒙田散文》，黄建华、黄迅余译，浙江文艺出版社2000年版］

# 《独舍地古堡》译者的话

乔治·桑在其著名小说《莱莉亚》（1833 年）中写道："何处没有爱情，也就没有女人。"这句话似乎说反了，而其实深藏着真理。的确，没有爱情或不曾经历爱情的女子，是说不上能够充分体现女性的内涵的。乔治·桑就是一个多次卷进情爱漩涡的女子，她写下了许多感人的爱情小说，如《安蒂亚娜》（1832 年）、《莫普拉》（1837 年）、《魔沼》（1846年）、《小法岱特》（1849 年）等。而《独舍地古堡》也是其中的一部，而且还是重要的一部。很可惜，就我所知，国内至今尚未见有人将它翻译出来。《中国大百科全书》的《外国文学》卷中收了"乔治·桑"条目，介绍其生平和创作，篇幅几乎占两栏，列举她的作品不少，可偏偏就是只字没提《独舍地古堡》。这是相当奇怪的。翻开法国人所著的三大卷本《法语文学辞典》（*Dictionnaire des littératures de la langue française*，Bordas，Paris，1984），在"George Sand"（乔治·桑）条目中，*Le Chateau des Désertes*（《独舍地古堡》）的专题介绍赫然在目，其文字所占的篇幅比起《魔沼》还足足多了三行。《魔沼》很早就有了中译本，我们许多人都知道乔治·桑这部名著。当然，在乔治·桑的创作成果中，《魔沼》占了不容忽视的地位，但《独舍地古堡》也不是无足轻重之作。在法国人眼里，如果不说它超过，也起码是不亚于《魔沼》的，我们对它的遗忘实在说不过去。有鉴于此，我和秀梅便不揣浅陋，尝试把它介绍到中国来。好在这只是个中篇，费时不多，两人通力合作，就做了它的首译者。

《独舍地古堡》写于 1847 年，1851 年才正式出版，其间经历了 1848年的法国革命。这段时间，乔治·桑已进入创作的成熟阶段。《独舍地古堡》也是她的一系列"田园小说"之一。它里面写了些什么呢？我这里不想给读者端出一个"故事梗概"。因为那会像抽掉了血肉的美人，只剩下虚有其轮廓的骨骼。这不但不能吸引你去亲近"她"，反为会败坏你去解读"她"的兴趣。我只想说的是：请你开卷吧，细细地读下去，"她"会慢慢而又牢牢把你攫住的；这是爱情与艺术交融的诗篇，会使你领略爱情的美妙和给你传达艺术，尤其是戏剧艺术的真谛。

　　这里我只想说说这本小说译名，它似乎有点古怪。"Le Château"译为"古堡"，毋庸争议。"des Désertes"中的"Désertes"首字母大写，应是个事名，按理说，照音直译即可。可"désertes"作为阴性形容词，则有"僻静"之意，而其阳性名词，则是"荒芜之地"。我们忖度，作者用这个词作为古堡之名，想必是与含义相关。的确，小说中的这个古堡，孤零零地独处一方，周围别无其他房舍，而"怪事"就在古堡里发生。从第七章的"桃色花结子"到第八章的"巫魔夜会"，再到第九章的"石头人像"，一步一步引你接近和深入古堡，你料想不到的情节便在那儿逐步展开。纯粹将"Désertes"一词音译，我国读者就会不解其中奥妙，意译为"荒漠古堡"，又恐直露甚而是曲解作者的本意，因为法语词典里并没有"désertes"的阴性名词。于是我们也来个"音义相关"的办法，"独舍地"可以说是音译，因为它和"Désertes"的发音相近。但你从其含义去揣测亦无不可，因为那儿的确"独此一官舍"。译名之议想必读者不会感兴趣，那么还是请读者早点进入这引人入胜的"独舍地"吧。这里面有你揣测不到的情节，因而我们用了《古堡奇情》作为本书封面的书名，而在页上仍然保留接近于直译的译法。既已做了交代，我想读者就不会误以为我们故意曲解原文了。

　　为译著作写的"序言"往往有个老三段：一是作者生平，二是作品简介，三是写序人的见解或感想，或有时前后次序略为颠倒一下。"作品简介"刚才我已经故意跳过。要不要介绍乔治·桑的生平呢？我想也是不必要的吧。这位女权主义的倡导者和实践者，中国人对她并不陌生。从《中国大百科全书》到《辞海》，到一般的文学辞典或作家辞典对她都有较为详细的介绍。如果我写得简略，写了等于不写；如果我写得太细，那又不是一般读者的必需，多占篇幅，徒然增加读者的负担。还是请读者自行查阅随手可得的工具书吧。

　　有一点，这里似乎是要交代一下的。那就是，作为作家，乔治·桑的文笔究竟怎么样呢？在法国，这方面是有争议的。有人认为她写得太多，像一头"会产文字的母牛"，这样，她笔下的作品自然就良莠不齐。但有人认为，她行文挥洒自如，绝无斧凿、板滞之弊。同时代的勒南（Renan，1823—1892，法国著名哲学家、作家）对乔治·桑更是盛赞不已。他说："桑夫人是这个时代最伟大的艺术家，具有最真实的才能……我所说的真实，不是指现实主义。"勒南说："三百年后人们还会读桑夫人的作品。"乔治·桑别的小说，我们无法做出品评，但就这部《独舍地古堡》来说，是写得自然流畅的。只恐我们的译笔，未能尽传原作的神韵。

明年（2004 年 7 月 1 日）就是治·桑二百周年诞辰纪念了。我们相信《独舍地古堡》和乔治·桑的其他著名小说一样，也是她的传世之作。人们通过这本新译作，会更多地认识和欣赏这位风靡一时的女作者。

2003 年元旦写于广外大校园

［原载（法）乔治·桑著《古堡奇情》（直译独舍地古堡），余秀梅、黄建华译，海南出版社 2012 年版］

# 《沉思录》译序

　　自 2007 年末以来，《中国日报》（英文版）、《广州日报》、凤凰卫视等众多媒体纷纷介绍《沉思录》及其作者马可·奥勒留，其间特别转引了温家宝关于该书的一句话："这本书天天放在我的床头，我可能读了一百遍，天天都在读。"这是一本怎样的书？作者又是何许人？经过媒体的宣传，无论对《沉思录》，还是对其作者马可·奥勒留，读者都不再陌生。因此，在这短短的译序中，我想，与其写一些作者生平、内容简介之类的老套文字，倒不如认真交代一下我们翻译该书的有关情况，使读者对本书有更为深入的了解。

　　呈现在读者面前的这个《沉思录》中译本，是应中国三峡出版社总编辑冯志杰先生之约，由我和杨尚英老师合作翻译的。翻译主要根据两个英译本：一个是乔治·朗（George Long）的译本，收入 *Great Books of the Western World*（《西方世界名著》丛书）中；另一个是多伦多大学教授格鲁伯（G. M. A. Grube）的译本。乔治·朗是 19 世纪西方古籍的著名译家，1862 年便译出《沉思录》的英译本；格鲁伯则是一位现代翻译家，他的《沉思录》英译本于 1963 年出版。两种英译本有些地方差别甚大，以至于有时不免有无所适从之感。但是，我凭着从前翻译《爱经》的经验，采取了这样的做法：广泛地搜集有关的各种版本和译本，以一个版本为主，综合其他版本，比对参照，择善而之。《沉思录》也和《爱经》一样，都是西方的古籍，均是用古文字写成的（前者用古希腊文，后者用古拉丁文）。因此，翻译《沉思录》借鉴翻译《爱经》的经验是可行的。

　　翻译《沉思录》，当然最好从原文着手，而我和杨老师都不懂古希腊语，因此只能从其英译本（有时参考法译本）来翻译成中文，这是不得已而为之。与此同时，该书又不止一种英译本，如何选择和取舍呢？我采取了翻译《爱经》的方法。我在《爱经》的"译者前言"中曾写道："绝不敢随便抓到一本，便率尔移译。"因为我知道，像这样的西方古籍，研究者众，译家也多，而古文字往往有今人难懂之处，加之古本时有缺文、误植等情况，再加上考证功夫的深浅不一，各家理解不同，因此各译本出入极大，这自然也是常见的情况。因此，我尽可能广为搜集《沉思录》的各种英译本和法译本。除了上面提到的两种英译本外，我们还找到了乔治·朗的早期加注的单行版本、默克·卡索邦（Meric Casaubon）的 1906 年的英译本、法柯森（A. S. L. Farquharson）等人 1998 年再版的英译本。有了这五种英译版本，翻译起来，应该可以不囿于一家之见了。然而，我却意犹未尽，继续扩大搜求范围，干脆连法译本也纳入收罗之列。

为什么要这样做呢？我是有深一层的考虑的：西方文化，20 世纪以前，法国的影响巨大，不少古籍，法国人先译成法文，后来才有英文及其他西方文字的译本（《爱经》便是如此）。法文译本反映了法国人在这方面的研究成果，有不可忽视的参考价值。于是我又找到了三种法译本，译者分别是皮埃龙（Alexis Pierron）、巴泰勒米·圣－伊莱尔（J. Barthélémy Saint-Hilaire）、M. 默尼耶（Mario Meunier）。那么，从英法两种文字的八个译本的比较阅读中，我们发现了什么问题呢？大体有三。

（1）段落的划分不一。《沉思录》的大段落是标数字的，但数字后的文字，各本未尽相同；有些版本大段落中再分小段落，但大多数版本不再划分；标示的数字有的放在段落之首，有的则另占一行。不标数字的版本，我们尚未见到，《沉思录》的各段时有彼此关联、需要回应的地方，如取消数字，标示的回应就会落空。

（2）各本有不少地方出入极大。文字的详略，措辞的强弱，句式的长短，用语的虚实，等等，多有不同之处，而理解上的差别也不时可见，甚至有的意思完全相反。至于用词差异更是比比皆是。以《沉思录》的英文译名为例，有的译为 *The Thoughts*，有的则译为 *The Meditations* 或 *His Meditations*。其中译名除了《沉思录》外，也有译作《自省录》的。

（3）注释的内容不同。加注的地方不一，侧重点迥异。有的注重语词的考证，有的重视思想的阐释。短的三言两语，长的与原文相当，甚至超过原文。

面对以上的种种差别，我们如何处理呢？大致的思路如下。

第一，严格遵守译者的职业操守，做到忠实翻译。虽有多个译本参考，但主要依据一个，并且绝不容许扩大"自由度"而任意发挥。

第二，在英法的诸译文中，我们虽只从其一，但不被我们采用的，不等于该译者的理解就绝对不能成立，而只是表明：现时采用的，是新译者*最喜爱*的。

第三，各本的一般差异之处俯拾即是，我们只能略过不提，但遇到意思彼此扞格的地方则仍然注出，以便读者获得"兼听则明"的好处。

第四，英法各译本的注释累加起来篇幅甚大，我们据此加注，虽游刃有余，但考虑到这个译本面向普通读者，文末注释过长只会令人生厌，因而尽量从简。凡参考英法译家的注释，我们不再标明，我们自己写的注释则标上"译者"的字样，以示区别。

我们这个译本并非《沉思录》中文首译，但我们认为有其独立存在的价值，因为它是采纳英法几位译家之长而译成的。

我们坚决反对时下有些不严肃的重译做法——在别人译文的基础上稍加改动，便作为新译推出。那样的做法几近剽窃，为我们所鄙夷。我们的愿望是为读者提供一个可读性较佳的译本。至于是否达到了这样的目的，只有请读者和专家来评判了。

最后，谨向冯志杰总编表示谢意，没有他的信赖和督促，我就会辞却这次译事了。

2008 年 6 月 6 日
于广东外语外贸大学

[原载（古罗马）马克·奥勒留著《沉思录》，黄建华、杨尚英译，中国三峡出版社 2008 年版]

# 《图像的生与死》译序

　　从前的译者写序，一般都跳不过介绍原书作者这道"坎儿"，而且看来交代得越详细越好，这有助于读者了解写书人的背景。而互联网如此发达的今天，这道"工序"似乎可以免去，起码不必弄到巨细无遗的程度。就拿本书的作者雷吉斯·德布雷来说，您只需点击百度，马上就知道：他是法国人，1940 年 9 月 2 日出生于巴黎，早年曾赴古巴、玻利维亚，同情切·格瓦拉的革命活动。他的身份为作家、媒介学家、思想家（或哲学家）。1996 年创办期刊《媒介学手册》（*Cahiers de médiologie*）。2010 年曾应邀来华讲学，做过"知识分子与权力"的专题演讲，引起相当大程度的反响。他的著作已译成中文的有两部：《100 名画〈旧约〉》《100 名画〈新约〉》。如此等等。对于普通的中国读者来说，我想百度提供的信息，应该是足够的。但如果您还想了解更多，那得进入法国网站，那里面的介绍至为详尽。译者的所长，是能读懂原文，把法语信息翻译过来，填补中文信息之不足，并非难事。不过转念一想，有此必要吗？当今已进入信息社会的时代，垃圾信息正泛滥成灾，再制造些冗余的信息，表面看来可显示译者的见识广博，但其实增加了本书的篇幅，又何必多此一举呢？还是直奔主题：谈谈这是一本怎样的书。

　　译者首先接触原著，读后总有一点印象和感想，趁此机会向读者传达一下，这或许算是个义务吧。本书原是作者在巴黎一大取得博士学位的博士论文。可以说是一部通过分析图像及其传播手段而建立的西方思想史，他在书中第一次解释了他所创设的一门新学科："媒介学"。全书共分十二章，目录上的章节标题已交代得一清二楚，毋庸译者赘述。但本书的目录有一个特点：除了重复书中的章节标题之外，每一标题之后还附上一两句简单的话语，提示本节的内容。因而读者纵览目录，便大约可知全书的梗概。作为本书的先行读者，译者最留心的不是其内容如何或架构怎样，而是它有什么令人耳目一新的东西或是能够给我国读者什么启发。

　　首先，抓住译者的观点是"图像源于丧葬"，正是为了延续死者的"生命"，才制作出雕像、塑像、画像等一系列图像。将珍爱的、易朽的对象永远保存下来，这是人类的普遍要求。图像正是适应这种要求的产物。作者举了大量西方墓葬的例子，条分缕析，令人信服。他还论述了图像与宗教的密切关系，准确地认定"图像的目的原在于拉近人和超自然的距离"。

其次，作者指出"图像的威力"，而且认为，到了视像时代的今天，掌握图像制作的权力尤为重要。作者说："如今，铸币，就是制作图像。有多少国家即便维持不住原来的特权，但起码还保持着传播能力呢？"的确，当金钱的主宰力慢慢减退的时候，想象空间的主宰就显得特别重要。作者还说道："经济上举足轻重的地位若要化为政治上的霸权，那略微的高超之处就在于一方面有随时可用的军事力量，另一方面有整套的图像装备。"

为此，作者对今天因图像的控制和传播而造成差距与不公表示深深的反感。作者说："十个人里有九个是透过亚特兰大和好莱坞向他们提供的图像去观察生活的。各处人们接受来自美国人的配音或配字幕的图像，但美国人在自家却受不了来自别处的任何一幅配字幕的图像。"作者还尖锐地指出："电视生来就是美籍的，它吞噬一切……"作者发现，在口头文化向书面文化过渡的阶段，一国强势的语言逐渐统一国内的方言土语。如今，世界进入视觉文化的阶段，"世界上各种目光的统一"正向前迈进。"各国发现自身的眼光被剥夺，都以美国的眼睛看世界。"

然而，这种"统一"是否开阔了人们对世界的视野？作者给予了否定的回答。他认为，从前是"极小的空间里极大的多样性"，如今是"极广的空间里极少的多样性"。甚至连美国人也未必能享受到此种"统一"的好处。尽管全球每天有10亿以上的人依据美联社的报道去对世界大事进行价值判断。"不过，世界上电视最普及的国民——美国人，却又是最为乡土闭塞、最关注自身，最后是对外部世界了解最少的，这难道是个偶然吗？"作者的反问可谓一语中的。

再者，作者从不同角度论述了视像的不可靠性（或其"客观性"是有限度的）。他所举的理由大体有如下几点：第一，镜头的背后是操作的人，"连自动摄像机都是由人的意愿去安放、启动和关停的"。因此，要展示什么，无视什么，都透露出操纵者的主观性。第二，视像的镜头往往只呈现一面。作者以交战的双方为例，视像的传播常常源自占优势的一方。他又以警察与小偷为例，"视像运作只在警察一方，小偷是没有视角的"。第三，视像无法反映抽象的东西，诸如自由、平等、正义、人类、资本等说法"从技术角度说"是上不了屏幕的，要不，就只会弄得非驴非马，令人啼笑皆非。

最后，令译者印象尤为深刻的是，作者凭敏锐的观察、以辩证的观点论述了视像时代一系列亦是亦非的正反命题："电视为民主服务"，"电视祸害民主"；"电视向世界开放"，"电视遮蔽了世界"；"电视是绝佳的储存器"，"电视是有害的过滤器"；"电视是真相的操作者"，"电视是假象的制作工场"；如此等等。读后令人不禁掩卷深思。

总之，本书有不少地方闪烁着思想的光芒，尽管作者某些观点我们未必完全同意，其中一些论据也未必十分周全，但依然不失为一本能增长知识、启迪思考的好读物。译者的以上所见、所感，或许是一孔之见，还是赶快打住"饶舌"，请读者自己开卷吧。

临末，回到译者的本行，谈谈本书的译事。本已自知才疏学浅，动起手来，更有捉襟见肘的深切感觉。原著作者可谓是学富五车，旁征博引，对考古、宗教、绘画、雕塑等的种种典故、知识津津乐道，"吊起书袋"来那得意神情，似可窥见。可苦了译者！书中大量在西方文化人眼里平平常常的专名或文化常识，对中国读者是相当生分的，加注还是不加注，这就成了问题。最终的选择是附上外文原名，适量有限加注，否则译注的篇幅恐怕可达原著的数倍之多。有的时候索性将本欲加注的专名借译文显示出来，如原文第 31 页 "…ct ce n'est pas cn vain qu'Hésiode fait d'Hypnos le frère cadet de Thanatos"，干脆译为"因此希腊诗人赫西奥德（Hésiode）把梦神希普诺斯（Hypnos）表现为死神塔那托斯（Thanatos）的弟弟，并非无缘无故"。又如"……但此处悲情与酒神狄俄尼索斯（Dionysos）的关系比与农神萨顿（Saturnc）的关系更为密切"，也是这样处理。既然许多专名都附了原文，为了节省篇幅，很多时候也按惯例，我们只译姓而不译名，对较为熟悉的人物，更是如此，例如 Anatole Francc，我们按习惯就译为"法朗士"。

读过原文的人士就会知道，本书的行文自成一格：使用大量的无动词句，断句常常不循一般的习惯；插入语颇多，不少言外之意；时而褒扬，时而贬损，时而驳斥，时而挖苦；有时顺着别人的思路一直往下写，最后回过头来倒"将一军"。所以读时可得小心，更不可轻易引用，否则真应了"断章取义"之说。译者体验到挣脱原文的痛苦，当然也感受到译成交稿的喜悦。借着译书的过程，查阅了许多书籍和绘画，实在也是赏心悦目的一大幸事。但愿我们不成熟的译作能有助于中国读者加深对西方文化的了解。

本书原由黄迅余承担翻译，已经基本完成，由于她要赴联合国任职，匆忙交由黄建华做收尾的工作，适逢后者不幸罹患重病，加之尚有其他事务缠身，遂拖延至今才交稿，在此谨向出版方表示歉意！同时趁此机会向几位曾在翻译上提供帮助和指导或一直给予支持鼓励的良师益友表达由衷的感谢！他们是：Odile BOUSSEL，Picrre JEANNE，TANTOT 夫妇，薛利，易安丽，M. IBAZIZEN。当然，我们也忘不了何家炜先生，当初是他热情推荐黄迅余负责此译事的。

〔原载（法）雷吉斯·德布雷著《图像的生与死：西方观图史》，黄迅余、黄建华译，华东师范大学出版社 2014 年版〕

# 《语言学论文集》小序

我院语言研究所编辑的《语言学论文集》即将问世。主编约我写几行字，作为集子的序言。说实在的，我并没有什么高论要发表，那就随便谈点感想吧。

近年来，不少中外学者，尤其是语言学家，都反复强调：语言是一门领先的科学。桂诗春教授早几年就指出了这一点，伍铁平教授去年还以此为题出了专著①。谢栋元教授最近也认为，"语言学：当代人文科学的骄子"②。欧美学者这方面的言论尤为突出，这里无妨从伍教授的著作中转引几句："语言学就其主要内容来说属社会科学，它一直是社会科学或人文科学的典范。"（葛林伯格）"在整部科学史中也许没有一章比语言学这门科学的出现更令人神往。"（卡西勒）"很可能，惟有语言才称得上是科学，因为它成功地制订了实证的方法，认识了它所研究的现象的特性。"（列维－斯特罗斯）③ 这样说来，语言学在当今的众多学科（尤其是社会科学学科）中，占有崇高的地位，应无异议。

然而令我纳闷的是：在现实生活中，情况似乎并非如此。且不说语言学在科研立项、拨款、评奖等决策运作方面许多时候都不如其他学科，就从纯学术角度而言吧，也常常显得比其他学科矮一截。我随手翻阅了案头的两本大型工具书：一是浙江大学出版社出的《当代中国社会科学学者大辞典》，另一是台湾商务印书馆出的《云五社会科学大辞典》。前者按哲学、法学、教育学、经济学、文学、艺术学、历史学、图书馆学等学科，共收录了近五千名学者，却没有语言学学者的单独地位。后者分十二册编纂，这十二册分别是"社会学""统计学""政治学""国际关系""经济学""法律学""行政学""教育学""心理学""人类学""地理

---

① 伍铁平：《语言学是一门领先的科学》，北京语言学院出版社 1994 年版。

② 谢栋元：《语言学：当代人文科学的骄子——伍铁平近著读后》，载《现代外语》1995年第 1 期。

③ 以上各句分别参见伍铁平著《语言学是一门领先的科学》，北京语言学院出版社 1994 年版，第 94、39、137、138 页。

学""历史学"，竟见不到语言学列入哪一册或放在何等位置上（至于哲学、文学、美学等学科则归在"人文学"的范畴而不列入"社会科学"）。仅此两例，可见一斑。我敢断言：语言学的"领先"或"骄子"的地位，起码至目前为止，并未为大多数人所认同。

我是搞词典学的，多少也和语言学沾一点边，面对语言学尚不为人了解的现状，本来很可以趁写此小序的机会，应和一下前面几位学者的意见，也来个大声疾呼，力陈当代语言学与信息智能学科相通，因而它是当今世界最有生命力的学科之一，如此等等。可是我正欲走笔疾书之际，却又犹豫了起来。

我记起有一位著名学者曾大致说过这样的话：许多专门家都犯有一个毛病，认为他自己所从事的那一行最重要，其余皆不足道。其实他那一门，虽非不重要，但并没有重要到他所说的那种程度，他多半钻在牛角尖里而不自觉。我不是什么专门家，但却接近语言学这一门，如果我一个劲地为它叫好，岂不是有"王婆卖瓜"之嫌？看来我还是不置一词的好。

我认为，作为学术工作者，既要十分重视和专于自己所钻研的那一门，又要懂得尊重他人所从事的领域，要有兼容百川的气概，自己虽不被理解而不悔，而最要紧的是不断贡献出有分量的成果来。因此，我向那些为语言学默默耕耘而又颇有收获的人表示由衷的敬意。他们的成果愈丰厚，应用效果愈显著，就愈会被他人所认识。虽然"桃李不言"，但已响应了为语言学正名定性的专家们的呼吁。可以预期，语言学这门学科在我国是一定能占据自己所应得的一席之地的。

本集子所收的都是我院教师写的文章。有人以为，同仁出版物，稿件来者不拒，质量无甚可观。这不过是想当然的看法。请花些时间读一下这个集子吧，你准会发现，它比前面两集又有了新的进步。我可以肯定地说，集子内的一些文章就是放在国内的一流刊物上也毫无不及之处处。广州外语学院内的一些"花朵"早已在墙外香了起来，但愿这墙内的香花照样有人欣赏。我更希望今后有更多的鲜花不断盛放！

1995 年 1 月 2 日

[原载广州外语学院语言学与应用语言学研究所编《语言学论文集》（第 3 辑），广州外国语学院研究所 1995 年版]

# 《芦笛风》序言

　　我有这样的习惯或"偏见"：翻开一个诗人的集子，首先读读他的情诗，如果连爱情诗作都写得不怎么样，其余可观的大体就不多了。真正的情爱，在诗人心中是应该激起翻江倒海的波澜的；处于热恋时候的诗作，如果还感动不了接触它的人，其他作品要想打动读者，那就很难了。

　　我曾经在自己的一首小诗中这样写道：

　　　　因情而作诗
　　　　纵使对诗艺无知
　　　　也总有几分诗意

　　　　为诗而造情
　　　　纵有娴熟的技巧
　　　　也只得诗的躯壳

　　宗岱师的《芦笛风》是"因情"而作的诗，这是毫无疑问的：只要翻阅一两首，你就会深深感受到，一股铭心刻骨的真情，把你紧紧攫住。新诗人转而写旧体诗词的，新文学史上不乏其人，但写得好的，实在不多。有些人写的旧体诗词，徒有诗词的形式，可以说，成了掩盖诗人感情贫乏、新意枯竭的"躯壳"。而我在宗岱师的《芦笛风》词集中却见不到这种毛病，虽然不能说字字珠玑，虽然从词律的严格角度而言或许能挑出某些不大符合传统的地方，但总的来说，无愧为文情并茂的佳作。《汉语大字典》的主要编者之一、熟谙古籍的汪耀楠教授读完此词集后得出这样的总印象："情深意切，缠绵悱恻，可谓恋词佳构。"① 我是完全同意他的看法的。

　　"恋词"，也就是情诗。现代白话体的爱情诗集自"五四"以来出版

---

　　①　参见汪耀楠教授 2000 年 12 月 5 日给笔者的来信。

了不少，但今人的诗词体的爱情诗集却不多。只有两位新诗人的作品吸引了我的注意：一是汪静之的《六美缘》，全是七言诗；一是宗岱师的《芦笛风》，全是词作。我不想硬拿这两位新诗人的旧体爱情诗词作对比，但就我个人的爱好而言，更欣赏后者。虽然两部作品都是性灵流露的至情之作，但《六美缘》写得过于直白浅露，给人一览无余的感觉。而《芦笛风》则委婉曲隐，令人读后回味无穷。今天写"思词"的词人，我还找不出哪一位足可以与宗岱师媲美的。可惜的是，这样美妙动人的佳作，知道的人不多，能窥其全貌的人就更少了。

笔者还是宗岱师的学生的时候，就听说《芦笛风》的词集了。宗岱师在辅导课业之余常喜欢跟我们谈一些与中外文人交往的情况。有时也提及他自己所写的一些作品。但《芦笛风》词集却极少谈及。就我个人的记情所及，宗岱师"文革"前只向我们提过其中的"水调歌头（序曲）"一首，其余全都没有提起过。这也难怪，在极左风潮的氛围中，这种"资产阶级情调"的东西又怎能出示于人呢？直至"四人帮"垮台以后，我才从宗岱师那里得到了一册手抄本的《芦笛风》词集（字体并非出自宗岱师之手，但其中有宗岱师亲自改动过的笔迹）。宗岱师去世之后，他的夫人甘少苏女士还把一卷蜡纸刻印本的《芦笛风》赠给我们夫妇俩，首页端端正正写了如下几个字："黄建华、余秀梅同学存念。梁宗岱未亡人甘少苏敬上，1984.6.5"。后来我还从图书档案中把原版也复印下来。这样，细细比照品读才有了可能。

《芦笛风》于1943年由诗人自费在广西桂林的华胥社出版。原版是手写体的石印本，按竖读分行的格式印出，印数甚少（具体数字已无从查考），次年（1944年）在同一家出版社出了印本，此后就没有再版过。宗岱师许多著译，二十世纪七十年代以后都陆续再出了，《芦笛风》却是个例外，而今能让广大读者一睹其"真容"，真是件大好事。

《芦笛风》虽然从未再版，但报刊上却不时见到有人为文介绍，其中不乏错讹之处（下文还要提及），现在趁再版的机会，还其本来面貌，或者起码给读者提供一个可以由自己做判断的依据，这未尝不是一件有益的工作。

《芦笛风》既然是恋情的作品，鉴赏的人很自然就会提出这么个问题：这是在什么场合为谁而写或因谁而写的？稍知宗岱师生平的人都晓得：《芦笛风》是1941年春至1943年冬的作品，当时正是宗岱师与甘少苏从相识到热恋至结合的时间。甘少苏是其中许多首词的第一个读者。因此，许多人都认定：《芦笛风》是写给甘少苏的。就连甘少苏本人也这样认为。她自己就说："《芦笛风》里收集的诗词，都是那两年里为我写的，后来由宗岱自费出版了。"① 这种看法虽非毫无根据，但很不准确。

《芦笛风》由两部分组成，前面三十八首，借用宗岱师的话说，是"迫于强烈的切身的哀乐"而作的；后面十二首，是"和阳春六一词"，步冯延巳的"鹊踏枝"原韵，引用诗人的话，"是从一种比较超然的为创造而创造的态度出发"来写的。宗岱师还说过："我底题材应该是极因袭的题材：楼头思妇底哀愁。"② 由此可见，如果说前面部分与甘少苏密切相关，那么后面部分已经远远超出这个范围了。

即使是前面部分，也不能说每一首都是为甘少苏而写的，其实甘本人也意识到了这一点。她写道：

> 当他叙述了自己和白恋爱的经过后，我感到困惑不解："你为什么丢下人家独自跑回国来呢？"他答道："很想带她回来，可是，想到中国这么贫穷落后，怕委屈了她。"说着，就把刚写好的一首"菩萨蛮"念给我听："昨宵梦里重相值，依稀风月浑非昔。老了莫蹉跎，齐声唤奈何！不甘时已老，依旧相欢好。一觉醒来时，遥遥隔海西。"③

显而易见，这一首"菩萨蛮"就不是写给甘少苏的，因为甘就在眼前，不可能"遥遥隔海西"。不过话得说回来，宗岱师和甘少苏这段交往时间，的确是他创作的一个高潮，因热恋而触发灵感，这恐怕是不争的事实。因此较为客观的判断应该是：《芦笛风》词集里的相当部分和甘少苏密切相关，但以此关系来涵盖词集里的全部作品，这样的解读法则未免有点太简单化了。

但社会上对《芦笛风》词还有另一种解读：借宗岱师生平的一些事

---

① 甘少苏：《宗岱和我》，重庆出版社 1991 年版，第 100 页。

② 梁宗岱：《试论直觉与表现》，载《复旦学报》（社会科学版），1994 年第 1 期，第 213 – 257 页。

③ 甘少苏：《宗岱和我》，重庆出版社 1991 年版，第 102 页。

件，凭自己的想象，把词集里的某几首作品硬套上去。用这种解读法释宗岱词的、最典型的莫过于梁俨然先生了①。这里从其文章中举一两个较突出的例子：

　　……抗战结束后，陈瑛（陈锁、沉樱）随他的兄弟到台湾去了。他缅怀既往，一种留恋的心情，又表达在一阕鹊踏枝里。
　　"当日送君浮海去，强作朝颜，掩却心头暮。踽踽独寻明月路，无聊数尽江边树。寂寞灯前犹自语：水誓山盟，此意绵绵否？愿作车前粘地絮，随君海角天涯处。"

　　"鹊踏枝"明明标着"1943年春作"，当时抗战尚未结束，陈瑛自然也没有去台湾，宗岱师怎么可能有先见之明，为未来而写作呢？其实诗人早已交代过"鹊踏枝"的写作缘起："我上面说过，我之写'鹊踏枝'首先是由于这调子底节奏之敦促，起意要填一二十首；后来因读了冯正中词，又立心要步他底韵。"至于其"题材应该是极因袭的题材：楼头思妇底哀愁"②，前面已经提及，更不必赘言了。
　　梁俨然先生的另一处解读就更加离谱了，请看：

　　他在十年浩劫中，被冲击了十数次，受到打砸抢而致创伤，当伤病危重时，却得到甘的"精心看护，不至伤亡"。在病中，又写了一阕菩萨蛮："高楼昨夜西风雨，惊醒几许秋情绪：淅沥复凄清，雨声？落叶声？怜卿多落魄，沉此情萧索？起立倚栏杆，念卿安不安？"

　　上文已提到，《芦笛风》是1941年春至1943年冬的作品，这是词集的第二页已经标明的。怎么可以把其中的一首移置为"十年浩劫"期间的词作呢？在引导广大读者认识一位诗人的作品的时候，我们总不能不顾

　　① 梁俨然：《读梁宗岱的芦笛风词》，载《广州日报》（文苑版），1989年10月24日。文中所引的宗岱词，多有误植之处。笔者转引时，已改正过来。
　　② 梁宗岱：《试论直觉与表现》，载《复旦学报》（社会科学版），1994年第1期，第213－257页。

起码的事实而凭空想象啊！

其实，这首词是宗岱师与甘少苏开始相恋时宗岱因甘而写的。那段时间宗岱师差不多天天晚上都去看甘演的戏，一天适逢刮风下雨，没有出席，后来就写成了这首词。甘少苏在其回忆录的手稿中，曾准确地指出："那晚因下大雨，宗岱没有去看戏。"[①] 我们把此词置于原来的背景来看待不是会有更贴切的感受吗？

梁俨然文章中这种移花接木的比附还有好几处，这里就不一一列举了。

这里提出了一个如何解读或欣赏宗岱诗词的问题，我想引宗岱师本人的话作为借鉴："文艺底欣赏和批评或许有两条路：一条——如果我可以创造一个名词——是走外线的。走这条路的批评对于一个作家之鉴赏、批判或研究，不从他底作品着眼而专注于他底种族、环境、和时代。"宗岱师还指出："如果献身于这种工作的人能够出以极大的审慎和诚意，未尝不可以多少烛照那些古代作品一些暗昧的角落，尤其在训诂和旧籍校补方面，为初学的人开许多方便之门。"[②] 接着，宗岱师说："我自己却挑选另一条路，一条我可以称之为走内线的路。"他指出："…… 我们和伟大的文艺作品接触是用不着媒介的。真正的理解和欣赏只有直接叩作品之门，以期直达它底堂奥。不独作者底生平和时代可以不必深究，连文义底注释和批评，也要经过自己努力才去参考前人的成绩。"[③]

然而，"走外线"的易"沦为一种以科学方法自命的烦琐的考证"，以致"旁逸斜出，标新立异，或穿凿附会"。而"走内线"的，则"容易流于孤漏，流于偏颇，有时甚或流于一知半解"。但无论如何宗岱师更强调的是作品本身，因为"一件成功的文艺作品第一个条件是能够自立和自足，就是说，能够离开一切外来的考虑如作者底时代身世和环境等在适当的读者心里引起相当的感应"[④]。

看来，我们欣赏《芦笛风》词，也得遵循宗岱师的主张。也就是说：尽可能避免"走外线"或"走内线"其中可能出现的偏颇。换言之，一

①　这份手稿是《宗岱和我》的初稿，甘少苏送笔者夫妇时，在封面上写了如下的字样："梁宗岱与甘少苏存底 1984. 5. 13。黄建华、余秀梅存念。甘少苏敬赠，1984. 11. 16"。

②　梁宗岱：《屈原》，夏华胥社出版 1941 年版，"自序"。

③　梁宗岱：《屈原》，夏华胥社出版 1941 年版，"自序"。

④　梁宗岱：《屈原》，夏华胥社出版 1941 年版，"自序"。

方面，我们尽量了解一首词出现的背景，但不穿凿附会；另一方面，我们直叩作品，但也努力掌握作品产生的有关情况。对相关材料不甚了了时，我们的态度应该是：宁缺，宁存疑，绝不做想当然的比附，强做解人。如果我们能从作品中领略到神韵，获得美的享受，那便是收获，至于属词外的某一两点因当事人或熟悉者不在而无法获得最终证实的细节，实在是不必过分拘泥的。笔者就本着这种态度来介绍或诠释《芦笛风》词。

《芦笛风》词集问世后，虽曾获得过一些识者的赞赏，但受到冷遇的时候居多，尤其是在极"左"思潮泛滥期间，有人竟把《芦笛风》的留存列为诗人的罪状。其理由是这样的：在抗战进行得如火如荼的时候，诗人偏居一隅，不思救亡，却掉进"温柔乡"里，还写出这种"靡靡之音"的词来，究竟要把青年引向什么地方去？

这种批判未免太粗暴而又简单化了。当然，我们赞赏像"大刀，向鬼子们的头上砍去"那样充满豪气的歌谣，但我们不能因而就全盘否定令人柔肠百转的佳作，我们更不能据此就做出诗人不关心国家民族的命运的结论。文艺作品是一种精神产品，而精神活动是十分微妙的。为了说明问题，这里我们无妨引用宗岱师于写作"鹊踏枝"的话：

> 可是说我底"鹊踏枝"之产生，完全出于技巧的考虑，节奏的动，也不符事实。因为这是精神活动底一个奇迹，在这些表面似乎纯是词藻的游戏，以及对韵脚的挣扎竟融入了我（或许我与一般人共有的）生命中一个最恒定最幽隐的脉搏，一个我常常被逼去表现而迄未找到的恰当的形式的情感生活底基调……①

接下去，宗岱师以第八首的"鹊踏枝"为例，谈到了其产生过程的心灵活动：

"……
惨绿残红堆两岸，
满目离披，

---

① 梁宗岱：《试论直觉与表现》，载《复旦学报》（社会科学版），1994年第1期，第213－257页。

搔首观天汉

瑟缩流莺谁与伴？

空巢可记年时满？"

最后一行固然是园中的实景；这实景的苍凉和萧飒却因我当时一个较亲切的经验，而变成了一个义蕴丰富的象征。那时一位曾经在短期间与我平分哀乐的朋友和她几个孩子正准备远行，一切东西都搬走了，只剩下一所空洞的房子。想起走后的情景，自不能无感于中。但我相信这词（并非为夸大它底价值）所抒写的，绝不仅个人心中的哀怨。抗战以来我曾一次身历（北平和天津），而几乎等于目击（巴黎和广州）我心爱的几座大城在一夜间沦陷于暴敌之手。这些事件都在心里镌下不可磨灭的印象。如果在极高度的想象的刹那，大自然底山川风云或光影都不过是我们灵魂底变幻流转的写照，——谁敢决定我那由骤然兴亡之感的义情、怆痛和悲惘不无意中流入这首词底字里行间呢！①

连从步原韵出发的"鹊踏枝"，也融会着作者对当时现实的深刻体验，《芦笛风》中的其他词，那就更不必说了。宗岱词没有纯粹的外界描写，而更多的是各种景象和情思的交融，也可以说，它所反映的是超越眼前实际的更高的真实。正因为它没有拘泥于当时的一事一物，今天读起来才觉得它仍然生气盎然。这种艺术高度是图解现实的作品所无法达到的。我想，我们应当从这个角度去认识《芦笛风》词作。

我们重新推出《芦笛风》词集的时候，做了如下的几项工作。

（1）写一篇交代性的序言（也就是本序言了）；

（2）对不同版本（石印版、油印本、铅印本以及经宗岱师亲笔改过的手抄本）中出现的少数异文做交代；

（3）对每一首词用语体文译意，并写简短的译后文字；

（4）附录"鹊踏枝"步韵的"阳春六一词"十二首。

第一项因所定的篇幅以及笔者的水平所限，目前只能做到这个程度了。如发觉有不妥之处，希望读者多赐批评意见。第二、第四两项比较来

---

① 梁宗岱：《试论直觉与表现》，载《复旦学报》（社会科学版），1994 年第 1 期，第 213 – 257 页。

说是技术性工作，并不繁难，我们力求做得细心一点就是了。唯有第三项，这是一件不容易做好的工作。首先，要用语体文翻译，词中的任何难点都不能回避。其次，要译得多少带点诗意，颇费斟酌。再次，旧诗词体有些地方语义可两解或多解，从而常常含有朦胧之美，译成现代语时，多半只能从一解，难免使美感有所损失。最后，译后感之类的文字，主观色彩较浓，未必能传达词作的本义。因此这第三项，笔者曾拟不做。但考虑到，本集子主要是献给从未见过《芦笛风》的新一代的年轻人的，做一些导读性的工作，也许对他们有点儿帮助，所以才勉力为之。笔者所写的，全都是一家之言，聊供参考，如果多少能够引起年轻朋友品读原词的兴趣，那我就喜出望外了。

过去很长一段时间，人们忌讳写爱情、谈爱情，而今却又走向另一个极端：声嘶力竭地大唱如何爱得死去活来，但却充斥着虚情假意。至于词语不通，生拼硬凑，则更比比皆是。这个时候，我们能让年轻人重温一下现代诗人留下的恋情佳作，对于提高他们的欣赏趣味，应该是有帮助的吧。临末，我还应感谢下列几位学者和友人：汪耀楠、谢栋元、余庆安、余培英、梁华川。他们在我准备本集子的过程中，贡献了许多宝贵的意见。

（原载梁宗岱著《芦笛风》，黄建华译注，广东人民出版社 2001年版）

# 《词典论》韩译本序言

　　大约是春节期间吧，意外接到一个陌生的电话，说是韩国一位教授要与我联系，想翻译我的《词典论》，征求作者的同意，来电话的是该教授的学生。我回答说，大体上没有问题，不过我想首先了解一下译者的有关情况，请来函告知，以便正式授权。

　　几个月过去了，不见来函，以为就此作罢，我也把这事置之脑后了。最近，复又接到电话，说是《词典论》已翻译完毕，希望我为韩文译本写个"前言"。我还是原先的回应：请对方先向我介绍译者的情况。不久对方果然把译者的有关信息发了过来。看后我十分高兴，原来此译本是由韩国京畿大学国语国文系教授朴亨翼先生率领他的三名弟子共同完成的。朴亨翼教授是韩国词典学会的副会长，还在多个语文学会担任重要职务，出版过《韩国的词典和词典学》等多部有关辞书学、语文学的专著。可以说，他是我在韩国的同行。而尤为难得的是，他是巴黎第七大学的博士，和我一样，具有法国语言文化知识的背景。

　　拙著《词典论》有意用比较浅近的语言着笔，不板冷峻的"学术面孔"。虽然这样，"门外"的人翻译起来，也绝不是一件轻而易举的事情。近年来，我就见到有的中国译者翻译西方学术著作的一些糗事。不求甚解，随便移译，其结果非但不能为原著的传播增色，反而迹近给原作者脸上"抹黑"。虽然我自己是个韩语文盲，但看了《词典论》译者的阵容，也完全放下心来。他们师徒四人，两位是韩国人，两位是中国人，而主译又是有经验的词典学家，这样韩中合作的译文，我想其质量应该是有保证的。

　　在电话联络的过程中，我还体会到对方对版权的重视，译者主动询问有关与《词典论》原出版社联系的事宜。这使我联想起有关拙著的一次不愉快的经历。台湾的一家出版社将《词典论》以繁体字重排在台湾地区再版，事前事后都不跟原作者打一声招呼，待繁体本出版多时，我才知晓。这回对方如此认真处事，我想就不会产生什么令人烦心的"纠葛"，进而这还会成为一次给双方都带来喜悦的学术之交。为此，我欣然地应对方之约，写了如上的几句话，聊作本译本的序言。

我本人也是个翻译工作者，深知无愧于原作的译事之艰难。谨借此机会，向以朴亨翼教授为首的付出辛勤劳作的四人翻译团队表示由衷的敬意和谢意！

于广东外语外贸大学校园
2009 年 7 月 26 日

［原载（韩）朴亨翼译著《词典论》，韩国 Bookie 出版社 2014 年版］

# 序陶原珂《词位与释义》

　　陶原珂先生通过博士学位论文（《双重系统中的词位与相关释义类型》）的答辩之后，我就等待着他的专著问世了。在学位论文的基础上出书，他的几位师兄都是这样做的。而陶先生因获得赴多伦多大学语言学系当访问学者的机会，不得不把整理成书的时间推迟了一点，但这段时间，他的学术视野更开阔了，基础功夫更扎实了。他奉献给读者的这本书，经过了一番琢磨、锤炼，可以说已经达到一个新境界，而绝不是其学位论文的照搬、照印。

　　捧读之余，留下了两点深刻的印象。

　　第一，这是一本面对具体词典，经过深入探讨钻研，精心结撰而成的著作，而不是那种想当然的"空对空"之议。我们仅从作者所引述的、经拨剔梳理过的大量释义例子，便可见其认真细致的功夫。作者并不满足于以别人的书例说明自己的立论，他还对具体例证的缺陷、粗疏或欠缺回应时有针砭之词。要知道，他面对的都是享有盛誉的权威词典，如无周密的研究，是不可能提出自己的见解的。

　　第二，著者做了博贯中西、融通古今的尝试。时下这方面的著述，囿于作者的视野和知识准备，往往熟谙中国的，对国外的却知之甚少，了解西方的却缺乏对我国现状的研究；至于明于古而昧于今，或知其流而不知其源，那也是常见的情况。陶君的《词位与释义》对比中英、横跨今古，体现了作者的学术"气度"。我特别感兴趣的是，他以专章对《说文解字》（我国第一部名副其实的字典）的释义进行系统的深入阐释。这是真正的研究所得，突显了中国古代词典的特色及其在当时所达到的学术高度。

　　我常对研究生说"读书不等于研究"，为的是防止远离实际、只跟着别人的理论跑的空疏之弊。《词位与释义》绝无发空论的毛病，它完全从实际出发，而且以实际为依归。不过我读后却又有一点不够满足，觉得它在理论上还缺乏充分的交代。我不妨打个比方来说：作者在学术的探索路上拾掇到鲜花盈掬，他奉献出来的时候，却似乎未用一根红线把这许许多多的鲜花牢牢地紧束在一起。不过，他采到的是馥郁的鲜花，那是最重要的。

2003.10.3 于广外大校园

（原载陶原珂著《词位与释义》，高等教育出版社 2004 年版）

# 序徐真华《理论·模式·方法》

孔夫子曾说"学而不思则罔","教而不思"又怎样呢？我想也会茫茫然的吧。因为古人还说过"教亦多术矣"，教育是有许多学问的，不认真钻研思考，又如何能教得好呢？

本集子的文章就是一个教师对自己所从事的外语教育事业思考的结果。也许认识徐真华的人会说：他是广东外语外贸大学的教务处处长，在这方面有所研究，不足为奇，因为这是他业务圈内的事。然而，这并不完全准确。因为他新任这一职务不过一年，本书的绝大部分文章，都是他身为一名普通外语教师的时候撰写的。就如普通一兵而通晓战略，实属难能可贵，也许正因为这个缘故，他才被任以教务处处长的职务吧。

生活中常常有这样的现象：非科班出身的人强于科班出身的。读工科的，搞起政治来，比读政治学系毕业的，还更像个政治家；学理科的，写起文章来，比中文系科班出身的，更为通畅练达，文采飞扬……徐真华是学外语的，你读他的文章，会不会觉得他更像是教育学出身的？专某一科而不把自己的视野局限于这一专科的范围，这正是现代教育所要求的。徐真华不但在言论上倡导教育的当代意识，而且身体力行地去实现这一时代要求。因此，他能够纵论外语教育多方面的问题也就不足为奇了。教而多思，即边教学边研究，这不算是徐真华的独到之处。许多人工作之余，也思考一些问题，写一些文章，但囿于个人所从事的业务领域的居多，即多做微观性的思考。而通过徐真华收在本集子的文章我们却可以看到：他看待问题高屋建瓴，多做宏观性的探索。是不是他不擅长深入钻研一些具体而微的问题呢？不是的。我也读了他所写的关于纯专业领域的文章（例如：《论高年级精读课教材的注释原则》），其分析入微的程度，充分反映了他作为专业者的素养。他的难能可贵之处正在于宏观探索、微观研究兼备于一身。这在外语教师中，并不多见。就我所知，徐真华在我校是出版外语教育文集的第一人。

写序言的人大体和作者都有一点相识的关系，或深或浅，因此笔触之处总是离不开作者其人其书。而我认识徐真华已逾二十年，可谓年深日久，此次又是本文集全稿的第一个读者，那我就多谈几句读后印象吧。我掩卷后留下的第一个感觉是，这是一本倡导把学生作为一个现代人来塑造的书。作者强调了一个古老而又常新的主题：教书育人。但这个问题又是从世纪之交的社会现实以及从教育者与受教育者所应当具备的当代意识的新角度来展开讨论的。不仅如此，作者以自己的实践经验和切身体会来丰富所谈论的主题。可以说，作者在各篇文章不同程度地、或隐或现地流露出自己的鲜明个性。作者不仅言传，而且还在"身教"。了解徐真华的人便知道，他曾经二度当选两为广东省教书育人的优秀教师，曾两次被广东省人事厅授予立功证书。的确，他在文章中、在实践中，都是把"教"与"育"融合在一起的。唯其如此，我们读其书时仿佛见到一个以自身的人格魅力和学术魅力把学生吸引到自己周围的教师。

我读后的第二个感觉是文风清新、无八股味。说句实话，徐真华在本书中所阐述的问题不见得都能发前人之所未发，有些主题，甚至时下的报章也有所提及，稍一不慎，连语气文句都有可能落入他人的窠臼。我们常常读到这样的文章，它谈的道理不差，但就是提不起我们的兴趣，文章中好些文句似曾相识，我们的感觉已被磨钝，读了尤如不读。徐真华的文章却无此弊病，你一开卷便觉得一阵新鲜气息扑面而来。内中一些文章就是教育散文。"记得幼时在学校读过鲁迅先生的《社戏》：朦胧月色下淡黑起伏的山峦，绵绵不断地舒展开去，冈上的重重树影，河湾里的点点渔火，乌篷和白篷的木船，以及岸边豆田里一畦畦透着清香嫩绿的罗汉豆。浙东水乡这一独特的自然社会风貌虽经数十载岁月流逝而未能忘却！这大概就是文学作品的力量所在吧！"读着这样的文字，可以称得上是美的享受。徐真华强调教学艺术，他的文章不正反映了这种艺术感？

第三个感觉是，作者中西文化修养具备、水乳交融。最近我读到一些留学归来的学者的文章，他们对西方文化的了解不浅，所受影响甚深，连遣词造句、谋篇布局都显露出洋文的痕迹。从好的角度而言，他们带给了我们许多新的东西，开阔了我们的视野，丰富了我们的表达法；但有时却又不免令人感到纳闷，洋腔洋气如此严重，仿佛是生吞活剥的翻译作品，中国人竟不像说中国话似的。徐真华也是个留学生，大学毕业即赴洋，曾三度留学。但你读他的文章，却感觉是地地道道的中文。请读读这样的文句："就听、说训练而言，稳扎稳打，循序渐进，一定有效；急躁冒进，贪多务得，必然无功。""课堂教学中的画龙点睛最能显示教师的能力与才气。能力者，组织得法，难易详略把握自如；才气者，善于以少视多，恰似文学创作中的'点缀'，国画艺术中的'苔衬'，所谓'画山容易，点苔难'。"一般的论述文字，难得出现这种排比式的句法；吃洋不化、缺乏深厚中文根底的人是绝对写不出这样的句子的。当我读着徐真华的这种清畅文字时，我想起了一些学贯中西的老一辈学者（如郭沫若、钱锺书⋯⋯ 以及曾生活在我们身边的梁宗岱先生）。徐真华正当盛年，未来的日子还长，我想他是能延续这些前辈的精神的。

最后一点感觉是本文集涵盖面甚广。时而谈论市场经济与教育；时而谈论传统道德与校园人格；知识、能力，国内、国外⋯⋯ 外国语高等教育的各种问题、几乎都涉及了。一方面可见作者之博学，但另一方面从读者角度而言，则显得有点庞杂，因为读者要买一本书，总是对某一方面的问题感兴趣，而不大会对几方面不相干的问题同时感兴趣。前人说过，"学博而不精，则流于驳杂"。也许徐真华在治学方面，还须有一个由博而约的过程。但他已具备广博的坚实基础，是能够创造出卓著的学术成果的。不管本集子的文章是不是每一篇都能吸引你，但《理论·模式·方法》还是一部能启发读者思考的书。

1996 年 8 月 16 日于广外大校园

（原载徐真华著《理论·模式·方法》，海南出版社 1997 年版）

# 序杨英耀《同素异序词应用词典》

辞书园地中一种新的花朵栽成了，虽然并非"国色天香"，但自树一格，别有其馥郁之气。我曾经说过，编词典亦易亦难。易的是似乎不学自"会"，不难照抄照搬；难的是超越前人，编出新意。英耀同志在编纂过程中，深感其难：搜集原始素材，把全部可用的时间用上，自我剥夺丰富多彩的业余生活；设计词典的结构，费尽心血，有些安排，几经易改，才算定下；至于词义的推敲，例句的选配，更无取巧之便，唯有多方查核，狠下死功夫。无怪编著者发出感叹："事非经过不知难"啊！

正因为编著者知难而上，于是"有一分耕耘就有一分收获"。别小看这是一株小花，它是经过精心浇灌才培育出来的。

粗略观赏，便可发现它有如下特点。

（1）独立研编，无前人的同类辞书依傍。编著者原拟收集一些"同素异序词"的例子，写点有关这方面的论文。文章写出来了，而搜集工作却上了惯性的轨道，欲罢不能。换言之，本词典是从语料的基础工作做起的，是编著者研究心得的产物，而绝不是那种大搬大抄的拼凑之作。

（2）引例丰富，界定词义的异同，言必有据。"部下"与"下部"，"鞍马"与"马鞍"，一望而知，词义迥异，不能互用，这是较易处理的。然而，"爱情"与"情爱"，"半夜"与"夜半"，词义接近或相同，什么情况可互用，什么场合不行。这都不是凭编著者"敲脑袋"所能定的，要靠活材料说话。本词典做到了这一点，实在是难能可贵。

（3）提供坚实的素材，推动探求，启迪思考。本词典的主要宗旨固然是供普通读者查考、释疑，但受编著者获得的自序启发，未尝不可以把本书作为进一步研究"同素异序词"的素材。的确，正如编著者在自序中所说的："汉语里有多少二字词可改变词序而成为新的词，哪些却不能？其中有什么规律可循？一对对的'AB—BA'式词在结构关系、词义与用法方面又是怎样的呢？这些问题都未能得到很好的解决。"本词典以充分材料说明"其然"，至于"所以然"还有待语文工作者进一步探索。而本词典正为这种探索提供了很好的素材。

"同素异序"的组词方式，是中国语文的一大特色，西方语文只偶有所见，不成系统。正因为如此，本词典的出版，不仅对国人提高语文水平，对方言地区的人掌握普通话有所帮助，而且对促进对外汉语教学也会有所裨益。有鉴于此，目前我校正在编纂的《现代汉法大词典》，也准备把"同素异序词"的基本内容吸纳进去。此事已得到英耀同志的慨然允诺，我们在这里预表谢意。

　　在目前学风较为浮躁的情况下，英耀同志甘于寂寞，肯下一字一词的死功夫，十分难得。虽然百密会有一疏（例如"达到—到达"这一组词就应该收录），虽然个别的安排尚有可改进之处（例如可设主副词条："离别—别离"一组，读者只见于"lí"而不见于"bié"，查阅起来，终究不便），但综观全词典，瑕不掩瑜，不愧是一本精心结撰的佳作。西方有句谚语说"批评容易，实干艰难"，现在有些人对这种词语的"苦工"是持不屑一顾的态度的。不过我想，这些"批评家"自己动起手来，也未必能够编得更好。我借写这篇小序的机会，谨向编著者的辛勤劳作表示由衷的敬意！

（原载杨英耀编著《同素异序词应用词典》，珠海出版社 2003 年版）

# 序雍和明《交际词典学》

又一部词典学通论性的稿子送到我的案头，中山大学的黄国文教授为其主编的"当代语言学丛书"之一的《交际词典学》索序，该书的作者是我国为数不多的词典学博士雍和明先生。我和他们两位都认识多年，于是欣然答允。

但由于是熟人，提起笔来倒反而格外拘谨，说了过头话，会给人"互相吹捧"的印象，说得不够，又似乎不给朋友面子。幸而我们平时接触彼此都坦诚相待，没有什么顾忌、拘束，那我就把先睹为快的读后印象如实道来。

首先这是一本从崭新的视角审视词典学问题的新书。通论性的词典学著作，我国在二十世纪八十年代以后陆续出了好几本，有些最近还出了修订版①，但这些著作都是就词典本体而论词典的居多，其中一些虽然也注意吸收当代语言学的成果，但大都零散而不成体系。本书将交际学的理论系统地应用到词典学的研究中去，反而构建起一个反映词典本质性、揭示词典交际运作过程的框架。这是一种创新，是作者多年潜心研究的成果。有些著述多它一篇不见得增加什么分量，而少了它，也不见得缺了什么。《交际词典学》可不是这样的著作，虽然它未必是名副其实的一门"新学"（我不大赞成动辄以"学"字为书名），但肯定是我国辞书学园地中卓然傲立的挺拔的新株。它会为未来的辞书编纂实践带来新的收获。

这又是一本富有人文精神的著作。现时一些语言学类的著述，往往图表林立，公式繁多，语驳，常常令未入其门的人望而生畏，不敢问津。本书却深得"交际"的精神，明晰通透，即便从未接触过词典学的人，也能顺着作者的指引，渐次"登堂入室"。书中以专门一节阐述的"词典与词典编纂中的美学原则"，更是其他词典学著述极少涉及的方面。在作者的心目中，辞书编纂实践既是科学原则的贯彻，也是美学原则的体现，科学精神与人文精神是并行不悖的。

---

① 例如拙著《词典论》（修订版），上海辞书出版社 2001 年版。

这还是一本能具体指导实践的书，起码其中的一些章节如此。本书并不限于做纯概念的推演，以搭起自己的"理论体系"为满足，而是面向实践，以众多的中外辞书成品为参照进行理论的阐述。某些章节还带有很强的操作性的提示。例如，第七章中的关于"成语的排列方法"，编纂英汉双语词典的人就可以按其所列的"原则"进行操作。总之，这是一本理论与实践紧密结合的好书。我相信，它会受到广大辞书工作者的欢迎。

然而，世间上难得有尽善尽美的文字之作，《交际词典学》自然也不例外。如果说，我读后还有点什么感到不够满足的话，那就是本书对国内词典学研究现状尚缺乏充分的归纳和回应。作者熟悉国外的文献，有全球视野，这是很大的长处，如能更重视总结分析我国在这方面的学术成就，则本书必定会更上一层楼。此外，书中有少数段落（尤其是转述外国文献的部分）流露出较为生硬的翻译腔，显然，这与作者所提倡的"美感"是不大相称的。

但综观全书，可以用"瑕不掩瑜"来评价。其光彩悦目宜人，而其瑕疵几乎可以忽略不计。我有幸在其出版前通读全书，谨诚恳地向读者推荐这部佳作。

（原载雍和明著《交际词典学》，上海外语教育出版社 2003 年版）

# 序张柏然、魏向清《双语词典学论集》

张柏然君寄出快件，嘱我为他那编好了的《双语词典学论集》写一序言。对于这个任务，我真有点却辞不恭、接受有愧之感。本论集是为第四届全国双语词典研讨会而编的，会前便已辑成文集，可见作为会议承办单位的南京大学的同仁们的出色贡献，我忝为双语词典专业委员会主任，岂能不为他们多少做点从旁助威的工作？不过拿起笔来（其实是按起电脑键盘来），却又感到心中无数。"序言"本应是导读的文字，我只看见本书的篇目，而未读到其全文，即如不曾亲临其境的"导游"那样只好凭借接触过的材料来谈谈自己的所感所想了。

从"导读"二字我想起柏然君曾经导读的 *Dictionary of Lexicography* [①]（《词典学词典》），此书的两位编者我都认识。他们正在编纂该书的时候，便在计算机上调一些词条给我看。当时他们以为，此书该是世界上第一本"词典学词典"了。我随即表示：不对，中国 1992 年即已出了《辞书学辞典》[②]，他们有点儿惊讶。由于语言文字上的阻隔，许多西方人不知道我们中国人已经做了什么或正在做什么。其实我们有些方面，并不见得比西方落后。双语辞书工作者，都是起码通一门外语的人，我想我们有责任把我们的成就展示给他人，从而为中国词典学走向世界贡献一份力量。

与此同时，我们也不能忽视把外国的先进成果（包括新理论、新经验、新方法）引到中国来。我认为，下列两个方面尤应引起我们的特别注意。

（1）鉴别、吸收当代语言学的新成果或基于这些理论成果而做的新尝试，为发展我国词典学和辞书编纂事业所用。例如，我们可以注意如下几个问题。

第一，词典学如何吸纳认知语言学的新观念，从理论上，进而从实践

---

① R. R. K. Hartmann and Gregory James. *Dictionary of Lexicography* (1st ed.), London: Routledge, 1998.

② 杨祖希、徐庆凯：《辞书学辞典》，学林出版社 1992 年版。

上解决新型词典切合学习语言的认知规律的问题。

第二，形式语义学在何种程度上能应用于发展我们的释义理论，改进词义的阐释工作。

第三，如何把目前世界上好几处地方都在试验的理论型词典"Dictionnair explicatif et combinatoire"（详解组配词典）应用到汉语上。对于我国双语辞书界来说，那就是关于如何应用到以汉语为一方（作源语或译语）的双语词典上的问题。

如此等等。

（2）吸收并改造国外关于信息技术用于词典编纂的新成果、新方法，并抓紧研制出适应我国辞书事业发展的行之有效的新技术。例如，我们可以在以下这几点上分头下功夫。

第一，努力学习计算语言学的新成就，探讨能否建立计算词典学的分支学科。这应是信息技术应用于词典学的理论基础。

第二，以语料库语言学理论为指导，创设或完善能为编纂几种不同类型双语词典所用的大型语料库。这方面南京大学的同仁率先迈出了一步，许多经验教训有待总结或推广。

第三，大力研究已问世的利用信息技术编成或制成的新词典（包括电子词典、网络词典等），了解其优劣，进而与信息技术人员进行跨学科的合作，研制出自己的更高质量的成果来。（事实上，我们在这方面已取得了可喜的成绩，今后如能更多地从词典学的角度把握编纂质量，就可望推出更好的产品）

为了使上述两方面的设想能在我国真正开花结果，双语辞书界的人士还得与汉语辞书界的人士紧密合作，这是我国辞书事业是否能真正与世界接轨的关键。新的理论、观念、方法只有被广大的汉语辞书界的人士所了解、接纳并按我国的具体情况加以消化和改造，才可望结出丰硕的果实来。在这方面，双语辞书界的同仁们有义务多做点沟通的工作。

词典学研究，也如其他一些应用学科那样，大体可以分为如下三个方面。

（1）不以直接应用于编纂实践为目的的理论性研究和归纳性研究，例如词典史的研究，词典对比研究，词典学与其他学科的关系的研究，双语词典方面的跨文化研究，等等。此类研究虽然似乎不贴近编辑实际，但能够开阔视野，起宏观的指导作用，对词典学作为独立学科的长远建设是必不可少的。在这方面我们过去下了不少功夫，也取得了可喜的成绩，但和世界上的先进国家相比，仍然存在一定的差距。例如，单拿辞书史的方面来说吧，西方早已出版"外语辞书史"或"双语辞书史"① 之类的专著，而我们尚未写出"中国双语词典史"的著作来。在这方面，我们也远远落后于汉语辞书界，他们早已出版了好几种关于中国辞书史之类的专著②。因此，就是作为归纳性研究的词典史方面，我们也还须急起直追。何况理论性研究的范围甚广呢。

（2）直接应用于编纂实践的方法研究和编纂工艺研究。这方面可以说是我们的强项，下的功夫也最多，从选词立目、词义辨析、义项划分、义项排列到语法信息设置、检索方式安排等大大小小的问题，都有过专门文章论述。至于信息技术应用于词典编纂方面的研究，我们也已经着手并且也有了初步的收获。但总的来说，以应用研究成果为指导进行编制的新型词典我国还不多或不明显，还见不到像英国的 COBUILD 那样的系列词典，有一套完整的理论为依据，自树旗帜，而又产生广泛的影响。换句话说，即便应用研究，如何真正落实到实践上，我们还有许多工作要做。

（3）旨在帮助编者了解读者需求，帮助使用者认识词典、应用词典的研究，其中也包括词典教学的问题。这自然牵涉"传播理论"或"交际理论"。我们曾在这方面发表过一些文章，但系统深入的研究尚不多见。至于辅导读者掌握词典的大众化读物，更不见有多少人给予足够的重视。六七年前我曾在一篇文章指出过，Dictionary Workbook 之类的书籍我们十分缺乏③，这种状况至今仍未有多大的改善。其实，重视对读者的培养工作，反过来也会促进词典编纂质量的提高。因为，读者鉴别力增强，假冒伪劣词典的市场自然就会逐渐缩小。这对于繁荣辞书事业应该是十分有利的。

---

① Robert L. Collison. *A History of Foreign-Language Dictionaries.* Southampton：The Camelot Press Ltd 1982，Southampton. James D. Anderson. *The Development of the English-French*，*French-English Bilingual Dictionary*：*A Study in Comparative Lexicography*，1972.

② 参见刘叶秋《中国字典史略》，中华书局 1983 年版；钱剑夫《中国古代字典辞典概论》，商务印书馆 1986 年版；赵振《古代辞书史话》，四川人民出版社 1986 年版；林玉山《中国辞书编纂史略》，中州古籍出版社 1992 年版。

③ J. H. Huang. Chinese and Western Metalexicography. L. Flowerdew & A. K. K. Tong（eds）. *Entering Text*，*Language Centre.* 1994，pp. 228 – 238.

总而言之，在上述三个方面，我们都取得了值得称道的成绩，但和人家比较，仍然有一段距离需要我们奋力追赶。为此，我们辞书工作者除了苦练"内功"之外，还得争取"外部环境"的改善。我想到高校中编词典的人所面临的一些情况（其中当然有参差不齐的）。

（1）词典编纂作为科研项目立项越来越困难。人们似乎抱有一个不成文的定见：编纂词典算不上科研。

（2）评定职称的时候，词典的成果权重很轻，有些地方甚至不算进成果之内，而只作为参考。

（3）词典编纂被视为无足轻重的工作。在量化成果的时候，有些大学把这项工作算得很轻。例如，某大学把一篇在核心期刊发表的论文算十二分而词典成果一万字才算零点八分。换言之，十五万字的词典成果才抵得上一篇文章的工作量。似这等比例计算，谁甘愿长期辛辛苦苦地坐冷板凳？

不过，要改善这种状况，除了向有关的部门大力呼吁之外，还得从我们辞书工作者本身做起，所谓"自重人重"吧。我们首先要把词典编纂作为一项研究工作来做。编一部词典，就得从词典学的角度来设计、实施，我们应该凭借词典学理论来指导自己的编纂实践；而实践本身又应该成为对所掌握的理论的检验、修正或发展。这样一来，就能愈编愈提高，不致沦为缺乏创意的编辑匠。当词典成果推出之日，归纳总结、理论升华的文章就可以随之而来。如果能这样做，我们辞书工作者自身的状况也一定会得到改善。可惜过去辞书界中出了个别"害群之马"，大搞假冒伪劣，照抄照搬，令一些局外人士以为词典编纂工作不过如此，十分容易。

现代词典学的蓬勃发展，从世界范围来说，不过是二十世纪六十年代以后的事，而在我国则可以以 1979 年《辞书研究》的创刊为标志。也就是说，这属新兴学科，时间不长。唯其如此，在我们面前有着远大的发展空间。如果我们提倡，搞理论的人更多地关心编纂实践，而从事实践的人也抽空来了解一下基本理论，大力推动二者的紧密合作，我们是可望做出令世界同行为之瞩目的成绩来的。是为序。

（原载张柏然、魏向清主编《双语词典学论集》，江苏教育出版社 2001 年版）

# 序章宜华《计算词典学与新型词典》

　　别人索序的，我得先通读原书才能执笔，多少感到肩上多一个额外的任务，因为那种翻翻标题或看看目录就能下笔成序的本事，我是不具备的。而章宜华教授这本《计算词典学与新型词典》是我必须优先阅读的著作，阅后为文，似乎顺理成章。不过章先生的书，在"词典学"类的著作中，分量可不算轻，开卷时，不免有点"硬着头皮"之感，但读着读着，一股欣悦的心情却油然而生。花了几天工夫读毕，"序言"已成竹在胸，随即坐到计算机旁边，个人的印象或感想便随手指对键盘的敲击而变成了文字。

　　本书给我的第一个印象是新。这"新"既表现在观念上也反映在材料上。作者正确地指出："毫不夸张地说，计算机给词典学带来了一场革命。"他敏锐地摸准了这场"革命"的脉搏，而且为我们描画了一个令人向往的图景。他所用的资料近至2003年上半年，这正反映了作者紧紧跟上了信息时代的快速步伐。当然，写进书中的某些内容不久也会过时而归于无用，但始终力求站在当代学科前沿的精神，那是永存的。

　　我的第二个印象是全。读者只要略翻一下本书的章节标题便可知道在书名所涉及领域的范围里，作者几乎是"面面俱到"（撇开此成语可能包含的贬义）。如果再进一步读书中的内容，就会发现资料丰富而翔实。作者对许多"电子词典"都亲自做过考察，他所提供的不是人云亦云的"二手货"。例如，他对《牛津剑桥基础辞典》中"笨蛋"的"笨"错为"苯"，也指了出来。至于一些"电子词典"的浮夸的收词数字，鉴于读者无法目测"部头大小"而易受迷惑，他更以内行人的坚实理据而加以辨析和提示。全面掌握相关的材料，这是开展一项研究工作的基本功，可以说，这一点作者是真正做到了。

　　第三点我觉得是尤为难得的：作者具备深厚的语言学和词典学的理论素养，这使得本书的阐述处处流露出引人思考的理论智慧。可以说，这是一本具有纵深度、富于"立体感"、理论与实际相结合的力作，而不是那种堆砌材料、就事论事、令人一览无余的著述。

1996 年我在谈及网络词典的时候这样说过："一种新技术出现之后，以这种技术为依托的工艺或艺术必将随之而变化。例如，音响设备进步之后，同声传译便发展起来，于是就产生同声传译的理论和实践技巧。又如，电影的发明，并不意味着把舞台戏拍成胶卷，电视连续剧也不等于长篇电影的分段、分集。可以预期，互联网络词典出现之后，词典的编纂原则和方法乃至某些基础理论都将会发生若干重大变化。"（见《新词典新观念——关于网络词典的思考》，载《辞书研究》1996 年第 6 期）章宜华更把这种信息技术介入之后的"变化"视为"革命"。就目前国内所见，他的这本《计算词典学与新型词典》便是展示这场"革命"的最新、最全而又最有词典学理论深度的著作。希望经过他这一番的总结和展示，能引起读者和有关行家的注意，今后大家携起手来，共同努力，将这场"革命"推向一个新的高潮。行文至此，我对本书都只是赞赏之词。为了消除"净说好话"的嫌疑，我还是指出一点"瑜中之瑕"吧：本书在谋篇布局方面对理论与实践部分的安排还可以更紧凑一些，在遣词造句方面可以去掉"欧化"痕迹，使之更精炼一点。

（原载章宜华著《计算词典学与新型词典》，上海辞书出版社 2004 年版）

# 序章宜华《语义学与词典释义》

　　一部词典学专著的稿子摆在我的案头，那是章宜华教授所著的《语义学与词典释义》。章教授在攻读博士学位期间已经开始钻研这个问题，并陆续发表了多篇有关这方面的文章。此次成书，可以说是长期研究积累的结果，而绝不是从各种文献中寻章摘句、铺陈成文的急就章。

　　词典释义处于词典的微观机构之中。就普通的语文词典来说，词条中所提供的信息，可以多至十项①，而释义只是其中之一。可这却是词典的核心的部分，因而专章、专书论述这个问题的著作为数不少（拙著《词典论》也立了"释义"一章）。但迄今为止，这些著述都只是就词典的本体而论"释义"的居多，也可以说是一定程度上的"只见树木，不见森林"。而章教授的这本著作则不同，它首先把读者置于广阔的视野中，先对各家的语义理论做出阐述和评价，然后才转到词典的释义上去。换言之，章教授所谈的"释义"是"先见森林，再见树木"的。

　　词典学与语言学二者的关系本应十分密切，但就目前我国的情形而言，词典编纂得益于语言学成果的似乎并不显著，究其原因，我想不外乎有三：一是认真关注辞书编纂的语言学家不多，他们并未能提出引起词典家注意、足可以供词典家在实践中借鉴的研究成果；二是词典家密切留意当代语言学进展的也不太多，正如不少从事翻译的人从不理会翻译理论一样，一些词典家也认为，词典编纂是一字一词推敲的切实工作，语言学的"远水"未必能救"近火"；三是语言学自身的关系：当代语言学派系纷繁，其著作往往术语驳杂、公式繁多、图表林立，常常令未入其门的人望而生畏，不敢问津。在这种情况下，章教授的这部《语义学与词典释义》有可能架起理论联系实践的桥梁。它全面归纳了语言学中当代语义学的各派成就，然后试图应用它们去解决词典编纂的重心——释义问题。我想词典编纂者应该能够从中获得或多或少的启发。

　　如果一部著作只限于归纳总结，转述旁人或前人的有关理论，虽然不

---

　　① 黄建华：《词典论》，上海辞书出版社 2001 年版，第 67 – 68 页。

无意义，但其创新性就很有限了。读者只要略翻一下本书的目录就会发现，本书和我国先前论及释义的著述不同，提出了"多维释义"的概念。书中还专设一章（第七章），集中探讨"多维释义的结构模式"问题。这正是本书的新颖之处。书中所列述的"结构"或结论或许仍有不够成熟的地方，但无论如何，它展示了可改善或弥补目前释义不足的途径。我希望这一方面将来在词典编纂实践中能够开花结果，或通过实践能够予以补充订正，使"多维释义"的理论获得进一步的升华。

世间上难得有尽善尽美的文字之作。如果说，我读后还有点什么感到不够惬意的话，那就是本书对国内的释义研究现状以及释义的实践尚缺乏充分的探讨和归纳。听说作者正准备在这方面下功夫，我们期待着他的新成果。"长年累月攻词句"的人们正用得着这样的参考书籍。

（原载章宜华著《语义学与词典释义》，上海辞书出版社 2002 年版）

# 序赵彦春《认知词典学探索》

我在另一书的序言中这样说过:"由于是熟人,提起笔来倒反而格外拘谨,说了过头话,会给人'互相吹捧'的印象,说得不够,又似乎不给朋友面子。幸而我们平时接触彼此都坦诚相待,没有什么顾忌、拘束,那我就把先睹为快的读后印象,如实道来。"这话也是适用于本书的序言的。

赵彦春先生这本新著的题目出现了一个新名词:"认知词典学"。一望而知,这是试图表述学科交叉而创造的术语。在人类的科学史上,因学科交叉而创建新学科并大大推动科学发展的例子,可以说"俯拾皆是"。十七世纪法国哲学大师笛卡尔把本来"井水不犯河水"的代数与几何"杂交"起来,创造了解析几何学。十八世纪的俄国博学家罗蒙诺索夫把"各据一方"的物理和化学"糅合"起来,创建了物理化学。十九世纪的法国学者库尔诺把分别属自然科学的数学和社会科学的经济学"打通",展示了数理经济学的前景。二十世纪的中国地质学家李四光把看似"风马牛不相及"的力学与地学"联结"起来,奠定了地质力学的基础。像这样因学科交叉而形成的新学科我们可以毫不费劲地开列长长的一大串。仅就语言学本身而言,二十世纪出现的一些分支,诸如生物语言学(biolinguistics)、计算语言学(computational linguistics)、数理语言学 mathematical linguistics)、心理语言学(psycholinguistics)、社会语言学(sociolinguistics)、神经语言学(neurolinguistics)等,无一不是学科交叉的产物。毫无疑问,彦春定这个交叉式的研究题目时,他已经预见到:将当代的认知科学与词典学结合起来,可能会孕育出新的成果,从而把词典学推向一个新的发展高度。就我所知,将此二者结合起来提出问题的,从全国范围说,尚属首次。这就是一种创新,《认知词典学探索》的难能可贵之处正在于此。记得我国科学大家钱三强先生在二十世纪八十年代说过这样的话:"可以预料,在某种意义上说,本世纪末到下一世纪初,将是一个交叉学科时代。"① 本书正是顺应这个时代的产物。

想要探索学科交叉的人，必须具备相关的学科知识。这是不言而喻的。翻开本书，我们惊讶地发现，作为词典学博士的赵彦春先生，所掌握的认知语言学的知识相当广博，他并不是那种戴上博士头衔而只囿于本人所习学科、不能或不愿旁及其他的"窄士"。本书涉猎甚广："结构主义与后结构主义""语言习得的认知规律""二语习得的认知方法""意义理论""关联理论""语言的跨文化差异""词汇能力""心理词库""图式理论""认知策略""语义调变""语义网络""词汇中的隐喻""形态的认知因素""词汇及其句法的语义特微""语法模块""认知模块系统"，等等。可以说，当代语言学的一些热门话题，几乎都触及了。即便不搞词典学的人，也能够从本书中获得启发；而专事词典学的，更能收到开阔视野的效益。总而言之，这是一本引导读者从认知角度去思考词典学问题的好书，有些提法可能还不成熟，但无损于它起"激活"作用的功能。

当代语言学以及与语言学相关的一些学科，不少理论都是从西方引进的。《认知词典学探索》的内容自然也不例外，只要看看它引述的作者及文献便可知道。这类以"西学"为基础的著述，常常有一个毛病：那就是行文欧化，带有浓重的翻译腔，读起来佶屈聱牙，仿佛不是中国人写的中国话。彦春的著作却无此弊端，全书文笔自然，清畅可读。这除了显示著者的汉语功底之外，还表明他对别人的理论，真正做了深入研究，而不是生吞活剥。从个别的诗文的引述和翻译，可窥见作者的文学根基。

例如，布莱克（W. Blake）一诗：

> To see a world in a grain of sand,
> And a heaven in a wild flower,
> Hold infinity on the palm of your hand,
> And eternity in an hour.

彦春译文是：

---

① 徐飞编著：《科学交叉论》，安徽教育出版社 1991 年版，"序言"。

一粒沙中见世界，

一朵野花现苍穹，

一只手掌托无限，

一个时辰含永恒。

　　这首短诗，许多人都不陌生，因为它有过几位名家的译文。如果我们试拿赵译与目前已知的名译对比，我想是看不出有任何逊色之处的。一部严肃的学术著作，偶有这样的佳译点缀，读起来自然令人觉得清新可爱。

　　我在另一书中的序言中说过"世间上难得有尽善尽美的文字之作"，《认知词典学探索》自然也不例外。由于它对词典本体的钻研尚不深入，专事词典的人读后可能认为，它无助于解决什么实际问题。这使我想起曾经在《科学交叉论》一书中读到的一则小故事：英国科学家法拉第发现电磁感应后不久，英国首相来观看他的实验，漫不经心地问道："这有什么用？"法拉第巧妙地反问："一个新生婴儿又有什么用呢？"[①] 这个故事的用意自然是要告诫人们：不可忽视新事物的生命力。但如果以为婴儿一旦出了母胎就大功告成，那看问题就未免太简单化了。首先，我们起码得认真鉴别这是不是个畸形儿，如果发现缺陷之处，要拿出矫治之法；其次，我们得考虑如何把这个婴儿培育成材，需要我们长期的悉心呵护。但愿作者能听取有经验的人士的意见，继续关注这个"产后的婴儿"，使之真正茁壮成长起来。

　　（原载赵彦春著《认知词典学探索》，上海外语教育出版社 2003 年版）

---

① 徐飞编著：《科学交叉论》，安徽教育出版社 1991 年版，第 54－55 页。

# 序郑立华、徐真华的《企业与传播》①

　　Louis-Jean Calvet 先生曾为郑立华先生的著作写过一篇序言，在序言的结尾处他提出了如下的问题："他要求我写序（préface）是不是要给我面子（face）呢？"而我是不会产生同样的疑问的。我几乎可以肯定：郑先生与徐先生刚编成"第二届中法跨文化研讨会论文选集"，提议由我作序，并不是要劳烦我，而是想让我沾一份光。因此我愉快地接受了这一番美意。

　　我认为，序言是个有经验的向导，应能引导读者领略作品的幽隐曲折之处。然而，郑、徐二位这本题为《企业与传播》的书，厚达452页，宛如一座大型的文化宫殿矗立在我面前。这部文集所探讨的问题林林总总，从"全球化"至某个具体的企业，从广义的"文化"到如 *ELLE* 这样的一本特定的杂志……而且文集还同时使用法、中、英三种语言。作为"向导"，我理应把这"文化宫殿"中最值得一看的部分展示出来。不过，由于我缺乏时间，无法提前遍巡这座建筑的各个角落，而更由于自己水平不高，未能全面掌握内中的一切，因此我只好站在这座宏伟宫殿的大门之旁，事前提几个问题。我希望这些问题能够激发可能来参观的人的好奇心。

　　说到文化就不得不提差别，这是我对文化问题的看法。但是，在广义的文化中如何界定这种差别呢？是不是存在某些注定比其他文化高或注定比其他文化低的文化呢？抑或相反，即在任何情况下都应当承认不同文化间的平等关系？郑先生说："不存在一种文化优于另一种文化，同样，也不存在劣文化。举凡文化本身都是好的……"（第37页）但是，为什么某些文化常常被视为高尚而另一些则被视为低下呢？某一种文化比另一种文化呈现出更多的不良方面，会有这种情形吗？说到底，文化平等果真能够实现吗？抑或这种平等只不过存在于我们的脑子里而已？

　　文化特性成了一个时髦的话题。一些人不惜任何代价要捍卫它，而另

---

① 这篇序言原用法语写成，这是其译文，原文见该书第六辑。

一些人则宁愿放弃这种特性而追随当前的文化主流。目前每年都会见到一些少数人使用的语言从地球上消失，在这种情形下，人们是不是能够成功地保持每一个少数民族或少数种族的文化特性呢？语言是文化的最佳载体，我看谁也不否认这一点。一种语言尚且朝不保夕，而它所传递的文化却有可能不靠这种载体而继续存在下去吗？随着因特网的发展，英国、美国文化和盎格鲁-撒克逊文化在世界上越来越居于凌驾一切的地位。面对这种咄咄逼人的扩展，其他语言和文化会不会退让萎缩？抑或还像从前那样，仍然能够占据自己应有的位置？总而言之，多种文化共处的前景会是怎样的呢？

很可惜，诸多问题一直未有答案。读者（参观者）诸君，但愿你们能够好好地游览一下这座"文化宫殿"。兴许你们会找到多少能令人满意的解答方案。我希望，你们会从中发现你们曾经梦寐以求而又寻觅良久的宝藏。

2001 年 8 月

（原载郑立华、徐真华主编《企业与传播：第二届中法跨文化研究会论文集》，开益出版社 2001 年版）

# 引子

## ——序《春雨催红育新桃》

这是一部从各个角度、按不同学科探讨培育二十一世纪新人才的文集。主编本想约我也写一篇，因事忙，也因肚子里没有什么新东西，我推辞了。随后他委托我写个序言，这倒是一种能容作者自由发挥、可长可短、可紧可松的文字，于是我欣然答应下来。

培育新型人才，该从何说起？

记得罗曼·罗兰大致说过这样的话：许多人过了四十，往后的日子便自觉或不自觉地生活在前半辈子的影子里。生活在自己的"影子"里的人，在我们的周围，其实不难见到。罗曼·罗兰的话给了我们一个启发：如果不与时俱进，那就只能自己重复自己。换句话说，一名中年以上的教师，要是只能向学生照搬他那一套滚瓜烂熟的东西，而缺乏不断创新，那是无法指望他培养出具有创造力的新人来的。

我们常常见到这样的现象：做父母的对孩子寄予厚望，往往要他（或她）实现自己这辈子未能实现的事情。可是这种刻意的强求，多半会引起孩子的反感。事实证明，能收到预期效果的不多。这又给了我们一个启示：人才的培育不能按自己的"模子"来"刻印"，而是要因其"材"去塑造。如果不认识这一点，哪怕是有最好最新的设计，也是无法培养出新人来的。

我们还见到这种情况：从小学起就要求学生整齐划一，有时连坐姿（如一律两手放背后）也要求一个样；至于课程设计、考试科目、年限等更是长期的"大统一"。人们已经习惯于人才的群体化、集中化、同步化的"生产"，以为历来如此，而不知道这只是工业文明时期的产物。（例如，我国农业文明时期的私塾就不是这样的）现在我们正迈进信息文明的时代，大型群体化的工厂式生产，将逐渐被由信息工具所控制的小型、零活、多样化的生产所替代。人们将来的许多工作只需在办公室，甚至在家里就能够完成，而不必非到车间不可。面对即将到来的新情况，目前依然相当盛行的那种刻板的、千篇一律的、无视个人特点的教育，显然不可能与之适应。对于现时教育体制不合理的部分如果不历行改革，要培养二十一世纪的新型人才，那也只是一句空话。

我们还常见这样的情况：学校里的尖子学生，毕业后进入社会未必有很高的成就，倒是学业平平却思维活跃的学生（有时被视为"调皮捣蛋"）往往取得骄人的成绩。之所以如此，其实不难解释：所谓"尖子"，无非表示知识积累比别人多，但并不意味能力有多强。进入社会，在学校所学知识的其中一部分已经老化，势必不能适应工作的需要。如果缺乏不断更新的进取精神，自然就无法取得重大成就。而"思维活跃"，则正表明对新鲜事物的敏感性和吸纳能力。这样的人注重自我完善、富于创新精神，能取得令人羡慕的成绩，那也是很自然的事。这一现象也给我们一个启发：能力教育、方法教育的重要性不亚于知识教育，单纯的知识教育不是培育创新人才的有效途径。

我们也不时发现这样的情况：一些智力上或文化知识上似乎有缺陷的人士却对科学文化事业做出巨大的贡献。普希金在皇村中学念书时数学不及格，达尔文据说曾是个留级生，可是这并不影响前者在诗歌上的杰出成就和后者在生物进化论方面的重大发现。我们鼓励受教育者"全面发展"，提倡复合型、多向型的人才，那当然是适应未来社会发展的好事，但我们不可以因此而忽视"偏才""鬼才"。我们如果有兴趣而同时又有工夫的话，不妨来考察一下，看看古今中外有多少带有创新标志的成果，是出自"偏才"或"鬼才"之手的。我看为数不少。未来的社会应是一个由多种人才组成、各种真有本事的人都有其用武之地的社会。一考定终身，过早以所谓"全面发展"的框框来淘汰稍越常规的"苗子"，未必是造就多样化的新人才的好办法。

归根结底，新人的培养，有赖于新的教育观念的支撑；大纲、教材、教法、辅助工具、考试手段，等等，都是据此而来的。行文至此，我还未说到关于思想教育、道德质量教育的话，这并非不重要，相反这正是素质教育的关键。不过本书已有专门文章论述，我这里就不再饶舌了。至于哪方面的专门人才如何培养才算得法，我也没有提到，这还得请读者费神去翻阅本书中的文章。我认为，序言，无非是正文的引子而已。既是"引子"，就不宜写得太长，以免占去读者阅读正文的时间，还是就此打住吧。

2000.8.2 于广外大校园

（原载莫火材、黄建华主编《春雨催红育新桃——21 世纪涉外人才培养研究》，广州世界图书出版公司 2000 年版）

# 开卷的话

## ——序蔡小红《口译研究新探》

　　主编来电话索序，她的学生随即把一叠厚厚的书稿送至桌前。我们彼此认识已久，岂有推辞之理？但提起笔来，惶惑得很。说句实在话，虽然我也曾做过几年的专职翻译，但那是笔头的功夫，对于口译我并不在行，从事这方面的理论研究那就更谈不上了。因此我这篇序言注定只能写成"读后感"式的文字，关于口译问题，不可能有什么真知灼见要发表。幸而我对本书的编辑过程比较熟悉，且又比一般读者先读此稿，那就勉为其难地说上几句"开卷的话"吧。

　　翻开篇目，不少熟悉的名字映入眼帘，他们都是口译界的好手，而现在又从事这一领域的研究工作，他们的理论成果是建在丰厚的实践基础上的。我十年前曾说过："一个从未做过翻译或译不出任何像样东西的人去从事翻译研究，那就只能从资料中寻章摘句加以推演概括，由此而搭起来的'理论架构'，即便看起来头头是道，面面俱到，但未必有助于翻译实践。反之，备尝翻译甘苦的人，转而从事系统研究，常常能印证自己的经验，闪出智慧的火花；由此而形成的理论往往是引向实际而不是导向漂浮。"① 至今我还是这个看法，而本书正是从丰富的实践土壤中结出来的果实，现在正在从事口译实际工作的人，想必能从中受益。

　　从篇目便可知道，文集中的作者有的是世界级的名家，有的也在译界工作多年小有名气，而有的却是默默无闻的小辈。我打听了一下，知道这并非硬塞文章，滥竽充数，而是主编有意安排所致。口译行业，不同于中医，倒不一定是"姜愈老愈辣"的，及时培养新人，这是有远见的表现。可以说，本书一定程度上体现了口译界的兴旺景象，后继有人。听说有些文章的作者还是在校的学生呢。然而，年纪轻并非就等于知识浅，小辈的文章也有的写得精到深刻，而且清新可爱。

　　细心的读者稍稍翻阅一下便可发现，本书所收文章的作者并不限于国

---

① 黄建华：《学者当自树其帜》，载《现代外语》1992 年第 4 期。

内的口译界，它涉及海峡两岸暨香港、澳门，还牵涉法国、西班牙、芬兰、荷兰、瑞士、比利时等国。这是口译界多国或多地区同行的研究心得的汇集。目前国内出版的研究口译问题的集子就不多，而作者队伍覆盖面这么广的，就我所见，这还是第一本。据主编介绍，有好几位名家都是经主编再三约稿才执笔的。个别作者还把准备发于其他刊物的最新稿子抽回来转送主编。可以说，具有广泛的作者基础是本专集的特色之一。

本书共分四个部分，口译的思维过程，至能力的提高，复至质量的评估，最后是关于口译理论和方法论的探讨。书中既有一般的理论研究，也有实际的事例分析，知行并重，虚实兼顾。而尤为难得的是，关于口译质量评估的部分收录了十一篇文章，有些还是最新的研究成果或总结，展示了广阔的世界性的视野。质量评估是我国口译界着力不多的问题，今后值得我们加倍重视。总之，题材广泛而新颖，也可说是本专集的另一个特色吧。

法国人常说："Les paroles s'envolent，les écrits demeurent."（言语易逝，而文字长留）从事口译的人，本来语出即不留什么，而今天他们写下了可"长留"的文字，实在是难能可贵。也许正因为有的作者平时多用口头，少训练笔头之故，读者也会在本集子中发现个别文章锤炼不足的痕迹，这也就是本书的"瑜"中之"瑕"吧。"瑜"光夺目，而瑕疵几乎可以忽略不计，总的说来，这是一本造福于口译界的好书。我们感谢为之辛勤劳作的编者。

（原载蔡小红主编《口译研究新探——新方法、新思路、新趋势》，开益出版社 2002 年版）

# 《十年树木》小序

在一次研讨会的会场中，有人传话给我：外校的刘世平校长有急事找我。按过电话号码，随即听到一阵清爽的女音，大意是：鉴于我和外校的渊源关系，希望我为其即出的文集写一篇序言。时间紧迫，两三天之后要稿。我不大习惯仓促为文，本想推迟一下。但我深知刘校长雷厉风行的作风，于是搁下其他事务，赶忙阅稿执笔。

翻着打印的书稿，思绪回到了十年前。当时作为广州外语学院负责人，早就有了办一所附属外语学校的愿望，为此也曾和广州市教委的领导人接触，得到的回复是：应该办，也相信我们能够办好，但地方政府拿不出资金，得我们自己想办法。我知道，国家教委（当时广外直属国家教委）也是不可能给我们投钱的。正暗暗盘算如何另找出路的时候，当时还是辅导员的刘世平找到了我，三言两语明晰地道出了她自己的想法，语气中透露出自信和坚定。我没有片刻犹疑，当即表示同意。在此之前，我跟她没有多少接触，更谈不上私交，彼此"一拍即合"，完全是由于对一桩事业的共同信念。我从她的谈吐之间，看到一种敏锐意识，一股开拓勇气。

弹指之间，外校开办十年了。我已从大学校长的岗位退了下来。我虽然亲眼看着外校的诞生，多次出席它的活动，参与过有关它的变动的重大决策，而我只是个"动口不动手"的乐观其成者。不可能像创业者们那样，留下苦与甜、悲或喜的刻骨铭心的回忆。我只能透过文集的部分文字，分享他们的感受，体会他们的情怀。

看看目录便知道，这是一个大汇编：各科教师、各级学生、家长、校友都贡献自己的得意之作；题材、体裁多样，中英兼备。虽是各写各的，却仿佛有一种无形的东西把这些文字紧紧扣在一起，使之有别于各篇互不相干的大杂烩式的文集。

我从字里行间读到了外校写下的一个厚重的"爱"字。教师对学生的关爱、学生对老师的挚爱、同学之间的友爱、家长对学校的喜爱、校友对母校的深爱……而在这众多的爱字当中，我以为最关键的是老师对学生的爱。我记得二十多年前，在巴黎漫游拉雪兹公墓，不经意走到一名普通教师的墓前，他叫马尔格兰，是一所小学的校长。他的碑铭上只有简单的一行字：

*我爱孩子，就像农民爱土地。*

至今我还掂量这句平凡的话的分量。个体农民爱自己的土地，那是和自身的利益息息相关的，而一位教育工作者爱自己所教育的孩子，则是"兼善天下"之爱啊。爱可以产生力量，爱可以激发才情，爱也能唤起更多更大的爱。浏览一下各篇的题目，就有八九个"爱"字映入眼帘，且不说"依恋"之类的同义词，更不说那没有以"爱"字为标题而却道出深沉之爱的内容了。也许正是这一片从校长至小学生，弥漫的、博大的，还在不断培育着的爱心推动着外校走上成功之路。

我还从篇目中深深体会到一股在外校人内心涌动奔腾的进取精神。"超越""跨越""穿越""飞翔""奋力一掷""做生活的强者"……出现于题目的这些字眼正反映了作者不满足于现状、超越自我、改造客体的昂扬斗志。外校从零开始，发展到今天的规模，达到这样的成熟程度，没有一种奋斗精神支撑，那是难以想象的。有的人，看起来没有什么瑕疵，大家对他也都没有什么可指责，可就是开创不了局面。有的人，棱角分明，似乎"缺点"不少，可一项事业在他手里却能结出果实。就我来说，我是宁愿把更多的同情和助力献给后一种人的。现时外校的激励体制已把教职员工推上了人人奋发向上的轨道，这种个个勇于争先的精神必然感染广大学生。我想，只要是真正的外校人，就不会慢条斯理、悠哉游哉地混日子。外校有今天的成绩，不能说和这种精神毫不相干。

如果时间允许我细读文集各篇章的话，也许我会品味出或感受到更多的东西。可惜我正忙于那压在肩膀上的词典编纂工作，只好考虑收笔的话了。抬头看看本月的挂历，目光偶然落到挂历所录的司马迁的一句话上："听者听于无声，明者见于未形。"这短语劝诫人们在升平的景象下，也要警惕可能潜藏的危机。这不正好可以借过来作为我这小序的结束语？但愿外校人在回顾巨大成绩的时候，仍然保持着安不忘危的警觉！祝愿未来十年的外校创造出更多辉煌的篇章！

（原载聂德森主编《十年树木》，花城出版社 2003 年版）

# 愿晚秋的金色更加辉煌！
## ——序庄明英《晚晴文集》

晚秋，人生的重要果实已经收获。这个时候来回顾一下走过的历程，留下一份收成的记录，对于自己是一个总结，为在职生涯画上一个圆满的句号；对于旁人或后人，则是留作借鉴的宝贵数据。

人生的篇章，有些人主要是用笔来写就的，作家、理论家等，便是这种情况，他们的业绩大部分反映在他们的著作上；而另一些人却主要靠自己的行动来书写，叱咤风云的将军、运筹帷幄的商家、救死扶伤的医师……他们无不凭自己的活动而为世人留下难忘的记录。

明英同志大体上属于后一种人，他写下的文字不算多，而主要的功夫却下在文字之外。正如他所说的："在公立高等教育这条战线上，我已竭尽精力，完成了历史使命，四十多年的高等教育工作，为国家培养了成千上万的学生，许多弟子还担任了高级领导和高级学者，真是毕生育英才……"

的确，明英同志的文章是要参照他本人的活动实践来读的。无论是"理论学习""高校工作实践""国外考察访问"还是"题词及历史回顾"各分辑中的文章，无一不是与实践紧密结合，或是在实践中有感而发的。这其中没有什么标新立异之论，更没有哗众取宠之词，一切都显得那么实在，有时甚至平实到可能引不起局外读者的特别注意。然而我读这些文章的时候，却有一种亲切之感。因为我有幸和明英同志同在一个班子中相处了十二年，许多事情是我们共同经历过的。

作为原广外领导班子中的"班长"，明英同志紧紧抓住学校各个时期的中心大事不放，言传身教地率领我们这几个比他年纪轻一点而资历却浅得多的同志一道前进。卢钟鹤副省长对他离职前的评价是最恰当不过的。身为高校党的领导人，他十分注意发挥行政班子的积极性：认真理事而不揽权，从旁扶持而不干预。原广外班子多年来能保持和合作，我以为，这和"班长"的良好民主作风是分不开的。

明英同志离任后整理文稿，辑成这本《晚晴文集》，他嘱我为此写一篇"序言"。最初我曾试着婉辞，因为时下写"序言"的人往往是作者的上级或前辈，多少含有提携后学之意，而明英同志原先是我的领导，后来我才成为他职务上的同事。严格说来，这一篇"序言"，我是没有资格去执笔的。然而，作者美意难却，于是我就写了如上几行字。我谨借此衷心祝愿：他晚秋的金色更加辉煌！

1996.9.17 于广外大校园

（原载庄明英著《晚晴文集》，辽宁大学出版社1997年版）

# 只要能带着独立思考的精神去读

## ——《个体文化与大众文化》译后记

　　"文化是什么？"真是众说纷纭，莫衷一是。连权威的国际组织——联合国教科文组织也没有对此问题下过明确的定义。《个体文化与大众文化》作者凭其广博的知识，从历史和现实的角度，对各种文化现象展开广泛的论述，有些材料相当周全，某些见解令人耳目一新。比如：

　　"文化"一词的起源及此词含义的演变。

　　历史上几次关于"文化"概念的大争论。

　　文化和社会主体的人密切关联。作者引用古希腊哲学家的话："如果牛马有手，能够像人那样用双手绘画和制作艺术品，那么马画出来的神，其面容就会像马，牛画出来的就会像牛，他们会各按自己不同的种类造就出不同的形体……"

　　科学在文化中如何从"灰姑娘"上升到几乎凌驾一切的地位。

　　文化工业兴起的利弊得失。对资本主义消费社会的广告宣传提出严厉的批评。

　　承认文化的多样性；肯定每个民族保存自身文化特性的必要性。

　　对"全面文化"的重视。"全面文化指的是在思维的主要领域里有着一整套的均衡知识。""今天的文化人注重创造、更新、道德责任，注重伦理上的义务，有时还注重政治上的义务。"

　　指出科学技术的发展使文化的大众化得以实现，而今后科技的进一步发展反过来又使文化向"非大众化"逆转运动。"凭着同步通讯卫星、光纤电缆电视、无线电中继传输、盒式录像带……人们便可以不受国家广播与电视的统制而能获得日益增加的选择可能性，因而也就一定程度回复到家庭文化。"如此等等。

　　本书以简洁的文笔触及多方面的问题，篇幅不大，而容量丰富，读后能给人以不少的启迪。

　　然而本书在观点方面的缺陷却又十分明显，译者起码可以指出三点：

　　一是完全否定文化一定的阶级性，提倡文化的"非政治化"；在现实社会里这种主张很多时候不过是自欺欺人之谈。

二是在文化问题上把个人看得高于一切，认为"起码不要让大众压抑了个人"，仿佛个人可以无须随着社会的改变而改造自己似的。

三是从"欧洲文化中心论"的角度去观察和研究问题，幸而作者对这方面的不足已有所察觉，他指出："未来的文化会进一步从欧洲以外的源泉（例如亚洲的巨大的精神宝库）吸取养分。"

综观全书，我以为它还不失为一部能启发人思考的佳作，只要我们能带着独立思考的精神去读，总是可以从中借鉴一点东西的。

本书的作者是位法学博士，写有多种关于历史、文化问题的专著，除本书以外，他的《国际文化关系》也是值得一读的。

［原载（法）路易·多洛著《个体文化与大众文化》，黄建华译，上海人民出版社 1987 年版；另载《广州日报》"序跋选登"栏，1988 年 8 月 11 日］

# 附录

## 黄建华主要著述目录

### 一、主要学术论文

[1]《法汉词典选词、释义、词例问题初探》,《辞书研究》1979 年第 1 期。

[2]《好哇！大主笔——法国词典家罗贝尔小传》,《辞书研究》1979 年第 2 期。

[3]《法国词典学一瞥》,《辞书研究》1980 年第 2 期。

[4]《双语词典类型初议》,《辞书研究》1982 年第 4 期。

[5]《拉鲁斯百科辞书巡礼》,《辞书研究》1982 年第 5 期。

[6]《能全盘否定〈克莱芙公主〉吗?》,《外国文学研究》1983 年第 2 期。

[7]《〈现代法语词典〉试析》,《辞书研究》1987 年第 2 期。

[8]《新观念→新词典——重编〈新简明法汉词典〉的设想》,《现代外语》1987 年第 2 期。

[9]《双语词典与翻译》,《辞书研究》1988 年第 4 期。

[10]《祝贺与期望》,《现代外语》1990 年第 1 期。

[11]《多语词典》(合作),《现代外语》1992 年第 3 期。

[12]《学者当自树其帜》,《现代外语》1992 年第 4 期。

[13]《双语词典的宏观结构（上）》(合作),《现代外语》1993 年第 1 期。

[14]《再论"词典是词的一份单子"》,《外语与外语教学》1993 年第 3 期。

[15]《双语词典的宏观结构（下）》(合作),《现代外语》1993 年第 2 期。

[16]《词典学的回首与前瞻》,《外语研究》1993 年第 3 期。

[17]《加拿大魁北克词典编纂动向的启示》,《辞书研究》1993 年第 4 期。

［18］《从〈法汉科技词汇大全〉谈劣质大词典》，《辞书研究》1994 年第 1 期。

［19］《关于 DEC 的思考》，《外语与外语教学》1994 年第 5 期。

［20］《视野广阔 贡献突出——〈辞书研究〉与辞书学理论建设》，《辞书研究》1996 年第 6 期。

［21］《双语词典的类别划分与评价（在"第一届亚洲辞书学研讨会"上的讲话摘要)》，《辞书研究》1998 年第 1 期。

［22］《改进双语词典的翻译》，《辞书研究》1998 年第 2 期。

［23］《关于大学"全球化"的思考》，《高等教育探索》1998 年第 4 期。

［24］《〈现代汉法大词典〉的编辑设想》，中国辞书学会学术委员会《中国辞书学文集》，外语教学与研究出版社 1998 年版，第 233 - 247 页。

［25］《梁宗岱治学路子引发的思考》，《学术研究》2003 年第 10 期。

［26］《再议拉鲁斯》，《辞书研究》2004 年第 1 期。

［27］《对修订〈汉法大词典〉的期许》，《辞书研究》2016 年第 5 期。

## 二、主要著作

［1］《新简明法汉词典》（主持编订），商务印书馆 1983 年版。

［2］《词典论》，上海辞书出版社 1987 年版。

［3］《花都异彩》，武汉出版社 1990 年版。

［4］《英俄德法西日语文词典研究》（主持编订），商务印书馆 1992 年版。

［5］《圣经人物辞典》（主编），花城出版社 1991 年版。

［6］《实用公关法语》（合著），湖南出版社 1995 年版。

［7］《双语词典学导论》（合著），商务印书馆 1997 年版。

［8］《宗岱的世界》，广东人民出版社 2003 年版。

［9］《梁宗岱传》，广东人民出版社 2013 年版。

［10］《汉法大词典》（主编），外语教学与研究出版社 2014 年版。

［11］《中法谚语对照手册（漫画版)》（合编），商务印书馆 2016 年版。

［12］《汉语谚语名句法译辞典》（合编），商务印书馆 2019 年版。

［13］《文踪留迹》，商务印书馆 2022 年版。

三、主要译作

[1]《克莱芙王妃》（合译），（法）法拉耶特夫人（Madame de la Fayette）著，广东人民出版社 1986 年版，人民文学出版业 2019 年版。

[2]《蒙田随笔》（合译），（法）蒙田（Montaigne, M. E.）著，湖南人民出版社 1987 年版。

[3]《社会学方法》，（法）雷蒙·布东（Raymond Boudon）著，上海人民出版社 1987 年版。

[4]《个体文化与大众文化》，（法）路易·多洛（Louis Dollot）著，上海人民出版社 1987 年版。

[5]《夜之卡斯帕尔》，（法）贝尔特朗（Bertrand, A.）著，花城出版社 1990 年版。

[6]《乔治桑情书集》（合译），（法）乔治·桑（George Sand）著，漓江出版社 1991 年版。

[7]《中国社会文化史》，（法）谢和耐著，湖南教育出版社 1994 年版。

[8]《我不愿树立雕像》，（法）蒙田（Montaigne, M. E.）著，光明日报出版社 1996 年版。

[9]《爱经》（合译），（古罗马）奥维德著，百花文艺出版社 1998 年版。

[10]《论实证精神》，（法）奥古斯特·孔德著，商务印书馆 1996 年版。

[11]《蒙田散文》（合译），（法）蒙田（Montaigne, M. E.）著，浙江文艺出版社 2000 年版。

[12]《芦笛风》，梁宗岱著，黄建华译注，广东人民出版社 2001 年版。

[13]《蒙田随笔》精华版，黄建华译，人民文学出版业 2020 年版。

# 后 记

　　自选集终于编完了，感觉有必要再写几句话。首先我得感谢妻、女自始至终支持我的工作，她们或提修改的意见，或联系法国友人助我订正法语行文。我还得感谢我校词典学研究中心有关人士的支持和帮助，他们邀我参加该中心师生组织的活动，让我增加信息的来源，增进写作的灵感。

　　我特别感谢徐海教授，他以娴熟的英文向海外介绍我主编的《汉法大词典》(*Grand Dictionnaire Chinois-Francais Contemporains*)，使英语世界的读者也知道有此书。

　　我还得感谢科研部有关的同事，在他们的指导、督促和具体帮助下，我才得以按时完成本选集。

　　临末，请让我向所有助我编著成本集子的热心同仁致以深深的敬意和由衷的谢意！